JN055467

2025年度版

石川県の社会科

過去問

協同教育研究会 編

協同出版

本書には，石川県の教員採用試験の過去問題を収録しています。各問題ごとに，以下のように5段階表記で，難易度，頻出度を示しています。

難 易 度

非常に難しい	☆☆☆☆☆
やや難しい	☆☆☆☆
普通の難易度	☆☆☆
やや易しい	☆☆
非常に易しい	☆

頻 出 度

◎	ほとんど出題されない
◎◎	あまり出題されない
◎◎◎	普通の頻出度
◎◎◎◎	よく出題される
◎◎◎◎◎	非常によく出題される

※本書の過去問題における資料，法令文等の取り扱いについて

本書の過去問題で使用されている資料や法令文の表記や基準は，出題された当時の内容に準拠しているため，解答・解説も当時のものを使用しています。ご了承ください。

はじめに～「過去問」シリーズ利用に際して～

教育を取り巻く環境は変化しつつあり，日本の公教育そのものも，教員免許更新制の廃止やGIGAスクール構想の実現などの改革が進められています。また，現行の学習指導要領では「主体的・対話的で深い学び」を実現するため，指導方法や指導体制の工夫改善により，「個に応じた指導」の充実を図るとともに，コンピュータや情報通信ネットワーク等の情報手段を活用するために必要な環境を整えることが示されています。

一方で，いじめや体罰，不登校，暴力行為など，教育現場の問題もあいかわらず取り沙汰されており，教員に求められるスキルは，今後さらに高いものになっていくことが予想されます。

本書の基本構成としては，出題傾向と対策，過去5年間の出題傾向分析表，過去問題，解答および解説を掲載しています。各自治体や教科によって掲載年数をはじめ，「チェックテスト」や「問題演習」を掲載するなど，内容が異なります。

また原則的には一般受験を対象としております。特別選考等については対応していない場合があります。なお，実際に配布された問題の順番や構成を，編集の都合上，変更している場合があります。あらかじめご了承ください。

最後に，この「過去問」シリーズは，「参考書」シリーズとの併用を前提に編集されております。参考書で要点整理を行い，過去問で実力試しを行う，セットでの活用をおすすめいたします。

みなさまが，この書籍を徹底的に活用し，教員採用試験の合格を勝ち取って，教壇に立っていただければ，それはわたくしたちにとって最上の喜びです。

協同教育研究会

C O N T E N T S

第１部

石川県の
社会科
出題傾向分析

石川県の社会科　傾向と対策

石川県の問題の特徴として，中高共通の問題が出題される。試験時間は90分であり，共通問題と選択問題で構成されている。共通問題は選択形式で地理，歴史，政治・経済すべての範囲から出題されるため，幅広い出題範囲であるが，対策を怠らないようにしておきたい。以下共通問題から詳細に確認していく。

地理では，ここ数年，系統地理から出題される傾向がある。2024年度は気候，農業，産業，地形，人口などが出題された。2023年度も2024年度同様に，系統地理から時差，交通，人口，都市問題，農業，水産業などから出題されていたが，2022年度は地図(図法)とアフリカの地誌から出題されており，以前は世界地誌からの出題が目立つ。2021年度はオセアニア，2020年度はアジアから問題が出されている。今後，どちらの出題傾向になるかわからないため，系統地理が出題されても，地誌が出題されても対応できるように，対策をしておきたい。世界地誌は，出題される地域にばらつきが見られるため，どの地域が出題されてもよいように学習することが肝要であろう。問題で地図や図が使われていることが多い。地図を概観する中で各国や都市の位置と関連させて確認しておこう。また，地理の問題ではあるが，歴史や公民と関連した出題がされたこともある。総合的な視点で学習に取り組み要点を押さえておきたい。

歴史では，2024年度も引き続き世界史と日本史の両方が出題された。とはいえ難易度は基礎レベルである。問題数は少ない。2024年度は世界史も日本史も近現代史からの出題であったが，2023年度までは古代から現代まで出題が見られた。非効率ではあるかもしれないが，全時代的な学習を心がけたい。対策として，歴史上の人物や事象について，その当時の社会状況などと関連させて把握しておくことで効率的に学習できるであろう。

公民では，最近の社会動向に関連した出題が見られることが石川県の特徴である。2023年度は民法改正による成人年齢の引き下げについての出題があった。2024年度は2023年度ほど特徴的といえる問題はなかったが，2020年度予算について誤りの選択肢に使われている。日本に限らず，世界的な動向から出題されることがあるため，試験に対する対策だけでなく，教員としての資質を高めるためにも，新聞やニュースを逐一確認するなど時事的な問題には目を配らせたい。

共通問題の後に科目ごとの選択問題が用意されている。内容の難易度としてはそれほど高くはないため，事象の説明やその原因と意義，結果などを簡潔にまとめることができるように訓練しておくことが必要である。また，大学受験用のテキストや他自治体の過去問題を利用して同様の問題に対応できるようにしておくことも効果的であろう。

歴史では，日本史，世界史の両方から出題される。日本史の特徴として，史資料からの出題が目立つ。代表的な史資料は史資料集などで確認しておくとともに，史資料中の用語が具体的に何を指しているのかなどを注視して学習しよう。世界史では，ヨーロッパや中国，アジアなど幅広く出題されることが多い。2024年度も2023年度に引き続きヨーロッパからの出題が目立ったが，インド地域の問題も出題された。アメリカやイスラーム地域を中心に出題されることも十分考えられるので，どこの地域史も苦手をつくらないように学習しよう。

地理では，日本地誌と世界地誌から半々で出題されることが多い。日本地誌の出題の内容については，農業や産業，地形など多岐にわたっている。有名な河川や産業を調べる際には，その県の他の地誌はどうなっているのかという視点で学習を進めることが重要である。中学校社会科地理的分野の教科書や参考書にはそうした情報が詳しく載っているので，目を通しておきたい。世界地誌については例年，様々な地域から出題される。2024年度は中南米地域と東アジアから出題された。日本地誌同様，気候，地形，農業や産業や人種など，出題範囲は幅広い。また，大問ごとに地図や地形図から出題されることが非常に多い。今後も出題が予想されるため，対策をし，確実に得点できるようにしよう。

公民の倫理分野では，思想の内容をしっかりと把握していなければ解くことが難しい問題が出題される。教科書や参考書を活用して，思想家の名前だけではなく，どのような思想であるかということも学習しておく必要がある。出題範囲の時代も古代から現代までと幅広く，世界および日本の思想がまんべんなく出題される。上記の対策を徹底することが正答につながるだろう。政治・経済は，政治分野の問題が大問1題，経済分野の問題が大問1題で出題される。2024年度は政治分野が現代の民主政治と国際政治に関連する問題，経済分野が現代日本の経済や国際経済からの出題であった。日本国内の政治について学習するだけでなく，海外や地球規模でのテーマをたてて，年表を確認し，また地図を用いながら学習しておきたい。なお地理的な分野や歴史的な分野と関連した出題が例年目立つので，共通問題の学習を糸口に選択問題の知識も身に付けるとよいだろう。

過去5年間の出題傾向分析

大分類	中分類（小分類）	主な出題事項	2020年度	2021年度	2022年度	2023年度	2024年度
中高地理	地図	縮尺，図法，地図の種類・利用，地域調査	●	●	●	●	●
	地形	山地，平野，海岸，特殊な地形，海水・陸水	●	●	●	●	●
	気候	気候区分，植生，土壌，日本の気候	●	●	●	●	●
	人口	人口分布，人口構成，人口問題，過疎・過密		●	●	●	●
	産業・資源(農牧業)	農牧業の発達・条件，生産，世界の農牧業地域	●	●	●	●	●
	産業・資源(林業・水産業)	林産資源の分布，水産業の発達・形態，世界の主要漁場		●	●	●	
	産業・資源(鉱工業)	資源の種類・開発，エネルギーの種類・利用，輸出入	●	●		●	●
	産業・資源(第3次産業)	商業，サービス業など		●	●		
	貿易	貿易の動向，貿易地域，世界・日本の貿易	●	●	●		●
	交通・通信	各交通の発達・状況，情報・通信の発達				●	
	国家・民族	国家の領域，国境問題，人種，民族，宗教	●	●	●	●	●
	村落・都市	村落・都市の立地・形態，都市計画，都市問題	●	●		●	●
	世界の地誌(アジア)	自然・産業・資源などの地域的特徴	●		●	●	●
	世界の地誌(アフリカ)	自然・産業・資源などの地域的特徴		●	●		
	世界の地誌(ヨーロッパ)	自然・産業・資源などの地域的特徴		●			
	世界の地誌(南北アメリカ)	自然・産業・資源などの地域的特徴	●			●	●
	世界の地誌(オセアニア・南極)	自然・産業・資源などの地域的特徴		●	●		
	世界の地誌(その他)	自然・産業・資源などの地域的特徴					
	日本の地誌	地形，気候，人口，産業，資源，地域開発	●	●	●	●	●
	環境問題	自然環境，社会環境，災害，環境保護	●	●		●	●
	その他	地域的経済統合，世界のボーダレス化，国際紛争	●				
	指導法	指導計画，学習指導，教科教育					
	学習指導要領	内容理解，空欄補充，正誤選択					
中高歴史	原始	縄文時代，弥生時代，奴国，邪馬台国			●	●	
	古代	大和時代，飛鳥時代，奈良時代，平安時代	●	●	●	●	●
	古代の文化	古墳文化，飛鳥文化，天平文化，国風文化	●		●	●	
	中世	鎌倉時代，室町時代，戦国時代	●	●	●	●	●
	中世の文化	鎌倉文化，鎌倉新仏教，室町文化		●		●	
	近世	安土桃山時代，江戸時代	●	●	●	●	●
	近世の文化	桃山文化，元禄文化，化政文化	●		●	●	●
	近代	明治時代，大正時代，昭和戦前期(～太平洋戦争)	●	●	●	●	●
	近代の文化	明治文化，大正文化		●	●		

大分類	中分類（小分類）	主な出題事項	2020年度	2021年度	2022年度	2023年度	2024年度
中高歴史	現代	昭和戦後期，平成時代，昭和・平成の経済・文化	●	●		●	●
	その他の日本の歴史	日本仏教史，日本外交史，日本の世界遺産					
	先史・四大文明	オリエント，インダス文明，黄河文明		●			
	古代地中海世界	古代ギリシア，古代ローマ，ヘレニズム世界	●	●	●	●	●
	中国史	春秋戦国，秦，漢，六朝，隋，唐，宋，元，明，清	●	●			●
	中国以外のアジアの歴史	東南アジア，南アジア，西アジア，中央アジア		●	●	●	●
	ヨーロッパ史	古代・中世ヨーロッパ，絶対主義，市民革命	●	●	●	●	●
	南北アメリカ史	アメリカ古文明，アメリカ独立革命，ラテンアメリカ諸国				●	●
	二度の大戦	第一次世界大戦，第二次世界大戦				●	●
	現代史	冷戦，中東問題，アジア・アフリカの独立，軍縮問題			●		
	その他の世界の歴史	歴史上の人物，民族史，東西交渉史，国際政治史	●				
	指導法	指導計画，学習指導，教科教育					
	学習指導要領	内容理解，空欄補充，正誤選択					
中高公民	政治の基本原理	民主政治の発達，法の支配，人権思想，三権分立		●			●
	日本国憲法	成立，基本原理，基本的人権，平和主義，新しい人権	●		●	●	
	日本の政治機構	立法，行政，司法，地方自治	●	●	●	●	●
	日本の政治制度	選挙制度の仕組み・課題，政党政治，世論，圧力団体			●		
	国際政治	国際法，国際平和機構，国際紛争，戦後の国際政治	●	●	●	●	●
	経済理論	経済学の学派・学説，経済史，資本主義経済		●	●	●	●
	貨幣・金融	通貨制度，中央銀行（日本銀行），金融政策	●		●	●	
	財政・租税	財政の仕組み，租税の役割，財政政策		●	●	●	●
	労働	労働法，労働運動，労働者の権利，雇用問題		●	●		
	戦後の日本経済	高度経済成長，石油危機，バブル景気，産業構造の変化	●	●			
	国際経済	為替相場，貿易，国際収支，グローバル化，日本の役割	●	●		●	●
	現代社会の特質と課題	高度情報化社会，少子高齢化，社会保障，食料問題	●	●	●	●	●
	地球環境	温暖化問題，エネルギー・資源問題，国際的な取り組み				●	
	哲学と宗教	ギリシア・西洋・中国・日本の諸思想，三大宗教と民族宗教	●	●	●	●	●
	その他	最近の出来事，消費者問題，地域的経済統合，生命倫理			●	●	●
	指導法	指導計画，学習指導，教科教育					
	学習指導要領	内容理解，空欄補充，正誤選択					

第２部

石川県の
教員採用試験
実施問題

2024年度　実施問題

中　高　共　通

【１】日本と世界の地理について，次の問いに答えなさい。

問1　次の地図を見て，以下の(1)～(4)に答えなさい。なお，Aは都市，B～Dは国を示している。

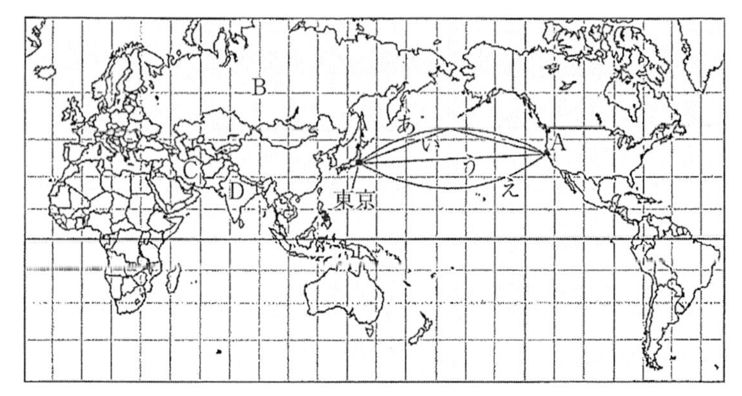

(1)　東京から地図中Aまでの大圏航路として最も適当なものを，次の①～④から一つ選びなさい。

①　あ　　②　い　　③　う　　④　え

(2)　東京と地図中Aの間の航空機の所要時間は，往路と復路で2時間程度の差が生じることがある。その原因として，最も適当なものを，次の①～④から一つ選びなさい。

①　極偏東風　　②　南東貿易風　　③　偏西風

④　北東貿易風

(3)　地図中Aと同じケッペンの気候区分の都市として最も適当なものを，次の①～④から一つ選びなさい。

①　カイロ　　②　ケープタウン　　③　シャンハイ

④　ロンドン

(4) 地図中B～Dの国とその説明文i～iiiの組合せとして正しいものを，以下の①～⑥から一つ選びなさい。

> i　カナートや井戸などを利用した灌漑農業が行われ，小麦や米の生産も見られる。
> ii　大都市の約半分の世帯は，郊外にダーチャと呼ばれる別荘をもち，その菜園での農作業は，人々の楽しみとなっている。
> iii 「緑の革命」で富を築いた階層を中心に養鶏業が導入されており，このような鶏肉生産の拡大は「ピンクの革命」と呼ばれている。

① B－i　C－ii　D－iii　② B－i　C－iii　D－ii
③ B－ii　C－i　D－iii　④ B－ii　C－iii　D－i
⑤ B－iii　C－i　D－ii　⑥ B－iii　C－ii　D－i

問2　次の地図はプレートの境界線の一部を表したものである。フィリピン海プレートとユーラシアプレートの境界として最も適当なものを，以下の①～④から一つ選びなさい。

(国土地理院HPより作成)

① A　② B　③ C　④ D

問3　次の地図の▩は，日本近海のあるエネルギー資源の分布(推定)を表したものである。その資源として最も適当なものを，以下の①～

④から一つ選びなさい。

（経済産業省HPより作成）

①　シェールガス　②　石炭　③　ウラン

④　メタンハイドレート

問4　次の資料i～iiiは，1950年，1985年，2020年のいずれかの日本の人口ピラミッドである。年代の古いものから順に正しく配列されているものを，以下の①～⑥から一つ選びなさい。

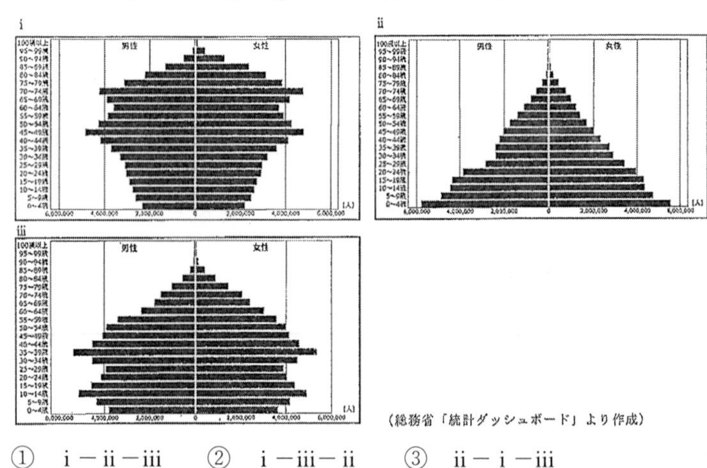

（総務省「統計ダッシュボード」より作成）

①　i－ii－iii　②　i－iii－ii　③　ii－i－iii

④　ii－iii－i　⑤　iii－i－ii　⑥　iii－ii－i

（☆☆☆☆◎◎）

【2】日本と世界の歴史について，次の問いに答えなさい。

問1　次の地図中の あ は，1872年に操業を開始した官営模範工場の位置を示している。この工場について述べた文iとiiの正誤の組合せとして正しいものを，あとの①～④から一つ選びなさい。

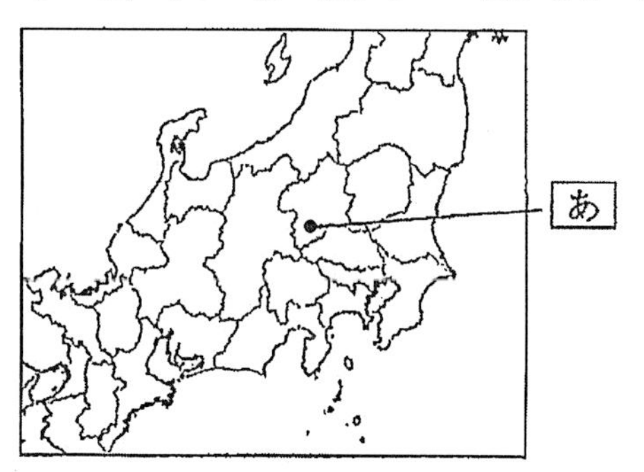

> i　フランス人技師の指導のもと，日本製の機械を設置して操業を開始した。
> ii　多くの工女が新技術を習得して各地に伝え，重要な輸出品であった生糸の増産を進める基礎をつくった。

①　i－正　ii－正　　②　i－正　ii－誤
③　i－誤　ii－正　　④　i－誤　ii－誤

問2　次の写真は，1927年に発行された紙幣である。このような紙幣が発行された背景として最も適当なものを，以下の①～④から一つ選びなさい。

日本銀行兌換券乙二百円券

(表)

(裏)

(日本銀行金融研究所貨幣博物館蔵)

① 大蔵大臣の発言をきっかけに，取りつけ騒ぎが起き，各地の中小銀行が休業や倒産に追い込まれた。

② ニューヨークの証券取引所で株価が大暴落し，アメリカで急激な景気後退がはじまった。

③ 富山県で米騒動が発生し，それが新聞で報じられたことをきっかけに全国各地で暴動がおこった。

④ 金融緊急措置令が施行され，預金の封鎖と新円切り替えが実施された。

問3　1890年の第1回衆議院議員総選挙について説明した文として最も適当なものを，次の①～④から一つ選びなさい。

① 選挙権は直接国税15円以上を納めた満30歳以上の男子に限られた。

② 有権者数は総人口の1.1％だった。

③ 選挙によって465人の議員が誕生した。

④ 政府系勢力の議席数が，立憲自由党や立憲改進党などの議席数を上回り，衆議院の過半数をしめた。

問4　1813年のライプツィヒの戦いについて述べた文として最も適当なものを，次の①～④から一つ選びなさい。

① 諸国が解放戦争にたちあがり，ナポレオンを破り，翌年にはパリを占領した。

② ナポレオンが，オーストリア・ロシアの連合軍を破った。

③ ナポレオンは大敗し，南大西洋のセントヘレナ島に流された。

④ ネルソン率いるイギリス軍が，ナポレオンを破った。

問5　第一次世界大戦前後について述べた文iとiiの正誤の組合せとして正しいものを，以下の①～④から一つ選びなさい。

i　第一次世界大戦で連合国側についたイタリアは，大戦前より領土を拡大した。

ii　第一次世界大戦後のポーランドは，大戦前の三つ以上の国の領土にまたがって成立した。

① i－正　ii－正　　② i－正　ii－誤
③ i－誤　ii－正　　④ i－誤　ii－誤

問6　第二次世界大戦について述べた文として適当でないものを，次の①～④から一つ選びなさい。

① ソ連はイギリス・アメリカなどと協調を深めるため，コミンテルンを解散した。
② テヘラン会談では，連合軍の北フランス上陸作戦が協議された。
③ ドイツのポーランド侵攻に対して，イギリスとアメリカがドイツに宣戦し，第二次世界大戦が始まった。
④ 連合軍がイタリア本土に上陸すると，イタリア新政府(バドリオ政府)は無条件降伏を申し出た。

(☆☆◎◎◎◎)

【3】日本と世界の政治・経済について，答えなさい。

問1　次の文章を読んで，以下の(1)～(3)に答えなさい。

> 地方自治の一般原則として，憲法は，「地方公共団体の組織及び運営に関する事項は，地方自治の本旨に基いて，法律でこれを定める」(92条)と規定した。ここに言う「地方自治の本旨」には住民自治と団体自治の二つの要素がある。住民自治とは，(　X　)をもち，団体自治とは，(　Y　)をもつ。
> a国会は，国の唯一の立法機関であるが，地方公共団体は，法律の範囲内で条例を制定することができる。
> 財政において，地方分権を推進するため，地方交付税の見直し，国庫支出金の削減，国税の一部を地方公共団体に委譲するb税源移譲を同時に進める「三位一体の改革」が行われた。

(1) 空欄(　X　)と(　Y　)には次の①～④のいずれかが入る。(　Y　)に入るものを，①～④から一つ選びなさい。

① 中央政府から独立して団体独自の判断で政治を行う民主主義的要素

② 中央政府から独立して団体独自の判断で政治を行う地方分権的要素

③ 各地域の住民の意思に基づき，住民の手によって政治が行われる民主主義的要素

④ 各地域の住民の意思に基づき，住民の手によって政治が行われる地方分権的要素

(2) 下線部aに関連して，日本の国会について述べた文として最も適当なものを，次の①～④から一つ選びなさい。

① 国会が制定した法律について，施行後に裁判所から違憲審査権を行使されることがある。

② 帝国議会，国会のいずれにおいても，衆議院と参議院の二院制を採用している。

③ 国会の常会は毎年2回招集される。

④ 内閣の活動が不適切とみなされる場合，参議院で内閣不信任を決議することができる。

(3) 下線部bに関連して，日本の税制度について述べた文として最も適当なものを，次の①～④から一つ選びなさい。

① 日本では，所得税や相続税においては累進課税制度がとられている。

② 日本で初めての間接税である消費税は，1970年に導入された。

③ 2020年度予算における国税＋地方税の直間比率は33：67となっており，間接税の比率の方が大きい。

④ 日本はヨーロッパ諸国に比べて国民負担率が高く，とりわけ租税負担率が高い。

問2 国際政治の特質についての用語i～iiiと，その説明A～Cの組合せとして正しいものを，あとの①～⑥から一つ選びなさい。

i　グローバリゼーション	ii　ノーブレス＝オブリージ
iii　ユニラテラリズム	

A　経済的に繁栄した国は開発途上の国に対して，その発展に寄与する責任があるという考え方
B　自国の主張のみが正義であり，世界はそれに従っていればよく，この秩序を保つためであれば戦争も含めて，いかなる行為に出ることも許されるとする考え方
C　市場経済が地球上に普及し，各国経済は連動し相互依存性を高めている状態

① i－A　ii－B　iii－C　② i－A　ii－C　iii－B
③ i－B　ii－A　iii－C　④ i－B　ii－C　iii－A
⑤ i－C　ii－A　iii－B　⑥ i－C　ii－B　iii－A

問3　日本の安全保障に関する法律などを述べた次の文i～iiiについて，年代の古いものから順に正しく配列されているものを，以下の①～⑥から一つ選びなさい。

i　イラク復興支援特別措置法により，自衛隊が海外に派遣された。
ii　「周辺事態」の際に活用できるよう「日米防衛協力のための指針(新ガイドライン)」が策定され，ガイドライン関連法が成立した。
iii　湾岸戦争を機にPKO協力法が制定され，その結果，自衛隊がカンボジアに派遣された。

① i→ii→iii　② i→iii→ii　③ ii→i→iii
④ ii→iii→i　⑤ iii→i→ii　⑥ iii→ii→i

問4　次の文章を読んで，以下の(1)(2)に答えなさい。

国と国の間で行われる商品の売買(輸出・輸入)が，a貿易である。第二次世界大戦後は自由貿易主義にもとづく国際経済体制の再建が課題となった。1945年にIMFが発足し，1947年には自由，無差別，多角を原則とするGATTが締結されて，b自由貿易が推進されることになった。

(1)　下線部aに関連して，貿易に関する考え方について述べた文として最も適当なものを，次の①～④から一つ選びなさい。

①　ケインズは，規制緩和や公的企業の民営化によって市場機能の回復をはかるべきと考えた。

②　フリードマンは，国家が有効需要をつくりだし，完全雇用を達成すべきだと主張した。

③　リカードは，「比較優位」という考え方にもとづいて自由貿易を主張した。

④　リストは，当時の後進国フランスの立場から保護貿易論を展開した。

(2)　下線部bに関連して，20世紀の出来事について適当でないものを，次の①～④から一つ選びなさい。

①　1950年代には，大量の金を保有するアメリカが，戦後復興に中心的な役割を果たした。

②　1960年代には，ドルが世界中に散布され，大量に金が国外に流出するドル危機が起きた。

③　1970年代には，二度にわたる石油危機などによって世界経済は減速を余儀なくされた。

④　1980年代には，アメリカでは財政赤字と経常収支の赤字が進行し，自由貿易が加速した。

(☆☆◎◎◎)

中　高　歴　史

【1】次の史料を読んで，以下の問いに答えなさい。

A　大業三年，其の王多利思比孤，使を遣して朝貢す。……其の国書に曰く，「日出づる処の天子，書を日没する処の天子に致す，恙無きや，云云」と。帝，之を覧て悦ばず，鴻臚卿に謂ひて曰く，「蛮夷の書，無礼なる有らば，復た以て聞する勿れ」と。

B　今日(　X　)国人集会す。上は六十歳，下は十五六歳と云々。同じく一国中の土民等群衆す。今度両陣の時宜を申し定めんがための故と云々。しかるべきか。但し又(　Y　)のいたりなり。

C　一，文武忠孝を励し，礼儀を正すべきの事。
　一，養子は同姓・相応の者を撰び，若し之無きにおゐては，由緒を正し，存生の内，言上致すべし。五拾以上十七以下の輩，末期に及び養子致すと雖も，吟味の上，之を立つべし。……

D　a六波羅殿の御一家の君達といひてしかば，花族も栄耀も面をむかへ肩をならぶる人なし。……かゝりしかば，いかなる人も相構えて其ゆかりにむすぼゝれむとぞしける。

E　異国船渡来の節，二念無く打払ひ申すべき旨，文政八年仰せ出され候。……右ニ付ては，外国の者ニても難風に逢ゐ，漂流等ニて食物・薪水を乞候迄ニ渡来り候を，其事情相分からざるニ一図ニ打払ひ候ては，万国江対せられ候御処置とも思召されず候。

問1　史料Aより以前の事項について述べた文iとiiの正誤の組合せとして正しいものを，以下の①～④から一つ選びなさい。

i　大臣の蘇我馬子を滅ぼした大連の物部守屋は崇峻天皇を暗殺し，その後，敏達天皇の后だった推古天皇が即位した。
ii　個人の能力や才能ではなく氏族を重視して人材を登用することを定めたり，仏教を新しい政治理念として重んじたりするなど，新しい国家体制づくりがすすんだ。

①　i－正　ii－正　　②　i－正　ii－誤
③　i－誤　ii－正　　④　i－誤　ii－誤

問2　空欄(　X　)と(　Y　)にあてはまる語句の組合せとして正しいものを，次の①～⑥から一つ選びなさい。

① X－加賀　Y－下極上　② X－加賀　Y－徳政
③ X－山城　Y－下極上　④ X－山城　Y－徳政
⑤ X－大和　Y－下極上　⑥ X－大和　Y－徳政

問3　史料Cについて，次の(1)(2)に答えなさい。

(1)　このきまりを出した人物が行った政治について述べた文として最も適当なものを，次の①～④から一つ選びなさい。

① 検見法を改め，定免法を採用して年貢率を引き上げた。
② 大名に対して，定期的に将軍のもとに参勤することを義務づけた。
③ 仏教の思想の影響を受け，生類すべての殺生を禁じ，捨子の保護などを命じた。
④ 湯島聖堂を建てるとともに荻原重秀を大学頭に任じて，儒教を重視した。

(2)　このきまりの下で政治が行われていた頃に出された作品とその著者の組合せとして正しいものを，次の①～④から一つ選びなさい。

① 井原西鶴－『経世秘策』　② 井原西鶴－『日本永代蔵』
③ 本多利明－『経世秘策』　④ 本多利明－『日本永代蔵』

問4　下線部aの人物について述べた文として誤りを含むものを，次の①～④から一つ選びなさい。

① 各地で成長した武士団の一部を荘園や公領の現地支配者である守護に任命し，西国一帯の武士を家人とした。
② 摂津の大輪田泊を修築して瀬戸内海航路の安全をはかり，貿易を推進した。
③ 保元の乱では天皇方として戦い，崇徳上皇を破って勝利した。
④ 娘を高倉天皇の中宮に入れ，その子の安徳天皇を即位させ，外戚として力をふるった。

問5　史料Eについて，この法令が出された頃の老中とその人物が行った政策について説明した文の組合せとして正しいものを，以下の①～⑨から一つ選びなさい。

老中：あ　田沼意次　　い　松平定信　　う　水野忠邦
政策についての説明
i　江戸の人別改めを強化し，百姓の出稼ぎを禁じて，江戸に流入した貧民を帰郷させる人返しの法を出し，飢饉で荒廃した農村の再建を図った。
ii　工藤平助の『赤蝦夷風説考』を取り入れ，最上徳内らを蝦夷地に派遣して，その開発やロシア人との交易の可能性を調査させた。
iii　町々に町費節約を命じ，節約分の7割を積み立てさせ，江戸町会所によってこれを運用させて米や金を蓄え，飢饉・災害時に困窮した貧民を救済する体制を整えた。

①　あーi　②　あーii　③　あーiii　④　いーi
⑤　いーii　⑥　いーiii　⑦　うーi　⑧　うーii
⑨　うーiii

問6　史料B～Dが作成された年代について，古いものから順に正しく配列されているものを，次の①～⑥から一つ選びなさい。
①　B→C→D　②　B→D→C　③　C→B→D
④　C→D→B　⑤　D→B→C　⑥　D→C→B

(☆☆☆◎◎◎◎)

【2】次の文章を読んで，以下の問いに答えなさい。

A　第3次伊藤内閣の退陣後，a日本最初の政党内閣が成立した。
B　小村寿太郎外務大臣のもとで，b関税自主権の回復が達成された。
C　1907年には小学校の就学率が97％をこえ，1920年代には中学校(旧制)の生徒数も増加した。そうした中で，マスメディアが急速に発達し，一般勤労者を担い手とするc大衆文化が誕生した。

D　国際連盟の総会で，調査団の報告に基づき，満州国の不承認と日本軍の満鉄付属地への撤兵を勧告することが採択された。これを不服とした日本の首席代表(　X　)をはじめとする日本全権団はその場から退場し，翌月に日本政府は正式に国際連盟からの脱退を通告した。

E　ポツダム宣言に基づき，連合国軍が日本に進駐してきた。マッカーサーを最高司令官とする，連合国軍最高司令官総司令部(GHQ)を設置し，非軍事化と民主化を基本方針とする d 占領政策を実施した。

F　佐藤内閣はアメリカと領土返還交渉を行い，まずは小笠原諸島が返還された。その後，日米首脳会談で沖縄返還のための協議に入ることに合意し，沖縄返還協定の調印に至った。翌年，e 沖縄の日本復帰が実現した。

問1　下線部aについて，この内閣で首相となった人物と政党の組合せとして正しいものを，次の①～④から一つ選びなさい。

①　大隈重信－憲政党　　②　大隈重信－立憲政友会

③　原敬－憲政党　　④　原敬－立憲政友会

問2　下線部bを達成することができた条約改正に関連する出来事i～iiiについて，年代の古いものから順に正しく配列されているものを，以下の①～⑥から一つ選びなさい。

i　大津事件　　ii　日英通商航海条約の締結

iii　ノルマントン号事件

①　i－ii－iii　　②　i－iii－ii　　③　ii－i－iii

④　ii－iii－i　　⑤　iii－i－ii　　⑥　iii－ii－i

問3　下線部cについて述べた文iとiiの正誤の組合せとして正しいものを，以下の①～④から一つ選びなさい。

i　大正末期には，『朝日新聞』と『毎日新聞』がそれぞれ東京版・大阪版を合わせて発行部数が100万部をこえる一方で，『中央公論』や『キング』が廃刊となるなど，雑誌の刊行はふるわなかった。 ii　「トーキー」とよばれるラジオ放送が東京・大阪・名古屋で開始され，翌年にはこれらの放送局を統合して日本放送協会が発足した。

①　i－正　ii－正　　②　i－正　ii－誤
③　i－誤　ii－正　　④　i－誤　ii－誤

問4　Dの文について，次の(1)(2)に答えなさい。

(1)　国際連盟について述べた文として最も適当なものを，次の①～④から一つ選びなさい。

①　アメリカ大統領ウィルソンの提唱で国際連盟の創立が決まった。

②　国際連盟の設置とともに，強大な権限をもつ安全保障理事会も設けられた。

③　日本は，イギリス，イタリア，オランダとともに常任理事国となった。

④　フランスは，国民議会の反対によって国際連盟に参加することができなかった。

(2)　文中の(　X　)にあてはまる人物名と，満州国のおおよその範囲を示した地図の組合せとして正しいものを，以下の①～⑨から一つ選びなさい。

人物名：あ　石原莞爾　　い　松岡洋右　　う　若槻礼次郎

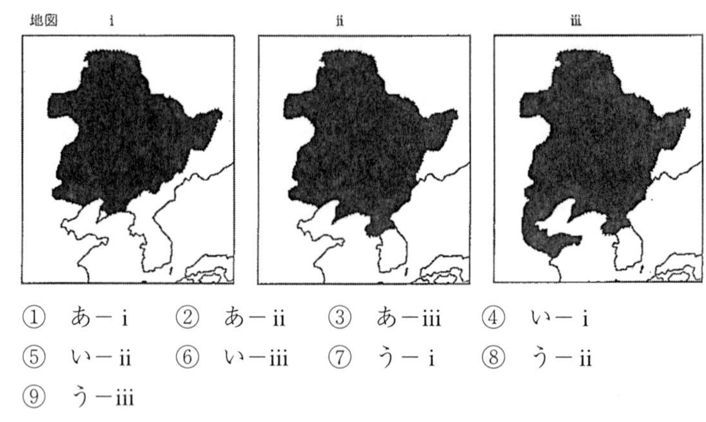

① あーi　② あーii　③ あーiii　④ いーi
⑤ いーii　⑥ いーiii　⑦ うーi　⑧ うーii
⑨ うーiii

問5　下線部dについて述べた文として適当なものを，次の①～⑤から全て選びなさい。

① 過度経済力集中排除法によって100社を超える企業が分割され，旧財閥系の銀行も解体された。

② 6・3・3・4の新学制を発足させることが学校教育法によって定められた。

③ 戦争指導者たちが次々に逮捕され，そのうちの一部がA級戦犯容疑で起訴された。

④ 第二次農地改革によって自作地が大きく減少し，農家の大半が小作農となった。

⑤ 労働組合の結成が急増し，第1回メーデーが実施されるなど，労働運動が活発になった。

問6　下線部eと同じ年に起きた出来事として最も適当なものを，次の①～④から一つ選びなさい。

① 日韓基本条約調印　② 日ソ共同宣言調印
③ 日中共同声明調印　④ 日中平和友好条約調印

(☆☆☆◎◎)

【3】次のアメリカ大陸についての文章を読んで，以下の問いに答えなさい。

A　今から1万2000年以上前にベーリング海峡が陸続きであったころ，ユーラシア大陸からモンゴロイドの一部がアメリカ大陸に渡った。彼らは大陸の全域に広がり，aユーラシアとは異なる独自の文明を生み出した。金・銀・青銅などの金属は利用されたが，b鉄器は用いられず，馬や車両も使われなかった。 B　北アメリカの東海岸にあったイギリス領13植民地に対し，イギリス政府は，c七年戦争後の財政難を軽減するために課税と統治の強化をはかった。その後，ボストン郊外で本国軍と植民地側民兵の衝突がおこり，dアメリカ独立戦争が始まった。 C　e1920年代のアメリカ合衆国では，経済界の利益を重視する共和党政権が3代12年にわたってつづき，自由放任政策と高率保護関税政策がとられた。対外的には孤立主義をとったが，一方で，積極的なf外交政策を展開し，gドイツの経済復興や中国の民族運動を支援した。

問1　下線部aに関連して，アメリカ大陸の文明について発生の古いものから順に正しく配列されているものを，次の①～⑥から一つ選びなさい。

①　アステカ文明　→　オルメカ文明　→　テオティワカン文明
②　アステカ文明　→　テオティワカン文明　→　オルメカ文明
③　オルメカ文明　→　アステカ文明　→　テオティワカン文明
④　オルメカ文明　→　テオティワカン文明　→　アステカ文明
⑤　テオティワカン文明　→　アステカ文明　→　オルメカ文明

⑥　テオティワカン文明　→　オルメカ文明
　→　アステカ文明

問2　下線部bに関連して，世界で最初に鉄製武器を実用化して強盛を誇った民族として最も適当なものを，次の①～④から一つ選びなさい。

①　カッシート　　②　ヒクソス　　③　ヒッタイト
④　ミタンニ

問3　下線部cの七年戦争について述べた文iとiiの正誤の組合せとして最も適当なものを，以下の①～④から一つ選びなさい。

i　オーストリア継承戦争で奪われたシュレジエンの奪回をはかるため，オーストリアはフランスと同盟を結んで戦った。 ii　パリ条約で，イギリスは，カナダとミシシッピ川以東のルイジアナ，フロリダなどを獲得した。

①　i－正　ii－正　　②　i－正　ii－誤
③　i－誤　ii－正　　④　i－誤　ii－誤

問4　下線部dについて，アメリカ独立戦争に関する次の史料は，以下の年表中i～ivのどの期間に出版されたものか，最も適当なものを，あとの①～④から一つ選びなさい。

…私ははっきりと，きっぱりと，また良心から，つぎのように確信している。すなわち，分離独立するのがこのアメリカ大陸の真の利益である。それ以外のものは一時のごまかしにすぎず，そんなものからは長続きのする幸福は生まれて来ないのだ，と。

年号	出来事	
1773	ボストン茶会事件	
1774	第1回大陸会議	i
1775	レキシントン・コンコードの戦い	
		ii
1777	サラトガの戦い	
1778	フランス参戦	iii
1780	武装中立同盟結成	
		iv
1781	ヨークタウンの戦い	

① i　② ii　③ iii　④ iv

問5　下線部eについて，1920年代に世界で起こった出来事i～ivについて，年代の古いものから順に並べ替えたときに最後にくるものを，以下の①～④から一つ選びなさい。

i　関東大震災がおこった。
ii　北伐が完了した。
iii　パフレヴィー朝が成立した。
iv「ローマ進軍」がおこった。

① i　② ii　③ iii　④ iv

問6　下線部fに関連して，アメリカ合衆国の外交政策について述べた文として誤りを含むものを，次の①～④から一つ選びなさい。

①　セオドア・ローズヴェルト大統領はカリブ海地域への武力干渉を行う棍棒外交を展開した。

②　ハーディング大統領の呼びかけでワシントン会議が開催され，東アジアの国際協調システムがつくられた。

③　フランクリン・ローズヴェルト大統領は善隣外交を展開し，キューバの独立を承認した。

④　マッキンリー大統領はアメリカ＝イギリス戦争(米英戦争)をおこし，太平洋地域へも進出した。

問7　下線部gに関連して，1920年代のドイツの経済について述べた文として適当なものを，次の①～④から全て選びなさい。

①　空前のインフレーションを収束させるために新紙幣(レンテンマルク)が発行された。

②　シュトレーゼマンがドーズ案を成立させてアメリカ合衆国資本の導入に成功した。

③　第一次世界大戦の賠償額はヤング案で大幅に減額された。

④　ローザンヌ会議で第一次世界大戦の賠償額は10億金マルクに減額された。

(☆☆☆◎◎◎)

【4】次の史料を読んで，以下の問いに答えなさい。

A　天愛喜見王の灌頂8年に，カリンガが征服された。……それ以来，カリンガが征服された今，天愛の熱心な法の実修，法に対する愛慕，および法の教誡が，〔行なわれた〕。これはカリンガを征服した時の，天愛の悔恨である。……この法による征服のみが〔真の〕征服であると考えしめるために，銘刻された。

B　ヨーロッパではひとつの亡霊がうろついている。それは共産主義の亡霊である。……これまですべての社会の歴史は階級闘争の歴史である。つねに相互に対立しあっていたのは，……抑圧者と被抑圧者であり……ブルジョワ階級の時代である，わが時代は……すなわちブルジョワ階級とプロレタリア階級へとますます分解しているのである。……あらゆる地域のプロレタリアよ，団結せよ！

C「あなた方には異教徒を相手に戦い，キリストの聖墓を汚辱から救い出す義務がある。……「あなた方がいま住んでいる土地はけっして広くない。十分肥えてもいない。そのため人々はたがいに争い，たがいに傷ついているではないか。したがって，あなた方は隣人のなかから出かけようとする者をとめてはならない。かれらを聖墓への道行きに旅立たせようではないか。

《乳と蜜の流れる国》は，神があなた方に与えたもうた土地である……」……「かの地，エルサレムこそ世界の中心にして，天の栄光の王国である。」

D　われらは幸いにもミラノに相会せるとき……われらはクリスト者に対しても万人に対しても，各人が欲した宗教に従う自由な権能を与える。……クリスト者の名に関し……規定せられたすべての命令は全部撤廃せられ……

E　……私は欧米の進化は三大主義にあると思う。それは，民族，民権，民生である。ローマが滅び，民族主義がおこって……民権主義がおこった。……経済問題が政治問題のあとをついでおこり，民生主義が盛んになっている。

F　……羊は，以前はいつも非常におとなしく，とても小食だったのですが，いまでは非常に大食で乱暴になり，人間までも食らうようになったのです。……すべてを放牧地として囲い込み，家屋を取り壊し，町を破壊し，教会以外はなにも残していないのです。その教会までもが羊小屋に変えられるのです。……

問1　史料Aについて，史料中にある「天愛喜見王」と同一の人物として最も適当なものを，次の①～④から一つ選びなさい。

①　アショーカ王　　②　カニシカ王　　③　チャンドラグプタ王

④　ハルシャ王

問2　史料Bに関連して，共産主義や社会主義について述べた文として誤りを含むものを，次の①～④から一つ選びなさい。

①　アジア最初の社会主義政党はインドネシア共産党である。

②　ウェッブ夫妻やバーナード＝ショーらによってフェビアン協会が結成された。

③　第1インターナショナルはパリで結成された国際的な労働者組織である。

④　中国共産党は瑞金を離れ，長征(大西遷)を行い，延安に根拠地を定めた。

問3　史料Cについて述べた文iとiiの正誤の組合せとして正しいものを，以下の①～④から一つ選びなさい。

i　この史料はクレルモン教会会議において教皇インノケンティウス3世によっておこなわれた演説である。 ii　聖地奪還，東方貿易権拡大を教皇自ら呼びかけているが，これに高位聖職者や各国の君主・諸侯らは応じなかった。

①　i－正　ii－正　　②　i－正　ii－誤　　③　i－誤　ii－正
④　i－誤　ii－誤

問4　史料Dに関連して，歴史上の勅令について述べた文として最も適当なものを，次の①～④から一つ選びなさい。

①　アントニヌス勅令は，税収増を目的にコンスタンティヌス帝によって発布された。
②　金印勅書はカール4世によって発布されたが，帝位をめぐる混乱は収拾されなかった。
③　ナントの勅令(王令)は，アンリ4世によって発布されたのち，ルイ13世により廃止された。
④　ベルリン勅令(大陸封鎖令)は，イギリス経済に打撃を与えるためにビスマルクによって発布された。

問5　史料Eの理論を提唱した人物について述べた文iとiiの正誤の組合せとして正しいものを，以下の①～④から一つ選びなさい。

i　国民革命軍総司令官として軍閥と戦ったが，のちに反共に転じ，第1次国共合作を崩壊させた。 ii　ハワイで革命団体を結成し，のちに東京で革命諸団体が結集して設立された組織の総理として革命思想を広げた。

①　i－正　ii－正　　②　i－正　ii－誤　　③　i－誤　ii－正
④　i－誤　ii－誤

問6　史料Fについて，この著者が非難した運動の進行がもたらした影響を述べた文として最も適当なものを，次の①～④から一つ選びなさい。

① 多くの農民が土地を失い廃村も生じるなど社会不安を招き，都市浮浪者も増大した。

② 議会の承認の下，合法的におこなわれ，農業資本家による資本主義的大農業経営が確立した。

③ 深刻な労働力不足が農民の社会的立場を高め，独立自営農民が誕生した。

④ 大土地所有制が存続し，極端な貧富の格差と社会的不平等が残された。

問7 史料A～Fについて，年代の古いものから順に並べ替えたときに4番目にくるものを，次の①～⑥から一つ選びなさい。

① A　② B　③ C　④ D　⑤ E　⑥ F

(☆☆☆◎◎◎)

中高地理

【1】日本の地理について，次の問いに答えなさい。

問1 次の表は，岡山市，金沢市，仙台市，福岡市の気温と降水量の平年値と2021年時点の観測史上最高気温と最多年降水量を示したものである。金沢市と福岡市の組合せとして正しいものを，以下の①～④から一つ選びなさい。

		1月	2月	3月	4月	5月	6月	7月	8月	9月	10月	11月	12月	観測史上最高
i	気温 (℃)	4.0	4.2	7.3	12.6	17.7	21.6	25.8	27.3	23.2	17.6	11.9	6.8	38.5
	降水量(mm)	256.0	162.6	157.2	143.9	138.0	170.3	233.4	179.3	231.9	177.1	250.8	301.1	3476.2
ii	気温 (℃)	2.0	2.4	6.5	10.7	15.6	19.2	22.9	24.4	21.2	15.7	9.8	4.5	37.3
	降水量(mm)	42.3	33.9	74.4	90.2	110.2	143.7	178.4	157.8	192.6	150.6	58.7	44.1	1892.3
iii	気温 (℃)	4.6	5.2	8.7	14.1	19.1	22.7	27.0	28.1	23.9	18.0	11.6	6.6	39.3
	降水量(mm)	36.2	45.4	82.5	90.0	112.6	169.3	177.4	97.2	142.2	95.4	53.3	41.5	1660.1
iv	気温 (℃)	6.9	7.8	10.8	15.4	19.9	23.3	27.4	28.4	24.7	19.6	14.2	9.1	38.3
	降水量(mm)	74.4	69.8	103.7	118.2	133.7	249.6	299.1	210.0	175.1	94.5	91.4	67.5	2976.5

① 金沢市－i　福岡市－iii　② 金沢市－i　福岡市－iv

③ 金沢市－ii　福岡市－iii　④ 金沢市－ii　福岡市－iv

問2　次の表は，大分県，鹿児島県，佐賀県，宮崎県における2021年度の発電方式別発電電力量を示したものであり，表中のi～iiiは原子力，太陽光，地熱のいずれかである。i，iiにあてはまる発電方式の組合せとして正しいものを，以下の①～⑥から一つ選びなさい。

	水力	火力	風力	i	ii	iii
大分県	683	15796	8	718	―	823
鹿児島県	530	1085	362	827	13696	376
佐賀県	548	138	51	100	18156	―
宮崎県	3123	1006	129	468	―	―

（単位：百万ｋＷｈ）
（データで見る県勢2023より作成）

①　i－原子力　ii－太陽光　②　i－原子力　ii－地熱
③　i－太陽光　ii－原子力　④　i－太陽光　ii－地熱
⑤　i－地熱　ii－原子力　⑥　i－地熱　ii－太陽光

問3　次の表は，2020年の愛知県，茨城県，熊本県，広島県の農業産出額を示したものである。愛知県と熊本県の組合せとして正しいものを，以下の①～⑨から一つ選びなさい。

	米	野菜	果実	肉用牛	鶏卵
i	756	1645	97	160	452
ii	274	1011	196	100	181
iii	236	247	168	70	229
iv	361	1221	338	400	81
全国	16431	22520	8741	7385	4546

（単位：億円）
（データで見る県勢2023より作成）

	①	②	③	④	⑤	⑥	⑦	⑧	⑨
愛知県	i	i	i	ii	ii	ii	iii	iii	iii
熊本県	ii	iii	iv	i	iii	iv	i	ii	iv

問4　次の写真は沖縄県竹富島の伝統的な家屋を示したものである。この伝統的な家屋について述べた文iとiiの正誤の組合せとして正しいものを，あとの①～④から一つ選びなさい。

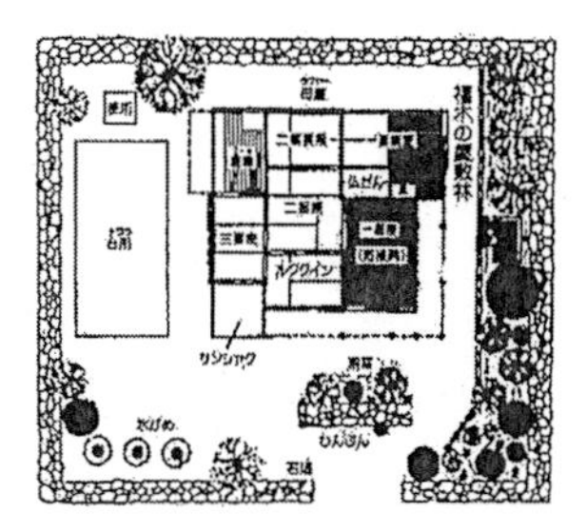

（文化庁「重要伝統的建造物群保存地区一覧　各地区の保存・活用の取組み」より作成）

i　強風対策のため，珊瑚や琉球石灰岩などを積んだ石垣で周囲は囲まれている。また，屋敷林は強風対策の他に，強い日差しが室内に直接入ることを防いでいる。

ii　風通しをよくするために，開口部は大きくとられている。また厳しい直射日光や，雨が屋内に入り込むのを防ぐために縁側の庇(ひさし)が大きく作られている。

①　i－正　ii－正　②　i－正　ii－誤
③　i－誤　ii－正　④　i－誤　ii－誤

問5　次の地図は佐賀県東松浦郡玄海町浜野浦の一部の地形図と同じ地点の陰影起伏図(高さは強調して表現してある)である。二つの地図をもとにして述べた以下の文章の下線部①～④の語句について正誤を判定し，正しいものを，全て選びなさい。

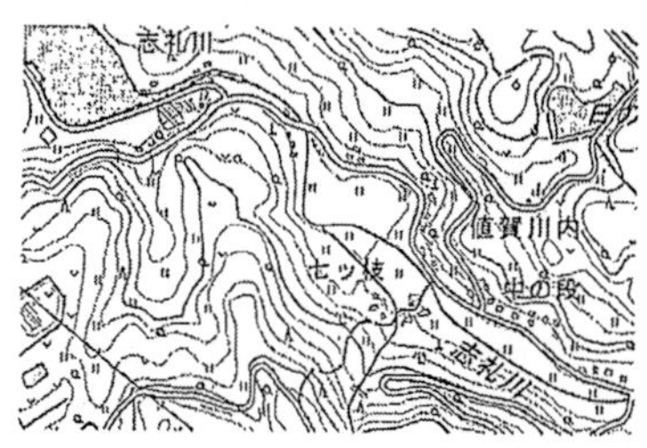

（地理院地図より作成）

> 志礼川沿いに①谷底平野が広がっており，集落と共に②棚田が見られる。近年ではこのような伝統的な農村の風景が見直され，都市部で暮らす人々が農村で豊かな自然に親しむことを目的とした③グリーンツーリズムが人気を集めている。また，農作物を生産するだけでなく，その加工や流通・販売にも地域の農家が関わることで所得や雇用の増大をめざす④4次産業化の試みも盛んになっている。

問6　地図1，2は長崎県長崎市の同じ範囲の，1924年から1926年にかけて作成された地図と現在の地図である。これらの2つの地図について述べた文章として適当でないものを，あとの①～⑥から一つ選びなさい。

地図1

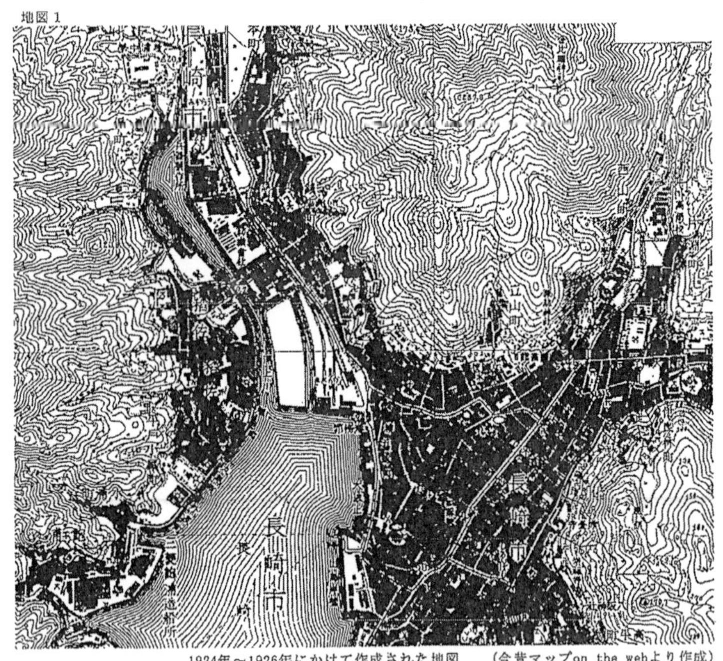

1924年～1926年にかけて作成された地図　（今昔マップon the webより作成）

地図２

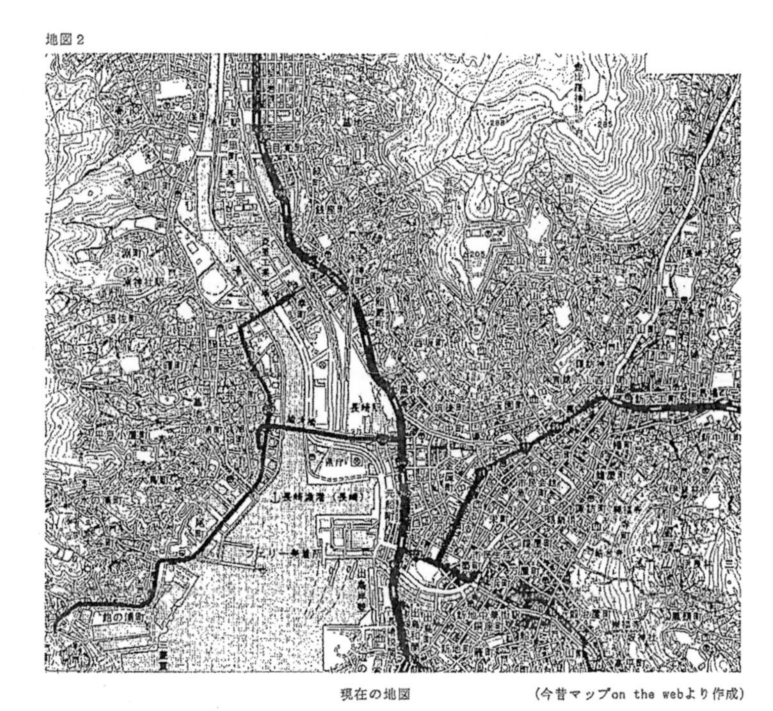

現在の地図　　　　(今昔マップon the webより作成)

① 地図1の長崎駅から東側にはキリスト教の教会が見られる。

② 地図1に見られる兵器製作所の跡地にはホールなどの施設が見られる。

③ 地図2には，地図1の時から見られる鉄道路線と国道が並行している地域が見られる。

④ 地図2の北部と東部のどちらにも発電所が見られる。

⑤ どちらの地図にも，江戸時代にあった西欧人との貿易場所に由来のある地名が見られる。

⑥ どちらの地図にも山の南側斜面に墓地が見られる。

問7　次の図①～④は阿蘇山，雲仙普賢岳，霧島山，桜島の陰影起伏図を立体的に示したものである(高さは強調して表現してあり，縮尺は図により異なる)。阿蘇山を示すものとして正しいものを，次の①～④から一つ選ぶとともに，その位置として正しいものを，以下の地図中の⑤～⑧から一つ選びなさい。

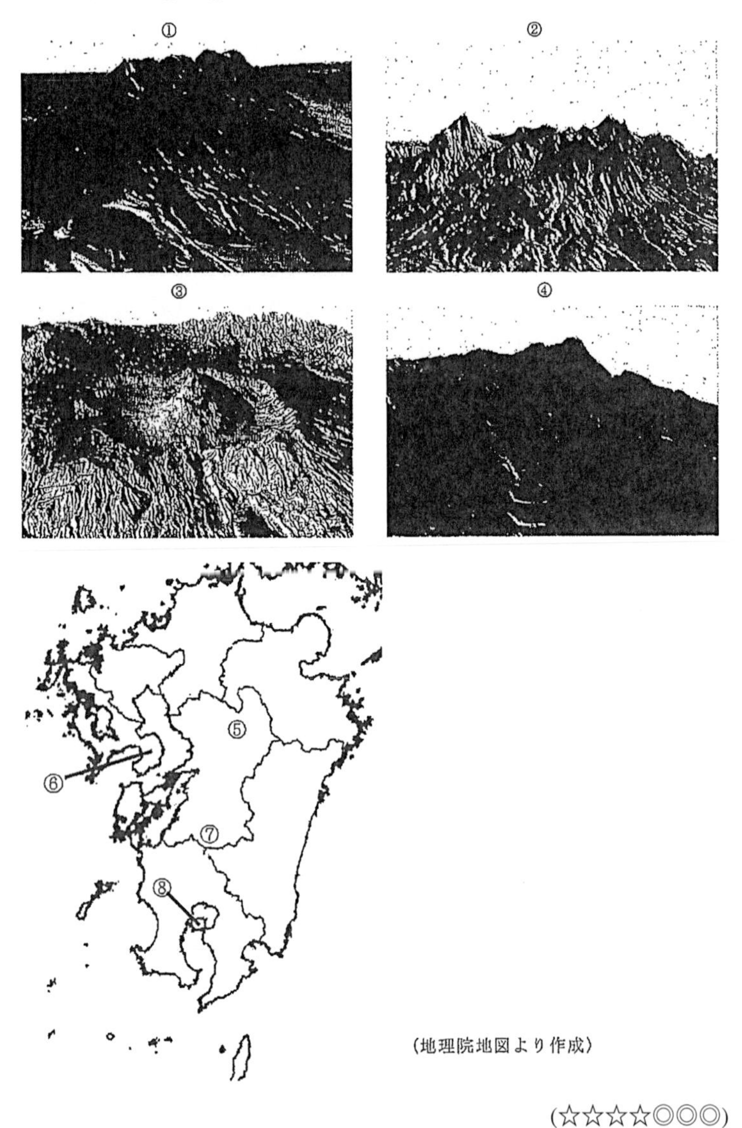

（地理院地図より作成）

（☆☆☆☆◎◎◎）

【2】日本の地理について，次の問いに答えなさい。

問1　次の表は，1980年から2020年までの農産物の国内生産量と輸入量の推移を示したものであり，表中のi～vは魚介類，穀物類，肉類，豆類，野菜類のいずれかである。肉類と魚介類の組合せとして正しいものを，以下の①～⓪から一つ選びなさい。

		1980年	1990年	2000年	2010年	2020年
i	国内生産	10754	11825	10422	9317	9360
	輸入	25057	27785	27640	26037	23898
ii	国内生産	324	414	366	317	290
	輸入	4705	4977	5165	3748	3411
iii	国内生産	16634	15845	13704	11730	11440
	輸入	495	1551	3124	2783	2987
iv	国内生産	3006	3478	2982	3215	3449
	輸入	738	1485	2755	2588	3037
v	国内生産	10425	10278	5736	4782	3772
	輸入	1689	3823	5883	4841	3885

（単位：千トン）
（農林水産省　令和３年度食料需給表より作成）

	①	②	③	④	⑤	⑥	⑦	⑧	⑨	⓪
肉類	i	i	ii	ii	iii	iii	iv	iv	v	v
魚介類	iii	iv	i	v	ii	iv	i	v	ii	iii

問2　自然災害を予測する際には過去の絵図が参考になることがある。次の図は1896年から1909年にかけて作成された地図と現在の同じ地域の傾斜量図(高さは強調して表現してある)を比較したものである。この図中の地形と自然災害の要因となる自然現象について述べた文として適当でないものを，以下の①～④から全て選びなさい。

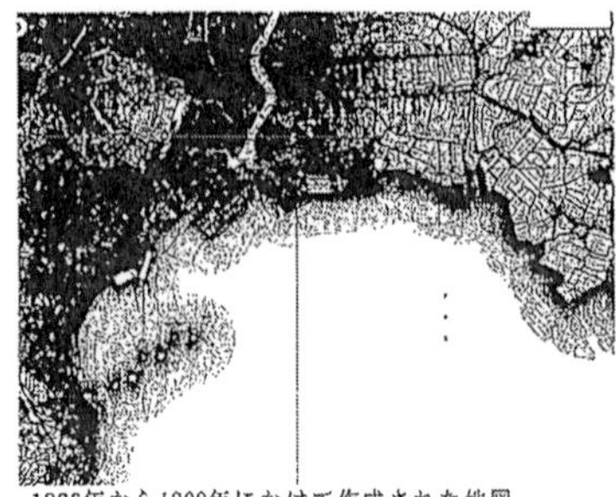
1896年から1909年にかけて作成された地図

現在の地図（傾斜量図）

（今昔マップon the webより作成）

① あのような台地状になっている地域は地震の時に揺れが大きくなりやすい。

② いのような昔の地図上で陸地であった場所は洪水の被害を受けにくい。

③ うのような河川の流域で堤防よりも低い位置にある場所は洪水の被害が長引く可能性がある。

④ えのような埋め立てによって作られた場所は地震時に液状化現象が起こりやすい。

問3　次の表は，大阪府，京都府，静岡県，千葉県，東京都，北海道の2019年から2021年の国内旅行の旅行目的別延べ旅行者数を示したものである。千葉県にあたるものとして適当なものを，表中の①～④から一つ選びなさい。

	2019年		2020年		2021年	
	宿泊旅行	日帰り旅行	宿泊旅行	日帰り旅行	宿泊旅行	日帰り旅行
東京都	25533	25213	8749	7990	8219	8162
大阪府	16709	14203	6287	4615	5170	4192
①	18471	8493	9440	5613	8883	4934
②	14963	20115	6482	7609	6025	6266
③	15926	10865	8308	6695	8434	7033
④	8373	10269	4653	5878	3993	3799

（単位：千人）

（データで見る県勢2023より作成）

問4　次の表は，愛知県豊田市，埼玉県秩父市，千葉県君津市，長野県飯田市，兵庫県姫路市の人口密度，年齢別人口構成，人口増減率，第2次産業就業者割合を示したものである。愛知県豊田市にあたるものとして適当なものを，表中の①～⑤から一つ選びなさい。

	人口密度（人/㎢）（2022年1月1日）	年齢別人口構成（%）（2022年1月1日）			人口増減率（%）（2021年）	第2次産業就業者割合（%）（2020年1月1日）
		0～14歳	15～64歳	65歳以上		
①	104.4	10.7	55.0	34.4	-1.38	32.3
②	257.6	10.1	57.2	32.6	-1.09	30.4
③	149.4	12.4	54.7	32.9	-1.15	31.4
④	456.5	13.0	62.8	24.2	-0.70	46.0
⑤	993.1	13.0	60.0	27.1	-0.61	32.0

（データで見る県勢2023より作成）

問5　先進国の産業について述べた文として適当でないものを，次の①～④から一つ選びなさい。

①　近年の先進国の工業は，新しい知識や技術を生み出すために巨額の研究開発費が使われ，知識により利益を生み出す知識産業へと転換しつつある。

②　1980年代にインターネットが生まれたアメリカ合衆国において，もとはスタートアップ企業であったICT企業が，現在ではGAFAと呼ばれる世界的な巨大企業に成長した。

③　知識産業化の動きは大企業だけでなく，スタートアップ企業にもみることができ，これらの企業は独創的な技術や高度な知識をもとに起業し，経済の活性化に重要な役割を果たしている。

④　特許権などの知識財産権によって保護された知識や技術は国際的に取引されており，こうした技術貿易において，先進国では，一般に受取額よりも支払額の方が大きい。

問6　日本の都市と地域について述べた文として適当でないものを，次の①～⑤から全て選びなさい。

①　近年では情報通信技術の発達により，大都市に本社があるICT企業などが農山村地域にサテライトオフィスを置く例も見られる。

② 人口減少時代に入った日本では，都市部においても空き家や空き地，空き店舗が不規則に発生し，都市の密度が低下するスプロール現象が見られる。

③ テレワークの拡大によりUターンやIターンなどを行い，地方に生活拠点を移しつつ，必要に応じて定期的に大都市に出向いて仕事をする二地域居住を行う人も増えている。

④ 地方都市には公共交通機関の利用を軸とした中心市街地の活性化と，コンパクトシティの実現に向けた取組を行っている都市もある。

⑤ 東京への一極集中を是正する目的から1990年代に筑波研究学園都市の建設が行われ，大学や研究機関の計画的な移転が行われた。

問7　地図iは大阪市の地形図，地図ii～ivは洪水，高潮，津波被害のいずれかを想定して作成されたハザードマップである。地図i中の線X－Yの断面図(高さは強調して表現してある)として正しいものを，あとの①～④から一つ選びなさい。

地図 i

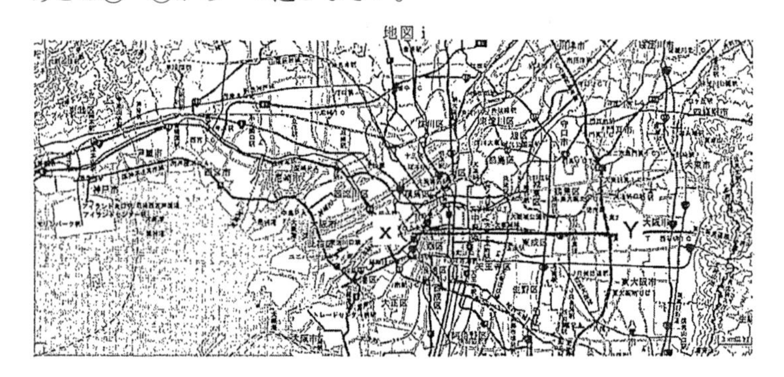

地図ⅱ

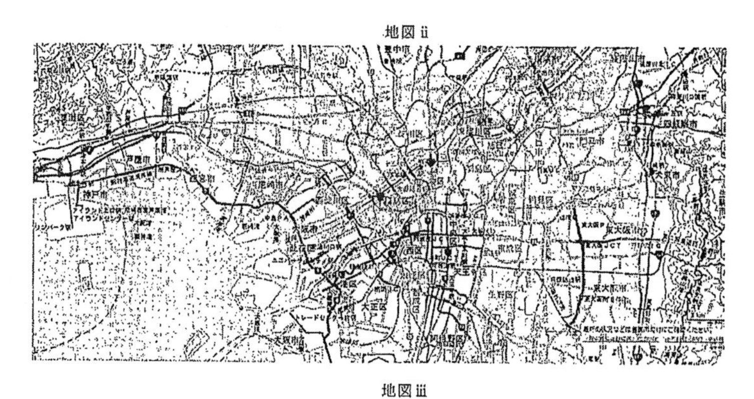

地図ⅲ

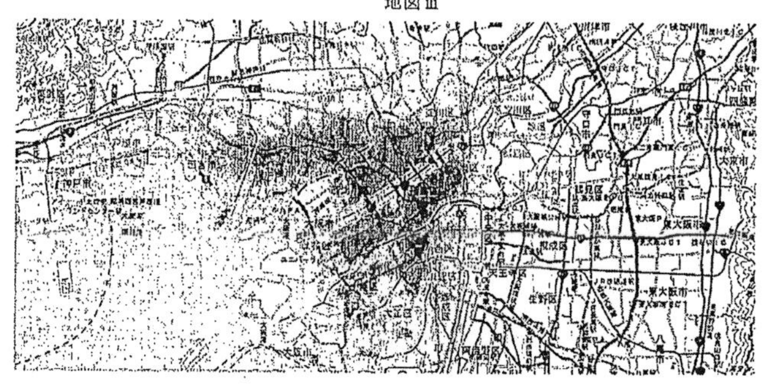

地図ⅳ

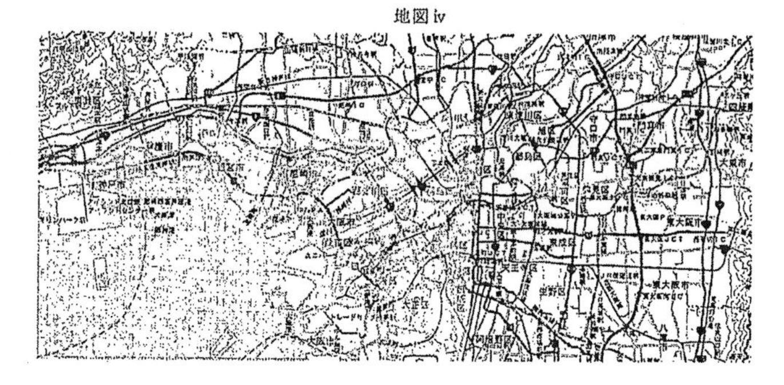

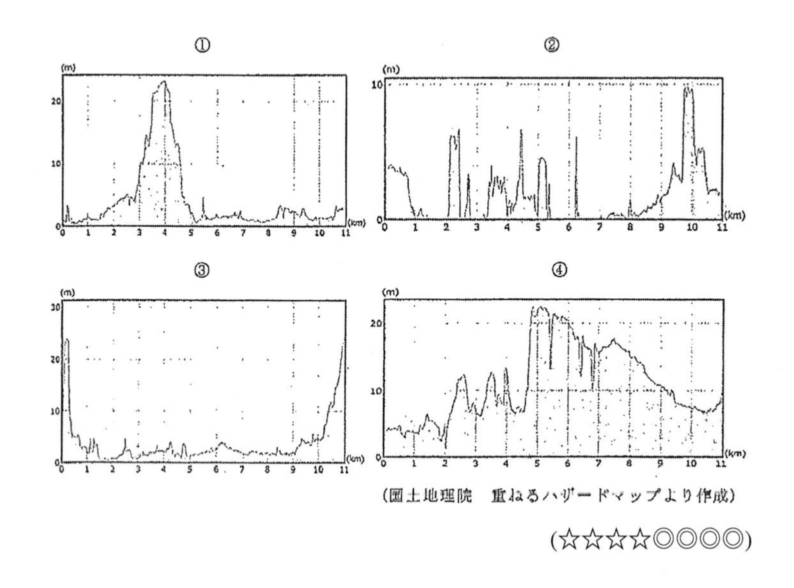

(☆☆☆☆◎◎◎◎)

【３】中南米地域について，次の問いに答えなさい。

問1　地図中の都市A～Cのハイサーグラフの組合せとして正しいものを，あとの①～⑥から一つ選びなさい。

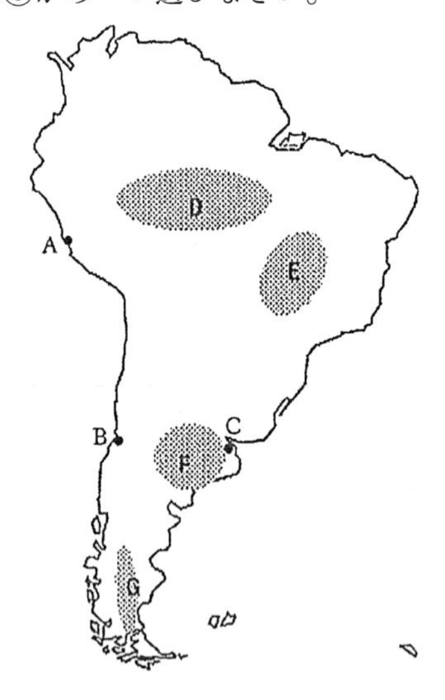

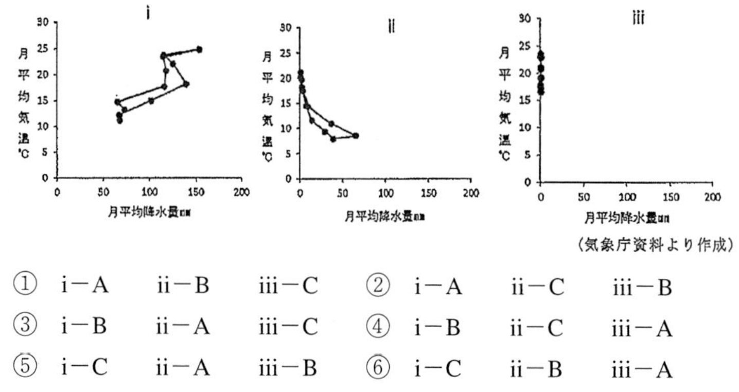

（気象庁資料より作成）

① i－A　ii－B　iii－C　② i－A　ii－C　iii－B
③ i－B　ii－A　iii－C　④ i－B　ii－C　iii－A
⑤ i－C　ii－A　iii－B　⑥ i－C　ii－B　iii－A

問2　地図中のD～G地域の自然環境や農牧業について述べた文として適当でないものを，次の①～④から一つ選びなさい。

① Dの地域では，セルバと呼ばれる熱帯雨林地域で，伝統的な焼畑農業が行われている。

② Eの地域では，1970年代末からセラードが中国の援助を受けて開発され，大豆が大規模に生産されている。

③ Fの地域では，エスチュアリーの西側に湿潤パンパが広がり，小麦栽培が盛んである。

④ Gの地域では，山脈から乾いた下降気流が吹きつけ乾燥地域となり，羊の放牧が行われている。

問3　中南米地域の人種，宗教，文化について述べた文i～iiiの正誤の組合せとして正しいものを，以下の①～⑧から一つ選びなさい。

i　アルゼンチンやウルグアイでは，先住民の人口が少なく，アフリカ系奴隷に依存した砂糖プランテーションも展開しなかったため，白人が圧倒的多数を占める。

ii　ブラジルでは砂糖プランテーションが発達し，アフリカ系人口の比率が高く，メキシコやコロンビアでは混血の比率が高い。

iii　南アメリカ大陸の国々の公用語は旧宗主国の影響を受けてスペイン語が多くを占めるが，ブラジルはポルトガル語が公用語であり，北部の国々では英語やオランダ語が公用語の国もある。

① i－正　ii－正　iii－正　② i－正　ii－正　iii－誤
③ i－正　ii－誤　iii－正　④ i－正　ii－誤　iii－誤
⑤ i－誤　ii－正　iii－正　⑥ i－誤　ii－正　iii－誤
⑦ i－誤　ii－誤　iii－正　⑧ i－誤　ii－誤　iii－誤

問4　次の表は，銀鉱，鉄鉱石，銅鉱の生産上位5か国と世界生産に占める割合(2019年)を示したものである。i～iiiにあてはまる鉱産資源の組合せとして正しいものを，以下の①～⑥から一つ選びなさい。

i		ii		iii	
オーストラリア	37.4	チリ	28.6	メキシコ	22.3
ブラジル	17.0	ペルー	11.9	ペルー	14.5
中国	14.4	中国	7.8	中国	12.9
インド	9.7	コンゴ民主共和国	6.0	ロシア	7.5
ロシア	4.2	アメリカ合衆国	6.0	ポーランド	5.5

(単位：%)
(世界国勢図会2022/23より作成)

	①	②	③	④	⑤	⑥
i	銀鉱	銀鉱	鉄鉱石	鉄鉱石	銅鉱	銅鉱
ii	鉄鉱石	銅鉱	銀鉱	銅鉱	銀鉱	鉄鉱石
iii	銅鉱	鉄鉱石	銅鉱	銀鉱	鉄鉱石	銀鉱

問5　次のグラフは，エジプト，スペイン，中国，チリにおける1人あたりGNI(国内総所得　2020年)と都市人口率(2015年)を示したものである。チリに該当するものを，グラフ中の①～④から一つ選びなさい。

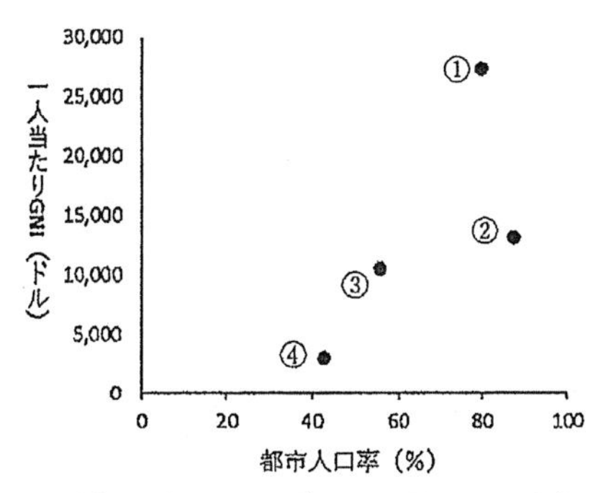

（データブックオブ・ザ・ワールド2023より作成）

問6　次の表は，日本の在留外国人数の国籍別割合を示しており，i～iiiは中国，ベトナム，ブラジルのいずれかである。i～iiiにあてはまる国の組合せとして正しいものを，以下の①～⑥から一つ選びなさい。

	1990年	2000年	2010年	2020年
i	14.0	19.9	32.2	27.0
ii	0.6	1.0	2.0	15.5
韓国・朝鮮	64.0	37.7	26:5	*14.8
フィリピン	4.6	8.6	9.8	9.7
iii	5.2	16.1	10.8	7.2

*韓国人のみの割合
（単位：%）
（データブックオブ・ザ・ワールド2022より作成）

	①	②	③	④	⑤	⑥
i	中国	中国	ブラジル	ブラジル	ベトナム	ベトナム
ii	ブラジル	ベトナム	中国	ベトナム	中国	ブラジル
iii	ベトナム	ブラジル	ベトナム	中国	ブラジル	中国

問7　次の表は，インドネシア，中国，日本，ペルーの漁業生産量と養殖業生産量(2020年)であり，以下のグラフは同4か国の漁船漁業の漁獲量の推移を示したものである。ペルーに該当するものを，表中の①～④，グラフの⑤～⑧からそれぞれ一つずつ選びなさい。

	漁業生産量		養殖業生産量	
	海面	内水面	海面	内水面
①	11986	1460	39538	30945
②	6494	495	11464	3391
③	5659	16	83	61
④	3193	22	967	29

（単位：千t）

（世界国勢図会2022/23より作成）

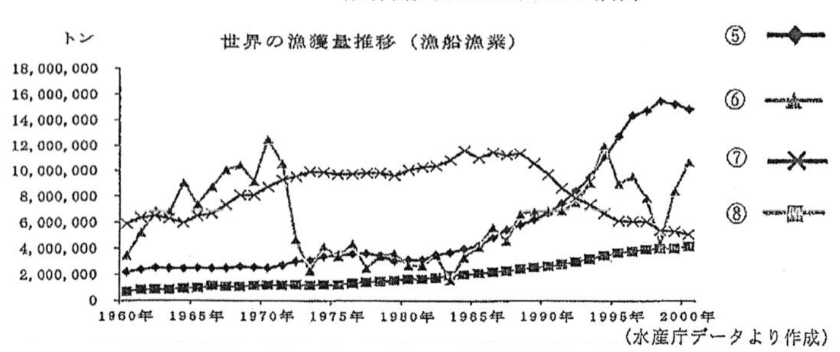

（水産庁データより作成）

(☆☆☆◎◎◎◎)

【4】東アジアについて，以下の問いに答えなさい。

地図1

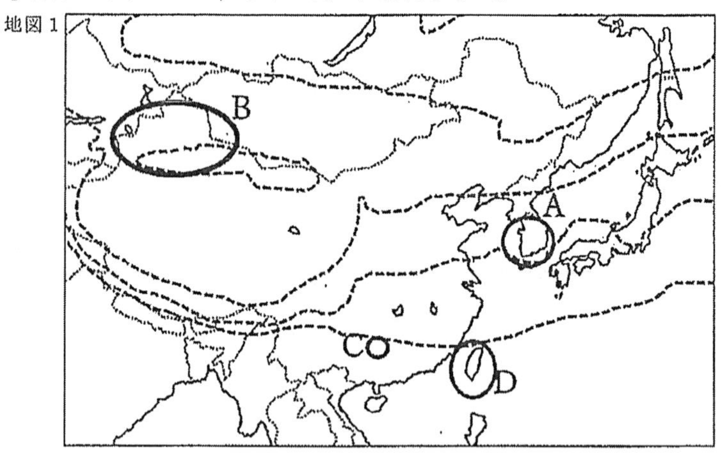

問1　地図1のA～Dの自然環境について述べた文として適当でないも

のを，次の①～④から一つ選びなさい。

① Aの半島では，西高東低の地形となっており，南部の海岸には入り組んだフィヨルドがみられる。

② Bの地域では，古期造山帯の山脈が分布し，高度3000m以上の高山地帯がみられる。

③ Cの地域では，石灰岩質の台地の溶食が進行し，タワーカルストがみられる。

④ Dの島では，新期造山帯の山脈が南北に連なり，富士山よりも高い山がみられる。

問2 地図1の点線は1月または7月のいずれかの月の10℃ごとの等温線を表している。次の地図①～④にも10℃ごとの等温線が描かれているが，このうち地図1と同じ月の等温線が描かれているものとして適当なものを，次の①～④からすべて選びなさい。

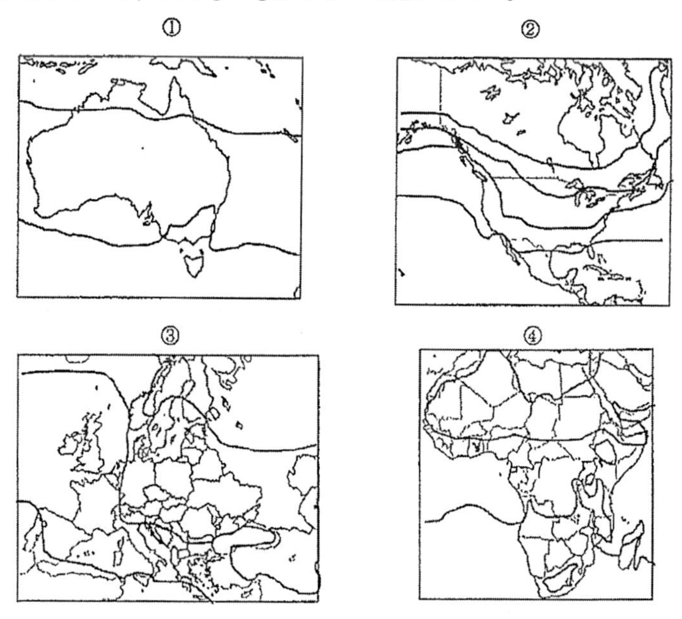

問3 次のグラフ①～④は，米，小麦，トウモロコシ，綿花の地域別生産量割合(2020年)を示しており，以下の分布図⑤～⑧は，同じ農

産物について，中国において生産が多い上位5省・自治区を示したものである。綿花を示すものを，グラフの①～④，分布図の⑤～⑧からそれぞれ一つずつ選びなさい。

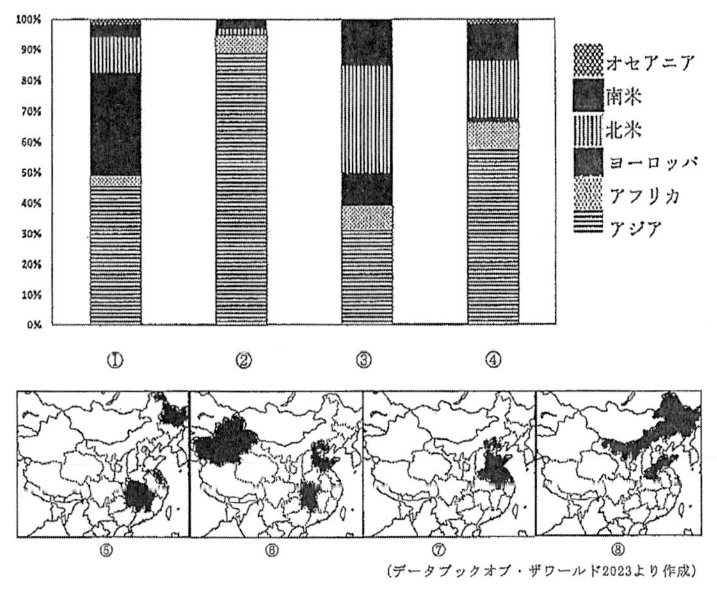

（データブックオブ・ザワールド2023より作成）

問4 次の図の矢印と数字は3か国の輸出入額(2020年)を表すものであり，i～iiiはアメリカ合衆国，中国，日本のいずれかである。i～iiiにあてはまる国の組合せとして正しいものを，以下の①～⑥から一つ選びなさい。

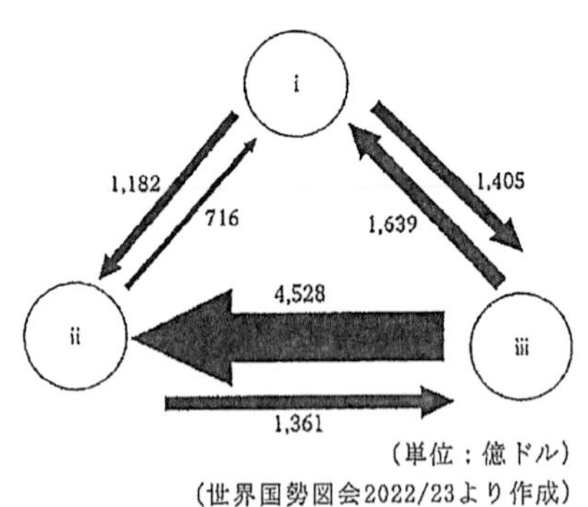

（単位：億ドル）
（世界国勢図会2022/23より作成）

① ⅰ－アメリカ合衆国　ⅱ－中国
ⅲ－日本
② ⅰ－アメリカ合衆国　ⅱ－日本
ⅲ－中国
③ ⅰ－中国　ⅱ－アメリカ合衆国
ⅲ－日本
④ ⅰ－中国　ⅱ－日本
ⅲ－アメリカ合衆国
⑤ ⅰ－日本　ⅱ－アメリカ合衆国
ⅲ－中国
⑥ ⅰ－日本　ⅱ－中国
ⅲ－アメリカ合衆国

問5　東アジアに属する4つの国と地域の工業について述べた文として最も適当なものを，次の①～④から一つ選びなさい。

① 韓国は1970年代前半より重化学工業の発展を目指し，「漢江の奇跡」と呼ばれる高度経済成長を遂げた。その過程で大きな力を持っていた財閥は力を弱めていった。

② 台湾は液晶パネルや集積回路(IC)などの輸出を積極的に行っている。現在正式な外交関係がある国は世界で十数か国のみであるが，日本との経済的な結びつきは強まっている。

③ 中国は世界の工場と呼ばれ，近年成長著しいが，沿海部と内陸部の経済格差は大きい。西部大開発により交通網の整備や資源の活用に取り組み，また内陸部にも経済特区がつくられ格差は徐々に縮小している。

④ モンゴルの主要産業は遊牧による伝統的な牧畜であるが，近年は鉱工業が盛んになりつつある。その資源を中国に輸出し経済成長を続けている。しかし経済体制では社会主義を継続させている。

問6　次の表は，1人あたりの二酸化炭素排出量(2019年)と，一次エネルギー自給率(2019年)を示したものであり，ⅰ～ⅲはインド，韓国，ドイツのいずれかである。ⅰ～ⅲにあてはまる国の組合せとして正しいものを，以下の①～⑥から一つ選びなさい。

国名	1人あたりの二酸化炭素排出量（t）	一次エネルギー自給率（%）
アメリカ合衆国	14.4	104.4
i	11.3	17.3
ii	1.7	61.9
iii	7.7	35.5

（世界国勢図会2022/23より作成）

① i－インド　ii－韓国　iii－ドイツ
② i－インド　ii－ドイツ　iii－韓国
③ i－韓国　ii－インド　iii－ドイツ
④ i－韓国　ii－ドイツ　iii－インド
⑤ i－ドイツ　ii－インド　iii－韓国
⑥ i－ドイツ　ii－韓国　iii－インド

問7　次の表は就業者1人あたりの平均年間総実労働時間(2014年)と国際観光の到着数と収入(2019年)を示したものであり，①～④はアメリカ合衆国，イタリア，日本，フランスのいずれかである。日本にあたるものを，表中の①～④から一つ選びなさい。

	就業者1人あたり平均年間総実労働時間（時間）	国際観光の到着数と収入	
		到着数（万人）	国際観光収入（億ドル）
①	1,789	16,548	2,394
②	1,729	3,188	492
③	1,473	21,788	708
④	1,734	9,540	519

（世界国勢図会2022/23，地理データファイル2020年度版より作成）

（☆☆☆◎◎）

中高公民

【1】古代から近世までの世界の思想について，次の問いに答えなさい。

問1　ソクラテスが探究した人間の生き方について述べた文として適当でないものを，次の①～④から一つ選びなさい。

① ソクラテスが用いた問答法は，対話を通じて，もとの考えが誤っていることに気づかせ，自分から真の知を見いだすように導くものであった。

② ソクラテスが問題にしたのは，善美であることのような，生きるうえで最も重要なことについて人間は無知であるということであった。

③ ソクラテスは，知識を得るということは魂がもともと持っている普遍的なものの記憶を想起することであるとする想起説を唱えた。

④ ソクラテスは，人が善や正を知れば，それを知る魂そのものがよくなって魂の優れたあり方である徳が実現し，よい行いや正しい行いを実行すると考えた。

問2　アリストテレスが生き方について述べている次の文章中の空欄(i)～(iii)に当てはまる語句の組合せとして正しいものを，以下の①～⑥から一つ選びなさい。

アリストテレスは，人々が善と幸福をどのようにとらえて生きるかに応じて，人間の生き方を分類した。快楽を善ととらえてそれを追求する(i)的生活，名誉を追求する(ii)的生活，真理を知りそのことに喜びを見いだす(iii)的生活の三つをあげたが，この分類でも(iii)的生活を最高の生き方としている。

① i－観想　ii－享楽　iii－政治

② i－観想　ii－政治　iii－享楽

③ i－享楽　ii－観想　iii－政治

④ i－享楽　ii－政治　iii－観想

⑤　i－政治　　ii－観想　　iii－享楽
⑥　i－政治　　ii－享楽　　iii－観想

問3　イスラーム教について述べた文iとiiの正誤の組合せとして正しいものを，以下の①～④から一つ選びなさい。

i 『クルアーン』には，食，結婚・離婚，相続，利子の禁止などの定めが含まれ，さらに信者たちは，ムハンマドの模範的慣行(スンナ)，共同体の取り決めなども加え，シャリーア(イスラーム法)とした。 ii 定めの中でも最も基本となるのが，信仰上の義務である六信(アッラー，天使，啓典，使徒，来世，予定の存在を信じること)と行為上の義務である五行(信仰告白，礼拝，喜捨，断食，巡礼)である。

①　i－正　　ii－正　　②　i－正　　ii－誤
③　i－誤　　ii－正　　④　i－誤　　ii－誤

問4　中国の思想について述べた文として最も適当なものを，次の①～④から一つ選びなさい。

①　孔子は，自分勝手な欲望を抑えて，いっさいの行為を社会的な規範としての礼に合致させることが仁であるとし，礼の意義を強調した。
②　荀子は，父子・君臣・夫婦・長幼・朋友という基本的な人間関係のあり方として，親，義，別，序，信という五倫の道を示した。
③　墨子は，人間は生まれつき欲望に従って利を追い求め，人を憎む傾向があるため，教化を加えず自然のままに放置すると争乱に陥るから，人為的に矯正していく必要があると説いた。
④　孟子は，人間の利己心を利用して賞罰を厳格に行い，法にもとづく政治を行うべきだと主張した。

問5　ルネサンス時代の思想家の考え方について述べた次の文章A，Bと，それを主張した人物の組合せとして正しいものを，以下の①～⑥から一つ選びなさい。

A　羊は非常におとなしく，また非常に小食だということになっておりますが，今や聞くところによると，大食で乱暴になり始め，人間さえも食らい，畑，住居，都会を荒廃，破壊するほどです。耕作地を一坪も残さずにすべてを牧草地として囲い込み，住家を取り壊し，町を破壊し，羊小屋にする教会だけしか残しません。

B　経験によって私たちの世に見えてきたのは，偉業を成し遂げた君主が，信義などほとんど考えにも入れないで，人間たちの頭脳を狡猾に欺くすべを知る者たちであったことである。狐となって罠を悟る必要があり，獅子となって狼を驚かす必要がある。

① A－エラスムス　　B－トマス・モア
② A－エラスムス　　B－マキァヴェリ
③ A－トマス・モア　B－エラスムス
④ A－トマス・モア　B－マキァヴェリ
⑤ A－マキァヴェリ　B－エラスムス
⑥ A－マキァヴェリ　B－トマス・モア

問6　ベーコンが説くイドラの例について述べた文として最も適当なものを，次の①～④から一つ選びなさい。

① 個人的な印象や先入観で人を判断することを劇場のイドラと呼ぶ。
② 太陽と月の大きさは同じと思い込むことを種族のイドラと呼ぶ。
③ 天動説を真実と思い込み，地動説を受け入れないことを市場のイドラと呼ぶ。
④ 「ひかげ」という場合，「日陰」は日の当たらない所，「日影」なら日の光を意味することを洞窟のイドラと呼ぶ。

問7　カントの思想について述べた文として適当でないものを，次の①～④から一つ選びなさい。

① 絶対精神の本質は自由であり，自分自身を様々なものに変え，理性の狡知によって個人を利用したりしつつ，人類の自由を目覚めさせ実現していくとされる。

② 善意志は，行為がもたらした結果や，目的の達成のために役に立つかどうかには関わりなく，それ自体で善であり，動機が善であることを重視した。

③ 認識が成立するためには，物などからの刺激を受け取る感性と，思考する能力である悟性が必要であるとした。

④ 全く経験がない状態でも働く純粋理性を考え，純粋理性が何を考え主張することができるか定めるべきであると主張した。

問8　次の文章は，古代から江戸時代における日本の神道について述べたものである。文章中の下線a～dの語句のうち適当でないものを，以下の①～④から全て選びなさい。

> 日本古来の神々を祀る信仰を神道という。中でも古代日本における神信仰を古神道と呼ぶが，こうした素朴な神信仰は，儒教や仏教などの外来思想が受容されていくのに伴い，神道として成立・理論化されていった。そこでは，a清明心が基礎とされ，次第に私欲のない正直や，真実を貫く誠の徳が重視されるようになった。また，時代が進むに従い，神仏習合に対して神道の優位を説くb復古神道が生まれた。その後，室町時代には神道こそが儒教，仏教，道教の根源だとするc唯一神道が生まれた。さらに，江戸時代に入ると，山崎闇斎が儒教と神道の融合を説いた垂加神道，その後平田篤胤によって，仏教や儒教の影響を排したd伊勢神道が生まれた。

①　a　　②　b　　③　c　　④　d

(☆☆◎◎◎)

【２】近世以後の世界や日本の思想について，次の問いに答えなさい。

問1　江戸時代の古文辞学の祖である荻生徂徠について述べた文とし

て最も適当なものを，次の①～④から一つ選びなさい。

① 親子の間のみならず，君臣・夫婦・兄弟・朋友などあらゆる人間関係を成り立たせるのが孝であると考えた。

② 儒教の根本は万民が安らかに暮らせるようにする政治や社会制度にあり，従来の儒教は個人の人格を高めることを重んじ，天下を治めることを軽んじてきたと批判した。

③ 仁愛を成り立たせているのが誠で，誠とは自分にも他者にも偽りを持たない真実無偽の心であると説いた。

④ 農・工・商の三民は生業に忙しく人倫の道を追究する余裕がないので，武士は常にその身を修め，三民に道を教えるのが役割であるとした。

問2 明治時代の思想について述べた次の文を読んで，この文を述べた思想家の名前と空欄(i)にあてはまる語句の組合せとして正しいものを，以下の①～⑨から一つ選びなさい。

> 「いっさいの生産機関を地主・(i)の手からうばって，これを社会・人民の公有とする」もの，いいかえれば，地主・(i)なる徒手・遊食の階級を廃絶するのは，実に「近代社会主義」，一名「科学的社会主義」の骨髄とするところではないか。

① 名前－幸徳秋水　語句－資本家
② 名前－幸徳秋水　語句－生産者
③ 名前－幸徳秋水　語句－労働者
④ 名前－徳富蘇峰　語句－資本家
⑤ 名前－徳富蘇峰　語句－生産者
⑥ 名前－徳富蘇峰　語句－労働者
⑦ 名前－西村茂樹　語句－資本家
⑧ 名前－西村茂樹　語句－生産者
⑨ 名前－西村茂樹　語句－労働者

問3 丸山真男の思想について述べた文iとiiの正誤の組合せとして正しいものを，以下の①～④から一つ選びなさい。

i　共通の基盤を持たない様々な思想が閉鎖的に雑居している日本の思想状況をササラ型と表現した。 ii　日本で戦争を主導した人々の，主体性の欠如，無責任の体系を指摘し，それは大日本帝国の「体制」そのものに起因していると分析した。

①　i－正　ii－正　②　i－正　ii－誤
③　i－誤　ii－正　④　i－誤　ii－誤

問4　20世紀の思想的な立場について述べた次の文章A，Bと，それに関連する代表的な人物の組合せとして正しいものを，以下の①～⑥から一つ選びなさい。

A　全体性のもとには吸収することができない無限の存在として，絶対的「他者」の存在を指摘する。全体性を超越した他者の存在の無限性を，他者の顔と表現した。 B　反ユダヤ主義と帝国主義に焦点をおいて，ナチズムやスターリニズムといった全体主義の心理的な基盤を分析し，その問題点を明らかにした。

①　A－アーレント　B－アドルノ
②　A－アーレント　B－レヴィナス
③　A－アドルノ　B－アーレント
④　A－アドルノ　B－レヴィナス
⑤　A－レヴィナス　B－アーレント
⑥　A－レヴィナス　B－アドルノ

問5　次のフランクフルト学派の人物i～iiiと，その人物について述べた文A～Cの組合せとして正しいものを，以下の①～⑥から選びなさい。

i　ハーバーマス　ii　フロム　iii　ホルクハイマー

A　現代人が歴史的に獲得してきた自由を手放し，自由であること

から逃れようとして，依存や従属を求めるメカニズムを分析した。

B　合意と公共性の形成を実現するため，相手に圧力をかけたりすることをなく対話を交わす理性である対話的理性が，民主主義の基盤の一つであると考えた。

C　理性は「目的」を達成するために最も合理的な方法を考える，単なる技術的な「手段」となってしまったと考え，そうした「手段」としての理性を道具的理性と呼んだ。

① i－A　ii－B　iii－C　② i－A　ii－C　iii－B
③ i－B　ii－A　iii－C　④ i－B　ii－C　iii－A
⑤ i－C　ii－A　iii－B　⑥ i－C　ii－B　iii－A

問6　CSR(企業の社会的責任)の先駆者と言われる石田梅岩の商人道は，現代にも通じる思想である。次のi～iiiのCSRの用語と，それに通じる石田梅岩の言葉A～Cの組合せとして正しいものを，あとの①～⑥から一つ選びなさい。

i　コーポレート・ガバナンス　ii　コンプライアンス iii　フィランソロピー

A　御法を守り，我が身を敬むべし。

B　金銀は天下の御宝なり。銘々は世を互いにし，救い助くる役人なり。

C　たとい主人たりとも非を理に曲ぐる事あらば少しも用捨(容赦)いたさず。

① i－A　ii－B　iii－C　② i－A　ii－C　iii－B
③ i－B　ii－A　iii－C　④ i－B　ii－C　iii－A
⑤ i－C　ii－A　iii－B　⑥ i－C　ii－B　iii－A

(☆☆◎◎◎)

【3】現代の民主政治と国際政治に関連することについて，次の問いに答えなさい。

問1　次の社会契約説の思想家i～iiiと，それらの理論について述べた文A～Cの組合せとして正しいものを，あとの①～⑥から一つ選びなさい。

i　ホッブズ　　ii　ルソー　　iii　ロック

A　各人は自然権の一部を放棄し，政治社会をつくる。そして，人々は，統治者に自然権を保障させるためのみに権力を信託する。

B　人々は自然法に従って相互の自由を制限し，社会契約を結んで国家に権力を譲渡して平和の維持と安全の保証を図る。

C　自然権を社会全体に譲渡し，政治社会をつくる。そして常に公共の利益をめざす人民の意志である一般意志の同意に基づく法によって，権利を守る。

①　i－A　ii－B　iii－C　②　i－A　ii－C　iii－B
③　i－B　ii－A　iii－C　④　i－B　ii－C　iii－A
⑤　i－C　ii－A　iii－B　⑥　i－C　ii－B　iii－A

問2　衆議院の優越が認められているものとして適当なものを，次の①～⑥から全て選びなさい。

①　議員の懲罰権　②　憲法改正の発議権
③　国政調査権　④　条約承認権
⑤　弾劾裁判所の設置　⑥　内閣総理大臣の指名権

問3　現在の日本の司法制度について述べた文として誤りを含むものを，次の①～④から全て選びなさい。

①　家庭裁判所の審判・調停などはプライバシーに関わるため，傍聴は認められていない。

②　行政機関は，「前審」としての裁決や決定は認められていない。

③　最高裁判所は，司法事務処理に関する事柄について規則を定めることができない。

④　最高裁判所の裁判官は，国民審査によらない限り罷免されない。

問4　2022年4月1日から，民法の成人年齢を20歳から18歳に引き下げる改正法が施行された。民法の成人年齢引き下げに伴う変更点や，その影響について述べた文iとiiの正誤の組合せとして正しいものを，以下の①～④から一つ選びなさい。

i　18歳から法定代理人(親など)の同意なしに，クレジットカードや携帯電話などの契約ができるようになった。 ii　少年法の適用年齢は20歳未満のまま維持されたが，17歳以下とは異なり，18・19歳への措置は厳罰化され，起訴された場合には実名報道も可能になった。

①　i－正　ii－正　　②　i－正　ii－誤
③　i－誤　ii－正　　④　i－誤　ii－誤

問5　国際裁判所について述べた文として最も適当なものを，次の①～④から一つ選びなさい。

①　国際刑事裁判所(ICC)は，集団殺害，戦争犯罪などを指導した国家を処罰する裁判所である。
②　国際司法裁判所(ICJ)による裁判は，紛争当事国双方の同意が必要であり，訴えられた国の同意があって初めて成立する。
③　日本は，国際刑事裁判所(ICC)に加盟していない。
④　日本は，国際司法裁判所(ICJ)で裁判の当事国となったことがない。

問6　2001年の中央省庁再編よりも後に設置された次の主な省庁のうち，2020年代に設置されたものを，次の①～⑤から全て選びなさい。

①　防衛省　　②　こども家庭庁　　③　出入国在留管理庁
④　デジタル庁　　⑤　復興庁

問7　文化祭のクラス企画を，宝探し，唐揚げ，焼きそばの中から1つに決めることになった。クラス40人の生徒にこれら3つの企画について順位付けをするようアンケート調査を行ったところ，全員が回答し，次の表のような結果になった。

順位＼人数	(ⅰ)16人	(ⅱ)14人	(ⅲ)10人
1位	宝探し	唐揚げ	焼きそば
2位	焼きそば	焼きそば	唐揚げ
3位	唐揚げ	宝探し	宝探し

この表は，「(i)の16人は，宝探し，焼きそば，唐揚げの順に選ぶ」と読み，例えば，多数決を行うと，「(i)の16人は宝探しに，(ii)の14人は唐揚げに，(iii)の10人は焼きそばに投票する。」ものとする。

クラス企画の決め方について，次のA，Bの2通りを考えた場合，A，Bの決め方と，それによって決まるクラス企画の組合せとして最も適当なものを，以下の①～⑥から一つ選びなさい。

＜決め方＞

A　フランス大統領選挙でも行われているように，初回の多数決で過半数の票を得たものがなかった場合，上位2つに対して再度の多数決を行う決選投票。

B　1位に3点，2位に2点，3位に1点と順位に配点するボルダルール。

①　A－宝探し　　B－唐揚げ
②　A－宝探し　　B－焼きそば
③　A－唐揚げ　　B－宝探し
④　A－唐揚げ　　B－焼きそば
⑤　A－焼きそば　B－宝探し
⑥　A－焼きそば　B－唐揚げ

(☆☆◎◎◎)

【4】現代日本の経済や国際経済について，次の問いに答えなさい。

問1　ドルに対する円の為替相場を上昇させる要因について述べた文として適当でないものを，次の①～④から一つ選びなさい。

①　アメリカの企業が，日本に出店する。
②　アメリカの投資家が日本の株式や債権を購入する。

③ 日本のアメリカからの輸入が増加する。

④ 日本の金利がアメリカの金利に比べて，高く上昇する。

問2 現在の日本の財政について述べた文として最も適当なものを，次の①～④から一つ選びなさい。

① 財政法では，建設国債は社会資本整備などの公共事業費の財源として発行が認められている。

② 裁量的財政政策とは，社会保障など財政の機能としてあらかじめ組み込まれた制度を通じて財政収支を増減させる政策のことである。

③ 市中消化の原則とは，日銀引き受けによる公債発行を認め，個人や一般金融機関が公債を買い取る形で発行するという原則のことである。

④ 所得の再分配とは，民間の経済活動では，公共財は十分に供給されにくいため，政府が公共財を供給し，適切な資源配分を実現する機能のことである。

問3 円とドルとの為替レートが1ドル100円で均衡している当初の状態から，日本とアメリカの物価指数が次の表のように変化したとき，購買力平価の考え方では，為替レートはどのように変化するか。表中の空欄(X)に入る最も適当な数値を，以下の①～④から一つ選びなさい。

	当初の物価指数	変化後の物価指数
日本	100	200
アメリカ	100	160

当初の為替レート	変化後の為替レート
1ドル＝100円	1ドル＝(X)円

① 100　② 125　③ 160　④ 200

問4　寡占・独占について述べた文として適当でないものを，次の①～④から全て選びなさい。

①　管理価格とは，価格が需給関係に左右されず，企業によって意図的に決定される価格である。

②　価格の下方硬直性とは，需要が減少したり，合理化などによりコストが低下しても，価格が下がりにくくなることである。

③　カルテルとは，巨大な産業資本や金融資本が持ち株会社を設立し，様々な産業分野の企業を，株式所有・融資などの方法を通じて，支配・結合する企業集中形態のことである。

④　コンツェルンとは，同一産業内の企業が，価格・生産量・販売地域などについて協定を結ぶことで，競争を避けて利潤の拡大を図るものである。

問5　現在の農業や食品について述べた文として適当でないものを，次の①～④から一つ選びなさい。

①　遺伝子組み換え作物を原料としてつくられた遺伝子組み換え食品については，現在，日本ではその表示が義務付けられている。

②　食料安全保障とは，異常気象などによる不作や戦争による輸出制限など，不測の事態によって食料の安定供給に影響を及ぼす場合でも，国民が最低限必要とする食料を確保することである。

③　トレーサビリティーとは，農産物などが，どこで生産され，どのように流通してきたかを確認できるシステムのことである。

④　フードマイレージが他国に比べて低い日本では，地産地消の考え方が見直されている。

問6　国際経済に関する協定や合意i～iiiと，それらを説明した文A～Cとの組合せとして正しいものを，あとの①～⑥から一つ選びなさい。

i　キングストン合意	ii　スミソニアン協定
iii　ブレトン・ウッズ協定	

A　変動為替相場制への移行を正式に承認した。

B　ニクソン・ショックによる国際通貨の混乱を防ぐため固定為替

相場制をドル切り下げで調整した。

C　米ドルを基軸通貨とする国際通貨体制を構築し，国際通貨基金(IMF)と国際復興開発銀行(IBRD)が創設された。

①　i－A　ii－B　iii－C　②　i－A　ii－C　iii－B
③　i－B　ii－A　iii－C　④　i－B　ii－C　iii－A
⑤　i－C　ii－A　iii－B　⑥　i－C　ii－B　iii－A

問7　自由貿易の下で，ある製品の市場について考える。次の図において，Pは価格，Qは数量，Dは国内消費者の需要曲線(P＝15－Q)，Sは国内生産者の供給曲線(P＝Q＋1)をそれぞれ示している。いま，この製品の国際価格は3で一定と仮定し，この国の国内供給量と国内需要量との差だけ製品を輸入するものとすると，輸入総額はいくらになるか，最も適当なものを，以下の①～⑤から一つ選びなさい。

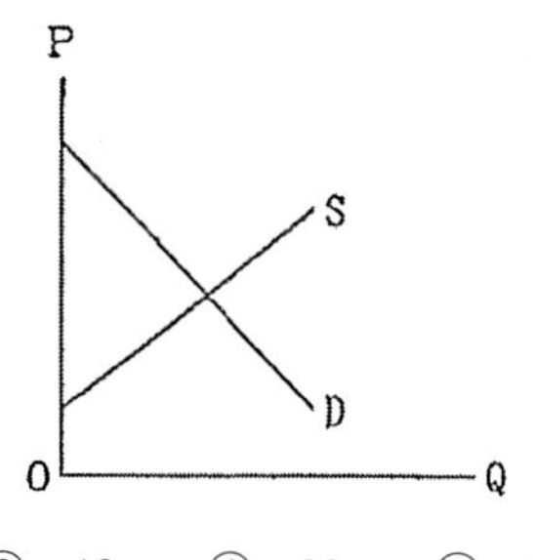

①　2　②　6　③　12　④　30　⑤　36

(☆☆◎◎◎)

解答・解説

中高共通

【1】問1　(1)　①　(2)　③　(3)　②　(4)　③　問2　②
問3　④　問4　④

〈解説〉問1　(1)　大圏航路は二点間の最短距離で結ぶ線である。本問の世界地図はメルカトル図法であるため，赤道上，経線上の二点間は直線が大圏航路となるが，それ以外の任意の二点間なら，地球の丸みを考慮して北半球間なら上弦の弧を描いたカーブとなる。　(2)　東京とAは偏西風帯上に存在し，東向きに恒常風の偏西風が吹いているため，東行きは所要時間が短い。偏西風帯の中で特に強いものをジェット気流といい，ジェット気流に乗るために大圏航路を離れることもある。(3)　Aはサンフランシスコで，地中海性気候である。地中海性気候は地中海沿岸のほかに，南半球のチリのサンティアゴ，オーストラリアのパース，アデレード，メルボルン，南アフリカのケープタウンに分布している。これらの都市は覚えておいたほうが良い。①のカイロはBS気候。③のシャンハイはCfa気候。④のロンドンはCfb気候。(4)　Bはロシア，Cはイラン，Dはインドである。灌漑農業を行う為に，山麓の地下水を乾燥地域に運ぶ地下水路をイランではカナート，北アフリカではフォガラ，アフガニスタンではカレーズと呼ぶ。高収量品種の導入を中心に収量を増加させたのが緑の革命である。白い革命はインドで緑の革命によって飼料が増加し，結果として乳製品の収量が増加したことで，ピンクの革命は精肉量の増加についての言葉である。ダーチャはロシアの農園付きの別荘で，週末に菜園での農作業や都会の喧騒から離れる場所として利用されている。　問2　Aは北米プレートとユーラシアプレートの境界，Bはユーラシアプレートとフィリピン海プレートの境界，Cは北米プレートとフィリピン海プレートの境界，Dは北米プレートと太平洋プレートの境界である。　問3　シェールガス，石炭，ウランは全て陸地からとれるものであり，日本ではほとんど分布していない。メタンハイドレートは低温高圧条件下の地中でメタンガスと水が結びついてできる物質で燃える氷と呼ばれている。日本近海に豊富に埋蔵されていることが確認されているが，現在の技術では経済的に見合うコストでの採掘はできない。　問4　人口ピラミッドは，経済発展とともに形が推移していく。まず若年人口が急増するが，子供の死亡率も高いiiのような富士山型。次に人口爆発が止まり老年人口も少なく，人口が安定するiiiのような釣り鐘型。最後に若年人口が減少し，老年人口が増加する少子高齢化となるiのようなつぼ型となる。

【2】問1　③　　問2　①　　問3　②　　問4　①　　問5　①
問6　③

〈解説〉問1　群馬県の富岡製糸場に関する記述である。　i　フランス人技師の指導やフランス製機械により，工女の養成をはかった。　問2　1927年に発生した金融恐慌に際し，田中義一内閣が3週間のモラトリアムを実施した。その間に日本銀行非常貸出や救済諸法案を可決，裏を印刷していない紙幣(裏白紙幣)などを大量に発行し，銀行再開に備えた。②は1929年の世界恐慌，③の米騒動は1918年，④の金融緊急措置令は1946年である。　問3　①　大日本帝国憲法と同時に公布された衆議院議員選挙法では，選挙人は満25歳以上の男性で直接国税15円以上の納入者に限られた。　③　選挙によって立憲自由党から130人，立憲改進党から41人，大成会から79人，国民自由党から5人，無所属から45人の300人の議員が誕生した。　④　過半数を占めたのは立憲自由党や立憲改進党などの反政府野党である。　問4　②　オーストリア・ロシア連合軍が破れた戦いはアウステルリッツの戦いである。　③　セントヘレナ島への流刑前にナポレオンが破れた戦いはワーテルローの戦いである。　④　ネルソンがナポレオンを破った戦いはトラファルガーの海戦である。　問5　i　イタリアは1919年9月のサン＝ジェルマン条約で「未回収のイタリア」である南チロル・トリエステ・イストリア半島を獲得して領土を広げた。　ii　1795年の第3回ポーランド分割によってロシア・オーストリア・プロイセンの3国に併合されたポーランドは，これら3国の領土をもとに1918年11月に独立を宣言した。　問6　③　アメリカではなくフランス。1939年8月にイギリスとフランスは個別にポーランドと相互援助条約を締結した。9月にドイツによるポーランド攻撃が始まると，英仏両国はドイツに宣戦を布告した。アメリカ合衆国とドイツとの交戦状態は1941年12月のドイツによる対米宣戦布告からである。

【3】問1　(1)　②　(2)　①　(3)　①　問2　⑤　問3　⑥
問4　(1)　③　(2)　④

〈解説〉問1　(1)　団体自治のために，地方公共団体には法律の範囲内で条例を制定する権限が認められている。　①　民主主義的要素を持つのは住民自治。　③　住民自治に関する記述であって，Xに入る。　④　住民の手によって政治が行われるのは住民自治。　(2)　裁判所は違憲法令審査権を持っているが，違憲法令審査の対象は施行後の法令に限られる。　②　帝国議会は衆議院と貴族院による二院制だった。　③　常会(通常国会)の召集は年1回。　④　内閣不信任決議権は衆議院だけが持つ。　(3)　累進課税制度とは，担税力が高い人により高い税率で課税する制度のこと。　②　1989年に導入された。　③　67:33で直接税の比率の方が大きい。　④　日本の国民負担率は上昇傾向にはあるが，ヨーロッパ諸国よりも低いし，租税負担率が高いともいえない。　問2　i　英語でglobeは地球のこと。つまり，グローバリゼーションは地球規模になるということ。　ii　ノーブレス＝オブリージとは「高貴な者の責務」という意味。　iii　単独主義や単独行動主義と訳される。トランプ政権時のアメリカ外交で顕著だった。　問3　iii　1992年の出来事。1991年勃発の湾岸戦争を機に，わが国の国際貢献のあり方が議論となっていた。　ii　1997年の出来事。関連法として周辺事態法(現在の重要影響事態法)が制定された。　i　2003年の出来事。イラクに多国籍軍が侵攻したイラク戦争が勃発したことによる。　問4　(1)　リカードは比較生産費説に基づき，国際分業が各国によって利益となるとし，自由貿易を正当化した。 ① フリードマンら，ケインズ経済学を批判した新自由主義者の主張。 ② ケインズの主張。 ④ フランスではなく，ドイツ。 (2) 1980年代にはアメリカの「双子の赤字」が膨張したが，それによって自由貿易が加速したわけではない。 ① ドルは金との交換が保証された基軸通貨とされた。 ② 1971年のニクソンショックで金とドルの交換が停止されるに至った。 ③ 石油価格の上昇により，スタグフレーションが起きた。

中 高 歴 史

【1】問1 ④ 問2 ③ 問3 (1) ③ (2) ② 問4 ①
問5 ⑦ 問6 ⑤

〈解説〉問1 史料Aは607年の『隋書』倭国伝にみられる遣隋使の派遣についてである。 i 大臣蘇我馬子が大連の物部守屋を滅ぼし，崇峻天皇を暗殺して政治権力を握った。 ii 603年に定められた冠位十二階は氏族ではなく個人の才能・功績に対し冠位を与えた。 問2 史料Bは1485年の山城の国一揆に関する記述である。南山城の国人・土民らが両畠山軍の退陣・寺社本所領の還付・新関の廃止などを要求し，貫徹した。このように，下のものの力が上のものの勢力をしのいでいく現象を下剋上といった。徳政は為政者が借金の帳消し，債務の破棄を公認することを指す。 問3 (1) 史料Cは江戸幕府の5代将軍徳川綱吉の発した武家諸法度(天和令)である。 ① 8代将軍徳川吉宗に関する記述。 ② 3代将軍徳川家光が定めた参勤交代についての記述。
④ 徳川綱吉によって大学頭に任じられたのは林鳳岡(信篤)。荻原重秀は勘定吟味役として貨幣改鋳を行った。 (2) 『日本永代蔵』は1688年に刊行された井原西鶴の小説で，町人の生活や経済活動を描き日本で最初の経済小説とされる。『経世秘策』は本田利明の経世論書で，1798年に刊行された。 問4 史料Dは平氏の繁栄を描いた『平家物語』

の内容で，下線部aは平清盛を指す。清盛は各地で成長した武士団の一部を荘園や公領の現地支配者である地頭に任命した。守護は源頼朝が設置した軍事・警察権掌握のための地方機関である。　問5　史料Eは1842年に出された天保の薪水給与令である。アヘン戦争の結果を受けて，老中水野忠邦の下で発令。iiは田沼意次に関する記述，iiiは松平定信に関する記述。　問6　史料Bは1485年，Cは1683年，Dは鎌倉時代前期。

【2】問1　①　　問2　⑤　　問3　④　　問4　(1)　①　　(2)　④
問5　②・③　　問6　③

〈解説〉問1　自由党と進歩党が合同して憲政党が結成，衆議院に絶対多数をもつ合同政党の出現により，伊藤内閣は退陣，はじめての政党内閣である第1次大隈内閣(隈板内閣)が成立した。政党内閣は米騒動後の原敬内閣(在職1918～1921)で本格的に成立した。　問2　iは1891年，iiは1894年，iiiは1886年。　問3　i 『中央公論』や『改造』などの総合雑誌も急激な発展をとげ，大衆娯楽雑誌『キング』も昭和に入ると発行部数は100万部をこえた。　ii 「トーキー」はラジオ放送ではなく有声映画を指す。　問4　(1)　②　安全保障理事会は国際連合でつくられた組織。　③　国際連盟の常任理事国はオランダではなくフランス。　④　国際連盟に参加ができなかったのは，上院の反対があったアメリカである。　(2)　あ　関東軍参謀として満州事変，満州国樹立に関わった。　う　大蔵官僚から桂・大隈内閣の蔵相。加藤高明内閣の内相。憲政会，のちに立憲民政党総裁。満州は中国の東北部を指す。遼東半島南部は日本の租借地で関東州。　問5　①　過度経済力集中排除法では325社が指定されたが，実際に分割されたのは11社のみであった。　④　第二次農地改革の結果，全農地の半分を占めていた小作地が1割程度までに減少し，農家の大半が零細な自作農となった。⑤　第1回メーデーは1920年に行われた。　問6　沖縄の返還は1972年。①と②は1956年，④は1978年のこと。

【3】問1 ④　問2 ③　問3 ①　問4 ②　問5 ②
問6 ④　問7 ①②③

〈解説〉問1 オルメカ文明は前1200年頃までに成立した。テオティワカン文明は前1世紀に成立した。アステカ文明は後14世紀に成立した。問2 ① カッシートはバビロン第3王朝を建てた民族である。 ② ヒクソスは馬・戦車でエジプトの中王国を滅ぼした民族である。 ④ ミタンニは馬の調教術にすぐれたフルリ人などと北メソポタミアに王国を建てた民族である。 問3 i 1748年のアーヘンの和約でシュレジエンをプロイセンに奪われたオーストリアは「外交革命」で仇敵フランスと同盟を結び，1756年に七年戦争を起こした。 ii 七年戦争でプロイセンを支援したイギリスは，北米でフランスとフレンチ＝インディアン戦争を戦い，1763年のパリ条約でフランスからカナダ・ミシシッピ川以東のルイジアナ，スペインからフロリダを獲得した。 問4 史料では「分離独立するのがこのアメリカ大陸の真の利益である」と述べられているので，アメリカはまだ独立していないが，独立を読者に勧めていると分かる。ここから史料が1776年にトマス＝ペインが出版した『コモン＝センス』(『常識』)の一節と分かる。1775年のレキシントン・コンコードの戦いと1777年のサラトガの戦いとの間である②のiiの時期が正答となる。 問5 i 関東大震災は1923年である。 ii 北伐の完了は1928年である。 iii パフレヴィー朝の成立は1925年である。 iv 「ローマ進軍」は1922年である。 問6 アメリカ＝スペイン(米西)戦争が正しい。1898年のパリ条約でアメリカ合衆国はスペインからプエルトリコ・フィリピン・グアムを獲得した。なお，アメリカ＝イギリス戦争(米英戦争)は1812～1814年の戦争であり，アメリカ合衆国大統領はマディソンである。 問7 ① インフレ対策で1923年にレンテンマルクが発行された。 ② シュトレーゼマン外相のもとで1924年8月にドーズ案が採択された。 ③ 1929年6月に発表されたヤング案で賠償金は減額された。 ④ 1932年6月～7月のローザンヌ会議では賠償金が10億金マルクではなく30億金マルクへと減額された。

【4】問1　①　　問2　③　　問3　④　　問4　②　　問5　③
問6　①　　問7　⑥

〈解説〉問1　史料でカリンガ征服が法による支配への転換点となったことが述べられているので，カリンガ征服後にダルマ(法)による統治を開始した，マウリヤ朝の第3代のアショーカ王であると分かる。　②　カニシカ王はクシャーナ朝の王である。　②　チャンドラグプタ王はマウリヤ朝の建国者である。　④　ハルシャ王はヴァルダナ朝の建国者である。　問2　③　第2インターナショナルが正しい。第1インターナショナルは1864年にロンドンで，第3インターナショナル(共産主義インターナショナル，コミンテルン)は1919年にモスクワで結成された。問3　i　クレルモン教会会議での教皇はウルバヌス2世である。インノケンティウス3世は1202年の第4回十字軍や1209年のアルビジョワ十字軍を提唱した。　ii　十字軍に各国の君主・諸侯などは応じないのではなく応じた。また史料で教皇は東方貿易拡大を提唱していない。第1回十字軍にはフランス諸侯が参加し，1099年にロレーヌ公ゴドフロワを初代国王にイェルサレム王国が建てられた。　問4　①　コンスタンティヌス帝ではなくカラカラ帝である。　③　ルイ13世ではなくルイ14世である。　④　ビスマルクではなくナポレオン1世である。
問5　史料で民族主義，民権主義と民生主義とあるので，三民主義を唱えた孫文と分かる。　i　国民革命軍総司令官であり，第1次国共合作を崩壊させた人物は孫文ではなく蒋介石である。1924年1月に成立した第1次国共合作は，1927年4月の上海クーデタで崩壊した。　ii　孫文は1894年にハワイで興中会を結成し，1905年に光復会や華興会などを結集して東京で中国同盟会を結成した。　問6　史料で羊が人間までも食らうこととなったと，「放牧地として囲い込み」続ける状態の比喩として述べられているので，トマス＝モアの『ユートピア』が批判した第1次囲い込み(エンクロージャー)と分かる。　②　合法的に資本主義的大農業経営の確立が図られたのは第2次囲い込みである。　③　独立自営農民の誕生は中世末期の農奴解放である。　④　大土地所有制は存続ではなく産出である。第1次囲い込みによって放牧地のために農民の土地が暴力的に収奪された。　問7　A　前3世紀のアショーカ王の事績についての史料である。　B「あらゆる地域のプロレタリアよ，団結せよ」と呼び掛けているので，1848年に発表された『共産党宣言』である。　C　1095年のクレルモン教会会議の史料である。　D　ミラノでクリスト者に自由を認めた史料であるので，313年のミラノ勅令である。　E　1905年に『民報』に発表された三民主義の骨子である。　F　1516年に発表された『ユートピア』である。

中高地理

【1】問1　②　　問2　③　　問3　⑥　　問4　①　　問5　①，②，③
問6　④　　問7　③，⑤

〈解説〉問1　i　金沢は日本海側で積雪期に多く，梅雨の季節，秋雨の時期にも降水量が多い。　ii　4都市で最も緯度が高い仙台は気温が低い。　iii　瀬戸内気候で降水量が少なく，晴れの日が最も多い岡山。　iv　福岡は太平洋からの季節風による影響で夏の降水量はそれなりに多い。
問2　このような問題では，データが少ないものから考える。iは4県とも発電しているが，iiとiiiは2県ずつとなっている。太陽光発電，地熱発電，原子力発電の中で最も発電量が高いのが核分裂による熱エネルギーで発電する原子力発電である。原子力発電所は今稼働しているものが9基で，玄海原子力発電所，川内原子力発電所は稼働中であり，発電量と照らし合わせてもiiであることがわかる。iiiは大分や鹿児島といった火山があるところに分布しており，大分県の八丁原発電所は日本最大の地熱発電所であるため，地熱発電である。iは全県に分布しており，場所的制約が小さい太陽エネルギーを用いる太陽光発電である。
問3　鶏卵の生産量は1位が茨城，2位が千葉で消費地の近くの大都市圏近郊で生産される。よってiが茨城県。肉牛は北海道と山岳での放牧や稲作に不向きなシラス台地が分布している，南九州の三県(鹿児島県，宮崎県，熊本県)で日本の生産量半分を占めている。よってivは熊本県。

愛知県は人口4位で大消費地であるため，近郊で野菜栽培が盛んであるためiiが愛知県。広島県は北が中国山地で，南の三角州に都市機能が広がっているため，耕作面積が少なく，農業が盛んではない。よってiii。　問4　竹富島は八重山諸島に属し，亜熱帯気候に属する。年中高温多湿状態であるため伝統的な家屋は気候に合わせて，強風対策と，火事が起きた時に延焼を防ぐために，珊瑚や琉球石灰岩などを積んだグックと呼ばれる石垣で家屋の周囲は囲まれている。また，屋敷林は強風対策の他に，強い日差しが室内に直接入ることを防いでおり，風通しをよくするために，開口部は大きくとられている。厳しい直射日光や，雨が屋内に入り込むのを防ぐために縁側の庇(ひさし)が大きく作られている。生活空間である母屋(フーヤ)と炊事場である(トーラ)が分かれているのも特徴的であり，これらの伝統的家屋群は国指定重要文化財に指定されている。　問5　①　陰影図より低くなっているところが平野となっているため谷底平野である。　②　田んぼの位置と陰影図の起伏部が一致しているため棚田がある。　③　グリーンツーリズムは問題文通り，都市に居住する人々が農山漁村に滞在して自然文化や人との交流することを楽しむものである。似たような単語でエコツーリズムというものがあるが，エコツーリズムは自然環境を損なわずに行う観光行動のことでコスタリカが有名である。　④　農業を1次産業としてだけではなく，加工などの2次産業，さらにはサービスや販売などの3次産業まで含め，1次から3次まで一体化した産業として発展させることで，付加価値を付け所得を増加させたり，新たな雇用を産もうとしたりする取り組みを6次産業と呼んでいる。　問6　①　長崎駅の東側に地図記号で教会が存在している。　②　兵器製作所の跡地には，長崎ブリックホールというホールがある。　③　長崎駅の次の浦上駅周辺が国道と鉄道路線の並行が顕著である。　④　北部にのみ発電所がある。　⑤　江戸時代の西欧人との貿易場所であった出島が，図中央の下側に出島岸壁や，出島町という名前で残っている。

⑥　立山町の文字の左側にどちらも墓地がある。　問7　①，②，④は図から山を判断することはできないが，阿蘇山は世界一の大きさのカ

ルデラがあり，③の中央部にカルデラが見えるため③が阿蘇山。場所は⑤が阿蘇山，⑥が雲仙岳，⑦が霧島，⑧が桜島である。

【2】問1 ⑧　問2 ①，②　問3 ②　問4 ④　問5 ④
問6 ②，⑤　問7 ①

〈解説〉問1 最も輸入量の多いiは，穀物で，米は国内でほとんど自給しているが，飼料用としてとうもろこしを輸入しているため輸入量，国内生産量どちらも多くなる。国内生産量の多いiiiは，鮮度が大切である野菜である。野菜はカロリーは高くないが生産額は高いので，日本の食料自給率はカロリーベースなら38％だが，生産額ベースなら66％に上がる。この5品目の中で，単位収穫率が低く，日本で栽培が安定していないものが豆で，大豆の9割を輸入に依存しているためiiが豆類である。ivとvの比較ではvの国内生産量が激減しているのに対し，ivはほとんど一定である。魚介類は海から自然のものを取るため，地球温暖化や周辺国の乱獲によって日本の漁獲量が減少している。肉類は飼育するため，生産量は自然的要因で変化はしない。牛肉の輸入が自由化された1991年を境に急増している。　問2 ① 台地は低地より地盤の形成時期が古く，地盤リスクが低い。　② 地図上で陸地ではあるが，いは洪水のリスクが高く，水田に利用されてきた氾濫原である。洪水のリスクが低く，宅地に利用されてきたのは自然堤防である。③ うはいの氾濫原であるため洪水のリスクが高い。　④ 埋立地は地盤が緩いため液状化現象しやすい。　問3 2020年，2021年はコロナウイルスの影響が大きいため，コロナ禍以前の2019年のデータを基に考える。宿泊旅行に比べて日帰り旅行が明らかに少ない①は人口が多い東海道メガロポリスから距離的に遠く，北海道が目的地となる旅行が多いことから北海道。②は日帰り旅行者が最も多く，東京近郊の千葉である。千葉にはディズニーランドやディズニーシーといったテーマパークがあるが，旅行者が東京観光のついでに行けることもあり，日帰り旅行者が東京についで多い。大阪と京都は隣あっており，目的地が関西である場合どちらかに泊まり，どちらかを起点に観光することが可能なため，大阪と京都の宿泊旅行と日帰り旅行の数の傾向が似ている③は京都。④は6都府県の中で最も旅行者が少なく，人口の多い東海道メガロポリス上に位置するため日帰り旅行者が多い静岡県である。　問4　トヨタの企業城下町であるため，第二次産業者割合が5市の中でダントツで多い④が豊田市である。人口密度が5市で最も高い⑤は京阪神のベッドタウンとなっている姫路市である。人口密度が5市で最も低い①は都市から遠く人口が少ない飯田市である。問5　④　特許権などの知識財産権によって保護された知識や技術は①のように先進国で発達しているため，技術貿易において，先進国では一般に支払い額よりも受け取り額の方が大きい。　問6　②　スプロール現象は都市の急激な発展により，無秩序に都市が広がり，公共事業が行き届かなくなる問題である。問題文はインナーシティ問題についての説明である。　⑤　筑波に首都機能の一部や学術施設を移転することを目的として，学研都市の建設が始まったのは1969年である。問7　地図ii～ivは見づらいが，iiは海から離れた地域でも被害があることから洪水。大阪では津波より高潮の方が波が高くなりiiiが高潮，ivが津波。大阪は平坦な地形だが，天王寺から大阪城にかけて上町台地が形成されており，断面図は①である。津波や高潮の被害の境界線にもなっている。

【3】問1　⑥　　問2　②　　問3　③　　問4　④　　問5　②
問6　②　　問7　③，⑥

〈解説〉問1　Aはペルーの首都リマ，Bはチリの観光都市ラ・セレナ，Cはアルゼンチンの首都ブエノスアイレスである。iは温暖で年中降水があり，温暖湿潤気候であるためC。iiは最暖月が乾燥で，最寒月に降水が見られるため地中海性気候のB。iiiは年中乾燥であるため，海流のフンボルト海流の影響で海流砂漠となっているA。　問2　①　Dはアマゾン川流域でセルバと呼ばれる。人口爆発で，焼畑農業における過伐採や，ハイウェイ建設により熱帯雨林の減少が深刻である。　②　Eはセラードと呼ばれるブラジル高原に広がる低木の疎林が広がる熱帯長草草原で，日本のODAを受けた大規模な開発によって大豆の栽培地域となったため誤り。　③　Fの地域はエスチュアリーの西側のパンパで，年降水量550mm以上で小麦栽培が盛んなため湿潤パンパと呼ばれる。湿潤パンパの西側は年降水量550mm未満の乾燥パンパで主に放牧が行われている。　④　Gの地域はパタゴニアと呼ばれる風下砂漠で，羊の放牧がおこなわれている。　問3　ii　ブラジルはサトウキビプランテーションが発達し，その後コーヒーのプランテーションが発達していった。そこに送られたアフリカ系の移民とヨーロッパからの白人移民との混血であるムラートが多い。メキシコやコロンビアはヨーロッパ系と原住民の混血であるメスチーソが多い。　問4　世界最大の銅鉱であるラエスコンディーダがあるチリが銅の生産量が一位であり，カッパーベルト上に位置するコンゴもランキングに入っているためiiが銅。安定陸塊上に位置するオーストラリア，ブラジルで産出量が多いiが鉄鉱石である。メキシコが最大の産出量を誇る鉱物資源は銀であるためiiiが銀。　問5　都市人口率は先進国ほど高くなる。2015年時点で，先進地域の都市人口率は78.1％，発展途上地域では49.0％である。またアジア，アフリカ諸国は低い。4ヵ国で一人当たりGNIが最も高いのがスペインで都市人口率も高いため①。チリを含むラテンアメリカ諸国は欧米からの移民が多く，移民は都市に集まるので都市人口率が高いため②。エジプト，中国はともに都市人口率が低いが，一人当たりGNIは中国のほうが多いので③が中国，④がエジプト。
問6　戦前にブラジルに渡った日系人の子孫が1980年代後半からデカセギ現象と呼ばれる来日によって在留者が増加したためiii。ベトナムは2017年の技能実習制度の改正の影響で在留者が急増したためii。中国は文化的交流が昔から多く現在では最も多い在留者がいるためi。
問7　①・⑤　世界で2番目の人口を有し，文化的に水産物需要があり，漁獲量の40％を占めるのが中国である。　②・⑧　中国と同様の理由で漁獲量が多く，世界2位の漁獲量が誇るのがインドネシアである。インドネシアなどの東南アジア諸国はマングローブ林でのエビの養殖が盛んであるため内水面養殖量が多い。しかしマングローブ林での養殖は環境破壊の問題がある。　③・⑥　ペルー沖は湧昇流によって豊かな漁場であるため海面漁業生産量が高いが，養殖業が少ない。④・⑦　日本は沖合漁業の漁獲量の減少で海面漁獲量は少なくなり，また日本の海は海水温が低く養殖業には不向きであったが，技術の発展で海面養殖量は増加している。

【4】問1　①　　問2　②，③　　問3　④，⑥　　問4　⑤　　問5　②
問6　③　　問7　②

〈解説〉問1　①　Aの朝鮮半島は東に太白山脈があり西側は平地で都市が発達している西低東高の地形であり，韓国南部はフィヨルドではなく，リアス海岸が広がっている。フィヨルドはノルウェー，ニュージーランド南部，チリ南部に分布している。　②　Bの地域には天山山脈やクンルン山脈といった古期造山帯が分布し，これらの山脈は古期造山帯であるが再隆起したため3000m級の高山地域となっている。　③　Cの地域は桂林(コイリン)と呼ばれるタワーカルストがみられる。　④　Dの台湾には玉山と呼ばれる標高3950mの山があり，台湾を日本が統治していたころは新高山とよばれ日本の最高峰であった。　問2　地図1の等温線は日本上に3本引かれており，冬の等温線であるとわかる。夏では日本中が30℃程度となり気温の地域差がみられないが，冬は冷帯の北海道と回帰線付近の沖縄では気温差が大きくなる。大陸では暖まりやすく冷めやすいため，内陸部は気温が下がるため等温線が内陸部で，入り組むのが特徴である。　問3　チェルノーゼム一帯の肥沃な土地やフランスなどで小麦栽培が盛んであるためヨーロッパの割合が高い①が小麦。小麦はチンリン山脈ホワイ川ラインより北側で栽培されるため⑦。アジアで大半を生産している②が米。中国の稲作は昔は降水量の多いチンリン山脈ホワイ川ラインの南側で多く栽培していたが，品種改良で寒い地域でも栽培できるようになり東北地方の生産量も増えたため⑤が米である。栽培条件が緩く世界で最も栽培されている作物であるトウモロコシは，どの大陸でもある程度栽培されているためアジアの割合が下がり③。トウモロコシは小麦より北側でも栽培可能なため⑧。綿花は灌漑によって乾燥地でも栽培できるため中央アジアやアフリカでの栽培が盛んであるため④。綿花は灌漑によって乾燥地でも栽培でき，乾燥地域である新疆ウイグル自治区で栽培されているため⑥が綿花である。　問4　世界1の貿易額の中国と2位のアメリカ間の貿易が多いためii，iiiが中国かアメリカであるためiは日本である。日本と中国間は，日本は貿易赤字で，日本とアメリカ間では貿易摩擦で問題になったように日本の貿易黒字である。よってiiがアメリカでiiiは中国である。アメリカは世界最大の貿易赤字国である。問5　①　韓国は漢江の奇跡と呼ばれる経済発展を遂げたが，未だに財閥が大きな力を持っている。　②　台湾はアジアNIEsの一つに数えられ，先端技術産業が発展していった。　③　中国は沿岸部に経済特区が作られたため，未だに内陸部との経済格差は大きい。　④　モンゴルはソ連に次ぐ世界で2番目に古い社会主義国家であったが，1990年に民主化された。　問6　i　韓国は日本と同様に1次エネルギー自給率が極めて低く，人口が少なく工業化が進んでいるため1人当たりCO2排出量が高い。　ii　インドは人口が世界最多のため1人当たりCO2排出量が低くなる。　iii　ドイツは人口も多く，工業化もすすんでいるため1人当たりCO_2排出量が高くなり，1次エネルギーはロシアからの天然ガス輸入も多く，6割程度となっている。　問7　①　アメリカは広大な国土があり長期滞在されることが多く，観光客数に対する観光収入が多く観光収入は世界一である。　②　日本は島国で欧米から遠いため観光客も観光収入も少ない。　③　フランスは世界一の観光客数を誇るが，隣接する国がシェンゲン協定加盟国であり，自国に長期滞在されることが少ないため観光客数に対する観光収入は少ない。④　母数は異なるがイタリアの観光客数と観光収入のバランスはフランスと同様である。

中　高　公　民

【1】問1　③　　問2　④　　問3　①　　問4　①　　問5　④
問6　②　　問7　①　　問8　②，④

〈解説〉問1　③　ソクラテスではなくその弟子のプラトンの思想に関する記述。プラトンはイデア論を論じ，人間の魂はかつてイデア界にあり，真実の探究とはその当時の記憶を想起(アナムネーシス)することであるとした。　問2　i　享楽とは，快楽にふけるという意味。　ii　政治的生活では名誉を求める。　iii　観想とはテオリアの訳。古代ギリシャ語のテオリアは英語のtheoryの語源である。アリストテレスは『ニコマコス倫理学』において，観想的生活こそが最高の生き方であるとした。　問3　i　啓典の『クルアーン』はムハンマドの口から語られた神の啓示をまとめた書で，日常生活の規律に関する記述もあり，イスラーム法の最高の法源となっている。　ii　六信と五行はまとめて六信五行と呼ばれることがある。　問4　孔子は論語において，「己に克ちて礼に復る(克己復礼)を仁と為す」としており，仁の実践としての礼を唱えている。　②　孟子に関する記述。　③　荀子に関する記述。墨家の墨子は儒家が説く仁を差別的な愛(別愛)と批判し，平等な愛(兼愛)を唱えた。　④　法家の韓非子に関する記述。　問5　A　トマス・モアは『ユートピア』において，当時のイギリスの囲い込み運動などを風刺し，架空の理想国家であるユートピアを論じた。　B　マキャヴェリは『君主論』を著し，政治を宗教や倫理から自由な視点で論じた。なお，エラスムスは『痴愚神礼讃』を著し，当時のカトリック教会を批判した人文主義者。　問6　種族のイドラとは，人間の感覚の制約から生じるイドラのこと。　①　洞窟のイドラと呼ぶ。劇場のイドラは，権威や伝統を受け入れることによるイドラのこと。　③　市場のイドラとは言語の不適切な使用によるイドラのこと。　④　イドラとは，偏見，先入見のこと。　問7　①　カントではなく，ヘーゲルに関する記述。ヘーゲルはドイツ観念論の大成者であり，絶対精神が人間を操りながら自己の本質である自由を実現するという，自己展開の過程として，世界史を捉えた。　問8　bは伊勢神道，dは復古神道の誤り。伊勢神道とは伊勢神宮で生まれた神道であり，反本地垂迹説の立場に立つ。度会家行によって大成された。復古神道は江戸時代に国学者が唱えた神道であり，平田篤胤によって大成された。

【2】問1　②　　問2　①　　問3　③　　問4　⑤　　問5　③　　問6　⑤

〈解説〉問1　荻生徂徠は，儒学で追究すべきは礼楽刑政による安天下の道であるとした。　①　日本陽明学の祖である中江藤樹に関する記述。③　古義学の祖である伊藤仁斎に関する記述。　④　古学の祖である山鹿素行に関する記述。平時の武士のあり方として，士道を唱えた。問2　幸徳秋水は『社会主義神髄』を著した思想家。社会主義の代表的思想家であるマルクスは，革命によって労働者が資本家を妥当すべきとした。なお，徳富蘇峰は平民的欧化主義を唱え，後に強硬な国権論に転じた思想家，西村茂樹は国民道徳を唱えた思想家である。問3　i　タコツボ型と表現した。ササラ型は，丸山真男がヨーロッパにおける様々な思想が共通の基盤を持つ状況を指して用いた言葉。ii　『超国家主義の論理と心理』を著し，日本型ファシズムを分析した。問4　A　レヴィナスは『全体性と無限』を著し，他者論を論じた。B　アーレントは『全体主義の起源』を著し，原子化された個人による大衆社会が全体主義をもたらしたとした。なお，アドルノはフランクフルト学派を代表する思想家である。　問5　i　ハーバーマスはシステム合理性による「生活世界の植民地化」を批判し，対話的理性を重視した。　ii　フロムは『自由からの逃走』において，ファシズムを受け入れた人々の心理を分析した。　iii　アドルノとの共著で『啓蒙の弁証法』を著し，道具的理性を批判した。　問6　i　コーポレート・ガバナンス(企業統治)とは，経営が適正に行われるよう，株主らが企業を監視すること。　ii　コンプライアンスとは法令遵守の意味。iii　フィランソロピーとは，社会貢献活動や慈善団体への寄付などの行為のこと。

【3】問1　④　　問2　④，⑥　　問3　②，③，④　　問4　①
問5　②　　問6　②，④　　問7　④

〈解説〉問1　i　ホッブズは，人々は自然権を行使する結果，自然状態は「万人の万人に対する闘争」に陥るとした。　ii　ルソーは，自然権をより確実に保全するために，社会契約を締結するとした。　iii　ロックは，新たな社会契約によって自由や平等を回復すべきとした。　問2　条約の承認や内閣総理大臣の指名につき，衆議院と参議院で議決が異なり，両院協議会でも意見が一致しなければ，衆議院の議決が国会の議決となる。また，衆議院での可決後，条約の承認は30日以内，内閣総理大臣の指名は10日以内(休会期間は除く)に参議院が議決しない場合，衆議院の議決だけで国会の議決となる。　問3　②　行政機関が終審として裁判を行うことは禁止されているが，前審としての行政不服審査は認められている。　③　最高裁には規則制定権が認められている。　④　弾劾裁判所や分限裁判による罷免もあり得る。　問4　i　成人年齢が18歳に引き下げられたことで，18歳になればあらゆる契約を自分の意志だけで締結することが可能となった。　ii　18・19歳の者は特定少年として引き続き保護の対象とされたが，厳罰化や起訴後の実名報道の解禁が行われた。　問5　国際司法裁判所は国家間の紛争を平和的に解決するために設置されているが，裁判には紛争当事国双方が付託に同意する必要がある。　①　国家ではなく個人を処罰する。
③　加盟している。　④　捕鯨問題に関し，当事国となったことがある。　問6　こども家庭庁は2023年4月に内閣府の外局として設置された。また，デジタル庁は2021年9月に内閣直属の機関として設置された。　①　2007年に防衛庁を格上げして設置された。　③　2019年に法務省の外局として設置された。　⑤　2012年に内閣直属の機関として設置された。　問7　A　初回の投票では決まらず，上位の「宝探し」と「焼きそば」の決選投票となるが，決選投票でiiiは「唐揚げ」に投票する。　B「宝探し」は3×16＋1×14＋1×10で72点，「唐揚げ」は1×16＋3×14＋2×10で78点，「焼きそば」は2×16＋2×14＋3×10で90点を獲得する。

【4】問1　③　　問2　①　　問3　②　　問4　③，④　　問5　④
問6　①　　問7　④

〈解説〉問1　日本のアメリカからの輸入が増加すれば，アメリカ企業に輸入代金を支払うために円を売ってドルを買う動きが強まるから，円安ドル高となる。①，②，④は円を買う動きが強まるので，円高ドル安の要因となる。　問2　財政法では，建設国債の発行のみが認められている。　②　裁量的財政政策とは，公共投資の増減などによって，景気を安定化する政策のこと。ビルトイン・スタビライザーによるものではない。　③　日銀引き受けによる国債発行を認めない原則である。　④　資源配分機能に関する記述。所得の再分配とは，累進課税や社会保障を通じて所得格差を是正することをいう。　問3　購買力平価の考え方では，為替レートは購買力の比率と一致する。1ドル＝100円では，アメリカで1ドルの商品は日本では100円。この商品がアメリカでは1.6ドル，日本では200円になれば，為替レートは1.6ドル＝200円となる。　問4　③　コンツェルンに関する記述。　④　カルテルに関する記述。①　プライスリーダーである企業が設定した価格に，他企業が追従するようになる。　②　価格競争が行われにくくなる。その反面，製品のデザインや宣伝広告など，非価格競争は活発化しやすい。問5　フードマイレージとは食物の輸送量×輸送距離によって算出される数値。食料自給率が低く，多くの食料を輸入に依存するわが国のフードマイレージは，他国と比べると高い。　問6　i　1976年のIMFの暫定委員会における合意のこと。　ii　1971年の出来事。だが，スミソニアン体制は長続きせず，主要国の通貨は変動為替相場制で取引されるようになった。　iii　ニクソンショックによって崩壊した。　問7　価格が3の場合，国内消費者による需要量は3＝15－Qで12，国内生産者による供給量は3＝Q＋1で2となる。つまり，国内生産者だけでは10の不足分が発生するので，これを輸入で補うことになる。ただし，問われているのは輸入総額だから，10に3をかける必要がある。

2023年度　実施問題

中高共通

【1】世界と日本の地理について，次の問いに答えなさい。

問1　次の地図を見て，以下の(1)～(3)に答えなさい。

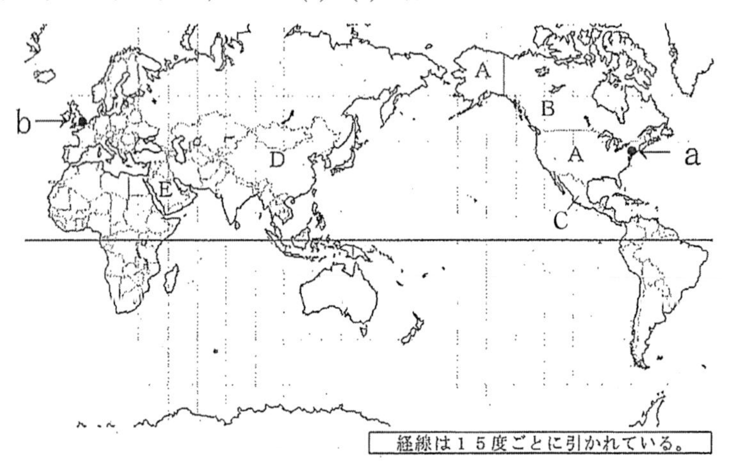

(1)　国際連合本部のある都市の場所と，日本が7月16日午前10時のときのその場所の時刻の組合せとして最も適当なものを，次の①～⑧から一つ選びなさい。なお，国際連合本部のある都市は地図中a，bから選び，サマータイムは考えないものとする。

①　a－7月15日　午前1時　　②　b－7月15日　午前1時
③　a－7月15日　午後8時　　④　b－7月15日　午後8時
⑤　a－7月16日　午前1時　　⑥　b－7月16日　午前1時
⑦　a－7月16日　午後8時　　⑧　b－7月16日　午後8時

(2)　地図中のA・B・Cの3カ国で構成されている国際機構の名称として正しいものを，次の①～④から一つ選びなさい。

①　AU　　②　AFTA　　③　MERCOSUR

④　NAFTA(USMCA)

(3)　次の都市人口率(2020年度) iとii，人口ピラミッド(2020年度) XとYは，それぞれ地図中のD国，E国のいずれかのものである。D国のものとして正しい組合せを，あとの①～④から一つ選びなさい。

【都市人口率】 i　61.4%　　ii　84.3%

(国際連合「World Urbanization Prospects」より)

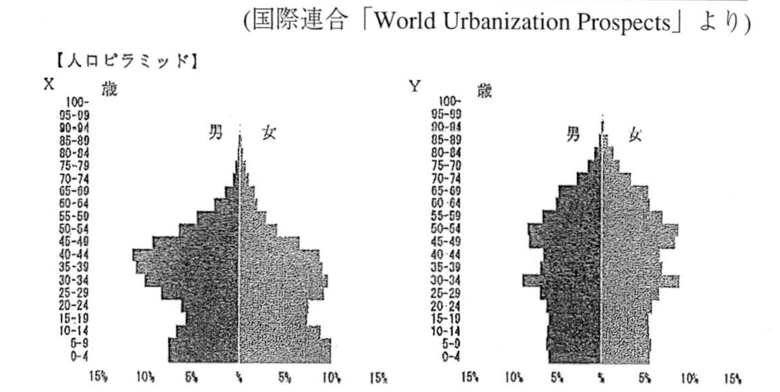

①　i，X　　②　i，Y　　③　ii，X　　④　ii，Y

問2　次の地図を見て，以下の(1)～(4)に答えなさい。

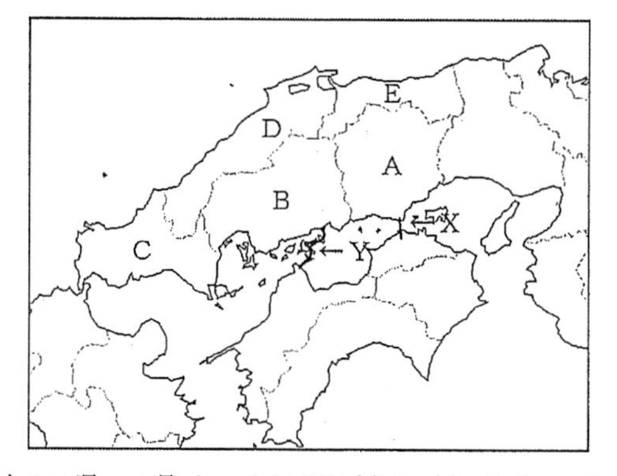

(1)　地図中のA県，B県は，それぞれ橋X，橋Yによって四国と結ばれている。次の文章が説明している橋の名称とその位置の組合せとして正しいものを，以下の①～④から一つ選びなさい。

この橋は1988年に本州四国連絡橋のひとつとして開通した。橋が架かっている2県の県庁所在地間の移動には，開通前では船や鉄道を使って約2時間かかっていたが，開通後は自動車や鉄道を使うことで約1時間に縮まった。そのため，瀬戸内海をわたって通勤・通学する人が増えた。

①　しまなみ海道－X　　②　瀬戸大橋－X
③　瀬戸大橋－Y　　④　しまなみ海道－Y

(2)　都市間が交通網で結ばれた結果，都市間の移動時間は縮まったが，一方で地方都市の人口が流出し，大都市の人口が増える現象が起きている。この現象の名称として適当なものを，次の①～④から一つ選びなさい。

①　スプロール現象　　②　ドーナツ化現象
③　ストロー現象　　④　都心回帰

(3)　地図中のA～Eの県の農業や水産業の様子について述べた文として適当でないものを，次の①～⑤から一つ選びなさい。

①　A県では県内各地で，ももやぶどうの栽培が行われている。県南部では二条大麦の栽培が，県北部ではひのきの生産やジャージー牛の飼養が盛んに行われている。

②　B県では島しょ部を中心にレモンが栽培され，収穫量は全国上位である。また，かきの養殖も行われ，その収穫量も全国上位である。

③　C県では田が耕地面積の約4割，米が農業産出額の約6割を占めている。また，ふぐ類の漁獲量は全国上位である。

④　D県は日本有数のヤマトシジミの産地であり，その漁獲量は全国上位である。また水田を活用した園芸に取り組み，収益性の高い農業の実現を目指している。

⑤　E県では砂丘地帯を中心にらっきょうが作付けされ，収穫量は全国上位である。また，はたはたやずわいがにの漁獲量も全国上位である。

(4) 地図中のA～Eの県の中で，令和3年7月までにユネスコの世界遺産リストに登録された世界遺産のある県を，次の①～⑤から全て選びなさい。

① A　② B　③ C　④ D　⑤ E

(☆☆☆◎◎◎)

【2】日本と世界の歴史について，次の問いに答えなさい。

問1 次の文章を読んで，以下の(1)～(3)に答えなさい。

A 唐と新羅に滅ぼされた百済の復興を支援するため，a中大兄皇子らは朝鮮半島に大軍を送った。しかし663年に白村江の戦いで唐と新羅の連合軍に敗れ，百済への支援は失敗に終わった。

B 日本は鎌倉幕府8代執権北条時宗の時代にb2回にわたる元軍の襲来を受けた。しかし暴風雨などの影響もあり，元軍の襲来は失敗に終わった。

C 豊臣秀吉はc1592年と1597年に大軍を朝鮮に派遣した。しかし，1度目は明の援軍や李舜臣の率いる朝鮮水軍の抵抗にあい苦戦した。2度目は豊臣秀吉が病死したため，日本軍は撤退した。

(1) 下線部aの人物について述べた文の組合せとして正しいものを，以下の①～⑥から一つ選びなさい。

i 都の周辺を守るために防人をおいた。

ii 太宰府を守るために水城を築き，山城を西日本各地に築いた。

iii 都を近江大津宮に移し，ここで即位して天智天皇となった。

iv 八色の姓を定め，豪族たちを天皇を中心とした新しい身分秩序に編成した。

① i, ii　② i, iii　③ i, iv　④ ii, iii　⑤ ii, iv
⑥ iii, iv

(2) 下線部bの出来事に関して述べた文i～iiiについて，年代の古いものから順に正しく配列されているものを，以下の①～⑥から一つ選びなさい。

i　鎮西探題を博多に置き，九州の政務や御家人の指揮に当たらせた。 ii　元軍の再度の襲来に備えて異国警固番役を強化するとともに，石造の防塁(石築地)を築かせた。 iii　窮乏する御家人を救うため，永仁の徳政令を発布した。

① i→ii→iii　② i→iii→ii　③ ii→i→iii
④ ii→iii→i　⑤ iii→i→ii　⑥ iii→ii→i

(3) 下線部cの出来事に関連する物品として最も適当なものを，次の①～④から一つ選びなさい。

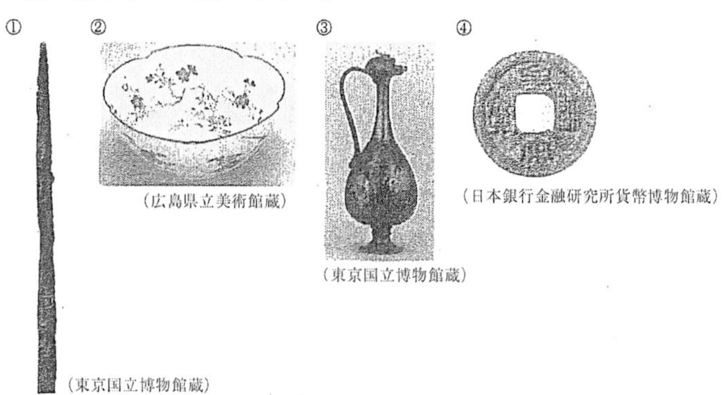
①（東京国立博物館蔵）
②（広島県立美術館蔵）
③（東京国立博物館蔵）
④（日本銀行金融研究所貨幣博物館蔵）

問2　11世紀から12世紀にかけての叙任権闘争について述べた文として最も適当なものを，次の①～④から一つ選びなさい。

① 教皇ウルバヌス2世が，聖地奪回のための十字軍を提唱した。
② 教皇グレゴリウス7世が，神聖ローマ皇帝ハインリヒ4世を破門した。
③ 教皇ボニファティウス8世とフィリップ4世が対立し，教皇が逮

捕された。

④　ビザンツ皇帝レオン3世が，聖画像の破壊を命じた。

問3　啓蒙思想家について述べた文として最も適当なものを，次の①～④から一つ選びなさい。

①　アダム＝スミスは，ケネーらの重商主義を発展させて，『国家論』を著した。

②　モンテスキューは，権力の分立と王権の制限を主張し，『法の精神』を著した。

③　ラファイエットは，『哲学書簡』を著し，ドイツやロシアの君主に影響を与えた。

④　ルソーは，ヒュームとともに，フランス啓蒙思想の集大成である『百科全書』を編纂した。

問4　19世紀の思想家と，その思想家の理論について述べた文iとiiの正誤の組合せとして正しいものを，以下の①～④から一つ選びなさい。

> i　サン＝シモンは，人類の目的は労働に基づく平和な繁栄であること，それゆえ社会は財の効率的な生産をめざし，宗教的な友愛精神に基づいて組織されなければならないと説いた。
>
> ii　ランケは，残された史料を厳密に分析することによって「それは本来いかにあったか」を明らかにすることこそ歴史学の課題であると説き，歴史学を科学とすることに貢献した。

①　i－正　ii－正　②　i－正　ii－誤

③　i－誤　ii－正　④　i－誤　ii－誤

(☆☆☆◎◎◎)

【3】現在の日本の諸問題について，次の問いに答えなさい。

問1　日本の安全保障についての内容として誤っているものを，次の①～④から一つ選びなさい。

①　アメリカの求めに応じて，在日米軍駐留経費の一部を日本側が

負担している。

② 砂川事件では，日米安保条約の合憲性が争われ，第1審は違憲であると判断したが，最高裁は憲法判断を回避した。

③ 日米安保共同宣言によって太平洋全域における日米の防衛協力を強化することになった。

④ 日本の領域内で日米いずれかが攻撃を受けた場合，「憲法上の規定に従う」という条件つきで，共同行動をとることになっている。

問2 地方公共団体の依存財源のうち，地方公共団体の間の財政の格差をおさえるために国から配分されるものは何か。最も適当なものを，次の①～④から一つ選びなさい。

① 国庫支出金　② 地方交付税交付金　③ 地方債

④ 地方税

問3 消費者契約法について述べた文として最も適当なものを，次の①～④から一つ選びなさい。

① 消費者が結んだ契約で，一定期間内であれば，無条件で契約の解除ができる。

② 相場の変動などで元本割れする可能性があることなどを顧客に説明することを義務づけている。

③ 消費者に不当に不利な契約条項を無効にするなど，不当な契約からの消費者の保護が目的である。

④ 製造物の欠陥による被害に対し，製造者などが過失の有無にかかわらず損害賠償責任を負うことを定めている。

問4 新しい人権の名称とその侵害について争われた訴訟の組合せとして誤っているものを，次の①～④から一つ選びなさい。

① 環境権－鞆の浦景観訴訟

② 自己決定権－輸血拒否訴訟

③ 知る権利－長沼ナイキ訴訟

④ プライバシーの権利－『石に泳ぐ魚』訴訟

問5 民法改正で成年年齢が18歳に引き下げられた。18歳からできるようになったことの内容として誤っているものを，次の①～④から一つ選びなさい。

① 勝馬投票券を購入することができる。

② 携帯電話やクレジットカードなどの契約を結ぶことができる。

③ 公認会計士や司法書士，医師免許の資格を取得できる。

④ 自分の意思でローンを組んだり，一人暮らしの部屋を借りたりすることができる。

問6 発電とともに蒸気や熱などを同時に利用するシステムとして最も適当なものを，次の①～④から一つ選びなさい。

① コージェネレーション　② 熱水利用発電システム

③ 廃熱利用技術システム　④ スマートグリッド

問7 公害対策や環境対策として制定された次のi～iiiの法律について，制定された時期が古いものから順に正しく配列されているものを，以下の①～⑥から一つ選びなさい。

i 環境影響評価法	ii 環境基本法	iii 公害対策基本法

① i→ii→iii　② i→iii→ii　③ ii→i→iii　④ ii→iii→i

⑤ iii→i→ii　⑥ iii→ii→i

(☆☆◎◎◎)

中 高 歴 史

【1】古代から近世までの産業・技術に関する次の文章を読んで，以下の問いに答えなさい。

A <u>a縄文文化を特徴づけるのは，弓矢，土器，磨製石器の出現などである</u>。弥生時代には縄文時代と比べて薄手で赤褐色の土器が作られ，古墳時代には朝鮮半島から伝来した技術により，硬質で灰色の(　X　)が焼かれた。その後，10世紀半ばに成立した(　Y　)との貿易によって陶磁器が多く輸入された。鎌倉時代には各地で陶器生産が発展し，<u>bそれらは全国に広く</u>

流通した。

B　室町時代には，農民の需要にも支えられて地方の産業がさかんになり，c各地の特色を生かしてさまざまな特産品が生産されるようになった。地方産業がさかんになるとd遠隔地取引も活発になり，海・川・陸の交通路が発達し，廻船の往来もひんぱんになった。

C　江戸時代は，農具の改良や発明が進み，商品作物を生産する先進地域では金肥も普及した。さらに新しい農業技術や知識を解説する農書も数多く著された。また，農業以外にもe林業や鉱山業など各種の産業が発達した。

一方，f災害により諸産業は大きな被害を受けることもあった。天保の大飢饉では，農村や都市に困窮した人があふれ，各地で百姓一揆や打ちこわしが頻発した。大坂町奉行所の元与力(　Z　)が，奉行所の対応に不満を持ち，貧民救済のために門弟や民衆を動員して武装蜂起した。

問1　下線部aに関連して，縄文時代の土器や土製品について述べた文として最も適当なものを，次の①～④から一つ選びなさい。

①　九州全域で，土器の中に死者を埋葬した甕棺墓がさかんに作られた。

②　島根県にある荒神谷遺跡から大量の土器が出土した。

③　土器は主に食料を煮たり貯蔵したりする道具として使われた。

④　埴輪とよばれる人間をかたどった土製品が作られた。

問2　空欄(　X　)と(　Y　)に入る語句の組合せとして正しいものを，次の①～⑥から一つ選びなさい。

①　X－須恵器　　Y－宋　　②　X－須恵器　　Y－唐

③　X－須恵器　　Y－明　　④　X－土師器　　Y－宋

⑤　X－土師器　　Y－唐　　⑥　X－土師器　　Y－明

問3　下線部bに関連して，中世の商品流通について述べた次の文i～iiiの正誤の組合せとして正しいものを，以下の①～⑧から一つ選びなさい。

i　各地の湊には，商品の中継と委託販売や運送を業とする問(問丸)が発達した。
ii　京都・奈良・鎌倉などには，座とよばれる常設の小売店が出現した。
iii　各地で定期市が開かれ，応仁の乱後は毎月6の付く日に開かれる六斎市が一般化した。

①　i－正　ii－正　iii－正　　②　i－正　ii－正　iii－誤
③　i－正　ii－誤　iii－正　　④　i－正　ii－誤　iii－誤
⑤　i－誤　ii－正　iii－正　　⑥　i－誤　ii－正　iii－誤
⑦　i－誤　ii－誤　iii－正　　⑧　i－誤　ii－誤　iii－誤

問4　下線部cについて，次のi～viの中で，当時の地方特産品として適当でないものを，以下の①～⑥から全て選びなさい。

i　越前の杉原紙	ii　加賀の絹織物	iii　河内の鍋
iv　銚子の醬油	v　備前の刀	vi　美濃・尾張の陶器

①　i　②　ii　③　iii　④　iv　⑤　v　⑥　vi

問5　下線部dについて，このころ遠隔地間での貸借の決済に用いられた一種の為替手形として最も適当なものを，次の①～④から一つ選びなさい。

①　御文　②　割符　③　太政官札　④　藩札

問6　下線部eについて述べた文iとiiについて，その正誤の組合せとして正しいものを，以下の①～④から一つ選びなさい。

i　尾張藩や秋田藩などでは，藩が直轄する山林から伐り出された材木が商品化され，木曽檜や秋田杉として有名になった。
ii　17世紀後半になると，銅の産出量が減少し，かわって金銀の産出量が増加した。銀は長崎貿易における最大の輸出品となった。

① i－正　ii－正　② i－正　ii－誤
③ i－誤　ii－正　④ i－誤　ii－誤

問7　下線部fに関連して，江戸時代の災害やその対策について述べた文i～iiiについて，年代の古いものから順に正しく配列したものを，以下の①～⑥から一つ選びなさい。

i　浅間山の大噴火では，多量の火山灰が関東・中部一帯に降り，天明の大飢饉の遠因となった。
ii　明暦の大火により，江戸城本丸をはじめ市街の6割が焼け，死者は10万人におよんだ。
iii　享保の改革では，江戸に広小路・火除地などを設け，町火消が組織された。

① i－ii－iii　② i－iii－ii　③ ii－i－iii　④ ii－iii－i
⑤ iii－i－ii　⑥ iii－ii－i

問8　空欄(　Z　)に入る人物が経営した塾名とその人物が説いた学問について説明した文の組合せとして正しいものを，以下の①～⑨から一つ選びなさい。

塾名：あ　蘐園塾　い　古義堂　う　洗心洞
学問についての説明：
i　儒学を中心に仏教や神道を取り入れ，商業活動の正当性・倫理性や正直・倹約・堪忍などの徳目を説いた。
ii 「致良知」「知行合一」を重視し，現実を批判し矛盾を改めようとした。
iii 『論語』や『孟子』など古代の聖賢の原典にたちかえり，本来の思想を理解することを主張した。

① あ－i　② あ－ii　③ あ－iii　④ い－i
⑤ い－ii　⑥ い－iii　⑦ う－i　⑧ う－ii
⑨ う－iii

(☆☆☆☆◎◎◎)

【2】次の史料を読んで，以下の問いに答えなさい。

A　第三条　下田，箱館港の外，次にいふ所の場所を左の期限より開くべし。
神奈川……　長崎……　新潟……　(X)……
……神奈川港を開く後六ヶ月にして下田港は鎖すべし。

B　第一号……第一条　支那国政府ハ，(Y)国ガ山東省ニ関シ条約其他ニ依リ支那国ニ対シテ有スル一切ノ権利利益譲与等ノ処分ニ付，日本国政府ガ(Y)国政府ト協定スベキ一切ノ事項ヲ承認スベキコトヲ約ス……

C　第一条　締約国ハ本条約ノ規定ニ従ヒ各自ノ海軍軍備ヲ制限スヘキコトヲ約定ス
第四条　各締約国ノ主力艦合計代換噸数ハ基準排水量ニ於テ合衆国五十二万五千噸，英帝国[a]噸，仏蘭西国十七万五千噸，伊太利国十七万五千噸，日本国[b]噸ヲ超ユルコトヲ得ス

D　第一条　(a)日本国と各連合国との間の戦争状態は，……この条約が日本国と当該連合国との間に効力を生ずる日に終了する。
第六条　(a)連合国のすべての占領軍は，この条約の効力発生の後なるべくすみやかに……日本国から撤退しなければならない。但し，この規定は……協定に基く……外国軍隊の日本国の領域における駐とん又は駐留を妨げるものではない。

問1　史料Aについて，次の(1)(2)に答えなさい。

(1)　空欄(X)に入る地名として正しいものを，次の①～⑤から一つ選びなさい。

①　大阪　　②　下関　　③　仙台　　④　兵庫　　⑤　平戸

(2)　この条約を調印した者の組合せとして正しいものを，次の①～⑥から一つ選びなさい。

①　ハリス－阿部正弘　　②　ハリス－井伊直弼

③ ハリス－堀田正睦　④ ペリー－阿部正弘
⑤ ペリー－井伊直弼　⑥ ペリー－堀田正睦

問2 史料Bについて，次の(1)(2)に答えなさい。

(1) 空欄(Y)に入る国名として正しいものを，次の①～⑤から一つ選びなさい。

① 亜米利加　② 英吉利　③ 独逸　④ 蒙古
⑤ 露西亜

(2) 史料Bは，日本政府が中国政府に要求したものであるが，当時の首相と外務大臣の組合せとして正しいものを，次の①～⑥から一つ選びなさい。

① 首相－大隈重信　外相－加藤高明
② 首相－大隈重信　外相－小村寿太郎
③ 首相－桂太郎　外相－小村寿太郎
④ 首相－桂太郎　外相－幣原喜重郎
⑤ 首相－寺内正毅　外相－加藤高明
⑥ 首相－寺内正毅　外相－幣原喜重郎

問3 史料Cについて，空欄[a]と[b]に入る数の組合せとして正しいものを，次の①～⑨から一つ選びなさい。

① a 十七万五千　b 十七万五千
② a 十七万五千　b 三十一万五千
③ a 十七万五千　b 五十二万五千
④ a 三十一万五千　b 十七万五千
⑤ a 三十一万五千　b 三十一万五千
⑥ a 三十一万五千　b 五十二万五千
⑦ a 五十二万五千　b 十七万五千
⑧ a 五十二万五千　b 三十一万五千
⑨ a 五十二万五千　b 五十二万五千

問4 史料Dの条約について述べた文i～iiiの正誤の組合せとして正しいものを，以下の①～⑧から一つ選びなさい。

i　この条約によって，日本は台湾・南樺太・千島列島を放棄した。 ii　この条約の発効とともに，自衛隊が発足した。 iii　日本は，ソ連を含む48カ国とのあいだでこの条約に調印した。

① i－正　ii－正　iii－正　② i－正　ii－正　iii－誤
③ i－正　ii－誤　iii－正　④ i－正　ii－誤　iii－誤
⑤ i－誤　ii－正　iii－正　⑥ i－誤　ii－正　iii－誤
⑦ i－誤　ii－誤　iii－正　⑧ i－誤　ii－誤　iii－誤

(☆☆☆☆◎◎◎)

【3】次のイベリア半島についての文を読んで，以下の問いに答えなさい。

A　ローマはポエニ戦争でカルタゴ支配下にあったイベリア半島を奪い属州とした。 B　ゲルマン人大移動期には西ゴート人が侵入して王国を建てた。 C　ウマイヤ朝ののち成立した後ウマイヤ朝は，フランク王国のカール大帝と抗争した。 D　後ウマイヤ朝が滅亡すると，レコンキスタが本格化した。 E　レコンキスタに対してムラービト朝などが対抗したものの，これらの王朝は結局敗退した。 F　スペイン王国が成立した。 G　スペイン王国はイスラーム勢力最後の拠点を攻略し，イベリア半島でのレコンキスタを完了した。

問1　Aについて，ポエニ戦争で活躍したカルタゴの将軍の名前と，この戦争後のローマ社会の様子を述べた文との組合せとして正しいものを，次の①～④から一つ選びなさい。

	名　前	社　会　の　様　子
①	スキピオ	戦争捕虜を奴隷として使役する大所領がイタリア半島やシチリア島に広がっていった。
②	スキピオ	農地を貸して小作人に耕作させる小作制が徐々に広がっていった。
③	ハンニバル	戦争捕虜を奴隷として使役する大所領がイタリア半島やシチリア島に広がっていった。
④	ハンニバル	農地を貸して小作人に耕作させる小作制が徐々に広がっていった。

問2　Bに関連して，ゲルマン人大移動期に成立した王国について述べた文として適当なものを，次の①～④から一つ選びなさい。

①　アングロ＝サクソン七王国は9世紀に統一された。

②　ヴァンダル王国はイタリア半島に建国された。

③　西ゴート王国は一時フン人の支配下に入った。

④　東ゴート王国はウマイヤ朝によって滅ぼされた。

問3　Cについて，ウマイヤ朝の成立からカール大帝の戴冠までの間に起こった出来事として適当なものを，次のi～viiiからすべて選び，さらに選んだものを年代の古いものから順に並べ替えたときに最後にくるものを，以下の①～⑧から一つ選びなさい。

i　アンコール＝ワットが建設された。
ii　安史の乱がおこった。
iii　黄巣の乱がおこった。
iv　大宝律令が完成した。
v　新羅が朝鮮半島を統一した。
vi　トゥール・ポワティエ間の戦いがおこった。
vii　マヤ文明が成立した。
viii　メルセン条約が結ばれた。

①　i　　②　ii　　③　iii　　④　iv　　⑤　v　　⑥　vi

⑦　vii　　⑧　viii

問4　Dについて，後ウマイヤ朝の首都として正しいものを，次の①～④から一つ選びなさい。

①　イスファハーン　　②　コルドバ　　③　トレド

④ マラケシュ

問5 Eに関連して，レコンキスタやイスラーム勢力について述べた文として適当でないものを，次の①～④から一つ選びなさい。

① ナスル朝はグラナダにアルハンブラ宮殿を造営した。

② ベルベル人の間でムラービト朝を批判する運動がおこり，ムワッヒド朝が成立した。

③ ムラービト朝はニジェール川流域に進出し，マリ王国を征服した。

④ レコンキスタがすすんだイベリア半島では，ポルトガル，カスティリャ，アラゴンの3王国が勢力を固めていた。

問6 Fに関連して，スペイン王国は，フェリペ2世の時代に「太陽の沈まぬ国」と呼ばれるが，彼の時代について述べた文iとiiの正誤の組合せとして正しいものを，以下の①～④から一つ選びなさい。

i カトリック世界の擁護者を自任しイスラーム勢力に立ち向かい，オスマン帝国の海軍をレパント沖の海戦でやぶって，威信を高めた。 ii さかんに諸国の内政に干渉したことで，属領であったネーデルラントで新教徒の反乱をまねき，無敵艦隊(アルマダ)がイギリスに敗れた。

① i－正　ii－正　② i－正　ii－誤

③ i－誤　ii－正　④ i－誤　ii－誤

問7 Gの後のイスラーム世界の出来事i～iiiについて，年代の古いものから順に正しく配列されているものを，以下の①～⑥から一つ選びなさい。

i アクバルがジズヤを廃止した。 ii アッバース1世がホルムズ島を奪回した。 iii セリム1世がマムルーク朝を滅ぼした。

① i→ii→iii　② i→iii→ii　③ ii→i→iii　④ ii→iii→i

⑤ iii→i→ii　⑥ iii→ii→i

(☆☆☆☆◎◎◎◎)

【4】次の文を読んで，以下の問いに答えなさい。

19世紀半ばから a第一次世界大戦前夜までの時期は，「bヨーロッパの世紀」といえるほど，ヨーロッパ諸国の動向が地球世界全体の動きを大きく左右し，その主導権のもとで，世界の一体化が決定的になった。

19世紀半ばには，c産業革命で先行したイギリスが「世界の工場」といわれるほど圧倒的な経済力を誇った。しかし，それに対抗した各国でも工業化が進み，特に，広大な西部地域を市場にできた dアメリカ合衆国と，国家による強力な保護政策がとられた eドイツの発展はめざましく，19世紀末に両国は，製鉄などいくつかの工業生産部門において，イギリスをこえた。しかし，イギリスは，金融と海運とで世界経済の中心的地位を維持していた。

世界経済は，f1873年にはじまる恐慌から大不況期に入り，これに対応を余儀なくされた欧米各国では，技術革新や重化学工業中心の経済再編が推進された。この再編過程でイギリスの圧倒的優位はくずれ，世界は，政治・経済をめぐる覇権抗争が激化する時代に入った。この時代を帝国主義の時代という。gアフリカ大陸で明白に示されたように，世界各地を自らの植民地や勢力圏にしようとする欧米諸国の争いは，「文明化の使命」という名目ですすめられていた。

問1　下線部aに関連して，第一次世界大戦中におこった出来事について述べた文として適当でないものを，次の①～④から一つ選びなさい。

①　スターリングラード(現ヴォルゴグラード)の戦いで，ドイツ軍は敗北した。

②　イギリスはアラブ地域の独立を約束するフサイン・マクマホン協定を結んだ。

③「スペイン風邪」が大流行し，日本でも猛威を振るった。

④　毒ガス・戦車などの新兵器が登場し，植民地の住民も戦争に動員された。

問2　下線部bに関連して，19世紀のヨーロッパ諸国の動向について述べた文として適当なものを，次の①～④から一つ選びなさい。

①　アレクサンドル2世が，農奴解放令を発布した。

②　ヴィルヘルム2世がモロッコ事件を起こした。

③　グラッドストンがスエズ運河会社の株を買収した。

④　ルイ＝フィリップがアルジェリアに軍事侵攻を行った。

問3　下線部cについて，産業革命期の技術革新とその発明を行った人物の組合せとして正しいものを，次の①～④から一つ選びなさい。

	技術革新	人物名
①	蒸気船の実用化	ホイットニー
②	蒸気船の実用化	スティーヴンソン
③	綿繰機の発明	スティーヴンソン
④	綿繰機の発明	ホイットニー

問4　下線部dに関連して，20世紀のアメリカ合衆国について述べた文として適当なものを，次の①～④から一つ選びなさい。

①　アメリカ＝イギリス戦争(米英戦争)が起こった。

②　アラスカをロシアから買収した。

③　パナマ運河を完成させた。

④　モールスによって電信機が実用化された。

問5　下線部eについて，ドイツに関する出来事を示した次の年表の空欄に当てはまる語句の組合せとして正しいものを，以下のi～ivから一つ選び，さらにあとの風刺画にかかれている出来事が，年表中X・Yのどちらの時期のものかを選び，その組合せとして正しいものを，あとの①～⑧から一つ選びなさい。

年　号	出　来　事	
1815	３５の君主国と４自由市からなる【あ】成立	
1834	ドイツ関税同盟成立	
1848	フランクフルト国民議会開催	
1867	【あ】が解体し、【い】成立	X
1871	【う】成立	
		Y
1919	ドイツ共和国成立	

	【あ】	【い】	【う】
i	北ドイツ連邦	ドイツ連邦	ドイツ帝国
ii	北ドイツ連邦	ドイツ帝国	ドイツ連邦
iii	ドイツ連邦	北ドイツ連邦	ドイツ帝国
iv	ドイツ連邦	ドイツ帝国	北ドイツ連邦

Heidelberg historic literature-digitized/Kladderadatschより作成

①　i－X　②　i－Y　③　ii－X　④　ii－Y
⑤　iii－X　⑥　iii－Y　⑦　iv－X　⑧　iv－Y

問6　下線部ｆについて，1873年より後に中国で起こった出来事を，次の①～④から全て選びなさい。

①　イギリスに香港(香港島)の割譲を認めた。
②　ベトナムへのフランスの保護権を承認した。
③　洪秀全らが挙兵し，太平天国を建てた。
④　康有為らによって，戊戌の変法が行われた。

問7　下線部gのアフリカ大陸について述べた文iとiiの正誤の組合せとして正しいものを，以下の①～④から一つ選びなさい。

i　縦断政策をとるイギリスと横断政策をとるフランスは，19世紀末にスーダンのファショダで対峙したが，お互いに妥協が成立した。

ii　イギリスは，セシル＝ローズの画策のもと，南アフリカ戦争(ボーア戦争)をしかけ，フランス系ブール人のオレンジ自由国とトランスヴァール共和国を強引に併合した。

①　i－正　ii－正　②　i－正　ii－誤
③　i－誤　ii－正　④　i－誤　ii－誤

(☆☆☆☆◎◎◎◎)

中高地理

【1】日本の地理について，次の問いに答えなさい。

問1　次の表は，淡路島(洲本)，佐渡島(相川)，種子島，対馬(厳原)の平均気温，降水量，年間の日照時間の平年値(いずれも1991年～2020年)を示したものである。このうち淡路島と対馬の組合せとして正しいものを，以下の①～④から一つ選びなさい。

(気温：℃、降水量：mm，日照時間：時間)

		1月	2月	3月	4月	5月	6月	7月	8月	9月	10月	11月	12月	全年	日照時間
i	気温	11.7	12.3	14.5	17.8	21.2	24.0	27.5	28.1	26.2	22.3	18.1	13.8	19.8	1822.0
	降水量	96.6	122.5	160.4	198.0	233.3	556.4	261.7	188.7	293.2	194.5	134.8	92.7	2532.5	
ii	気温	5.4	5.6	8.6	13.7	18.3	21.7	25.6	26.9	23.5	18.3	13.1	8.0	15.7	2069.8
	降水量	48.2	67.1	109.0	117.6	145.0	198.2	182.2	117.0	223.6	185.6	91.5	75.1	1559.9	
iii	気温	6.0	6.9	10.0	14.2	18.2	21.3	25.4	26.8	23.4	18.7	13.3	8.0	16.0	1862.8
	降水量	80.1	94.7	172.3	218.4	241.2	294.4	370.5	326.4	236.5	120.8	100.6	68.0	2302.6	
iv	気温	4.0	4.0	6.5	11.1	15.9	19.8	24.0	26.0	22.5	17.2	11.8	6.8	14.1	1626.8
	降水量	131.1	91.6	96.6	94.5	97.3	122.5	207.3	137.5	139.9	133.1	154.8	175.7	1572.5	

※全年の気温の数値は平均気温、降水量の数値は合計を示している。　(気象庁ウェブページより作成)

①　淡路島－i　対馬－iii　②　淡路島－i　対馬－iv
③　淡路島－ii　対馬－iii　④　淡路島－ii　対馬－iv

問2　地震について述べた文iとiiの正誤の組合せとして正しいものを，以下の①～④から一つ選びなさい。

i　阪神・淡路大震災は兵庫県神戸，芦屋，西宮市などの都市部に被害を及ぼした直下型地震であり，建物の倒壊により多数の死者を出した。 ii　沖積平野では地盤が軟弱なため，地震のゆれが増幅しやすく，旧河道跡や水田跡，埋立地などでは，地盤が流動する液状化現象が発生しやすい。

①　i－正　ii－正　　②　i－正　ii－誤　　③　i－誤　ii－正
④　i－誤　ii－誤

問3　統計情報を地図化する際に，表現に適した主題図の選択について述べた文i～iiiの正誤の組合せとして正しいものを，以下の①～⑧から一つ選びなさい。

i　芦屋市の通勤・通学による流出・流入人口を等値線図で表す。
ii　芦屋市内の私鉄駅の乗降客数を図形表現図で表す。
iii　兵庫県の市区町別昼夜間人口比率を，ドットマップで表す。

①　i－正　ii－正　iii－正　　②　i－正　ii－正　iii－誤
③　i－正　ii－誤　iii－正　　④　i－正　ii－誤　iii－誤
⑤　i－誤　ii－正　iii－正　　⑥　i－誤　ii－正　iii－誤
⑦　i－誤　ii－誤　iii－正　　⑧　i－誤　ii－誤　iii－誤

問4　次の地形図は六甲山地から大阪湾に注ぐ芦屋川流域の地形図である。この河川に関連する文iとiiの正誤の組合せとして正しいものを，あとの①～④から一つ選びなさい。

地形図

（地理院地図より作成）

> i　地形図から判断すると，芦屋川とJR線が交差するところでは，芦屋川がJR線の上を流れている。
> ii　砂礫の堆積により河床面が周辺の平野面より高くなった河川を天井川といい，洪水対策のため堤防を高くしていった結果形成された。

①　i－正　ii－正　　②　i－正　ii－誤　　③　i－誤　ii－正
④　i－誤　ii－誤

問5　六甲山地には「六甲ケーブル」が運行され，ハイキングなどの観光拠点となっている。次の条件の場合，「六甲ケーブル」の勾配として最も近いものを，以下の①～④から一つ選びなさい。

> 条件　・六甲ケーブル下駅(標高250m)
> 　　　・六甲山上駅(標高750m)
> 　　　・水平距離(1, 650m)

①　1／3.3　　②　1／16.5　　③　1／30.7　　④　1／55.2

問6　次の表は新潟，兵庫，長崎，鹿児島の各県における人口密度(人/km²)，人口増減率(%)，農業産出額(億円)を示したものである。新潟県と鹿児島県の組合せとして正しいものを，以下の①～④から一つ選びなさい。

	人口密度(人/㎢)(2020年)	人口増減率(%)(2015～2020年)	農業産出額(億円)(2019年)
i	175.0	−4.42	2,494
ii	651.0	−1.19	1,509
iii	173.0	−3.58	4,890
iv	317.9	−4.65	1,513

(データでみる県勢2022より作成)

①　新潟県－i　鹿児島県－iii　②　新潟県－i　鹿児島県－iv
③　新潟県－ii　鹿児島県－iii　④　新潟県－ii　鹿児島県－iv

問7　日本と世界の漁業について述べた文として適当なものを，次の①～④から全て選びなさい。

①　最高級マグロとして知られるクロマグロは，近年は日本のみならず中国など海外でも人気が高まり，太平洋クロマグロの絶滅が危惧されている。

②　排他的経済水域が設定されたことで，日本では遠洋漁業が衰退し沿岸漁業が拡大した。

③　漁業生産を国別に見ると，中国やインドネシアなどをはじめとするアジアの新興国が増加している。

④　世界の水産物輸入額(2018年)では，中国が第1位，日本は第2位になっている。

問8　日本の各種工業の特徴と変容について述べた文として正しいものを，次の①～④から全て選びなさい。

①　鉄鋼業は，従来は典型的な労働力指向型工業であり，炭田地域や鉄鉱石産地に立地した。

②　第二次世界大戦後，鉄鋼業の立地パターンが変化し，内陸部の原料産地から離れ，臨海部に立地する傾向が強まった。

③　日本では，商度経済成長期に鉄鋼業や石油化学工業といった基礎素材型産業を中心に重化学工業が発達した。

④　日本は，1990年ごろまで家電の世界的な生産国であったが，生産機能の多くはアジアの新興工業国に移った。

問9　次の表は2019年の北関東，京浜，中京，北陸，阪神，瀬戸内の各地域における地域別工業製品出荷額を示したものである。阪神地域にあたるものを，表の①～④から一つ選びなさい。

（単位：10億円）

	食品	繊維	化学	金属	電気機械	輸送機械
①	5,201	201	8,097	4,162	4,684	7,394
②	4,798	175	5,503	4,360	3,394	5,635
③	3,736	431	6,946	7,051	4,050	3,316
中京	2,785	421	6,773	5,589	5,631	29,419
④	2,444	657	8,704	5,641	1,568	6,193
北陸	1,392	572	2,520	2,411	2,348	778

（地理統計2022年版より作成）

問10　兵庫県神戸市に中華街があるように，世界の諸都市では人種・民族による住み分けが見られる。所得水準・社会階層・民族などにより居住地が分離，住み分けられている現象を表す語句として正しいものを，次の①～④から一つ選びなさい。

①　エクスクラーフェン　　②　コナーベーション
③　ジェントリフィケーション　　④　セグリゲーション

問11　日本の県庁所在地は城下町や門前町，港町などに起源を持つものが多い。兵庫県の県庁所在地である神戸市と同じ起源を持つ都市として適当なものを，次の①～⑤から全て選びなさい。

①　青森市　　②　大津市　　③　高松市　　④　長野市
⑤　横浜市

(☆☆☆◎◎◎)

【２】地形図について，次の問いに答えなさい。

問1　次の地形図1中のA～Dの地点のうち，Y地点の集水域として適当でない地点を，以下の①～④から全て選びなさい。

【地形図１】

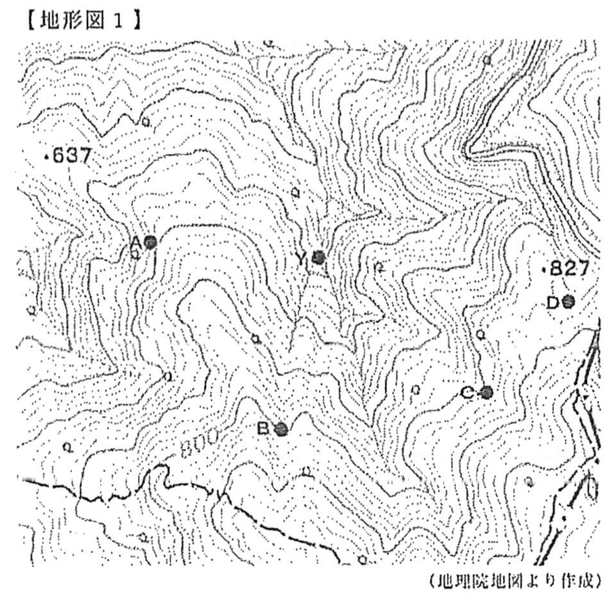

（地理院地図より作成）

①　A地点　　②　B地点　　③　C地点　　④　D地点

問2　次の写真i～iiiは，以下の地形図2中に示したA～Cのいずれかの方向の景観を撮影したものである。i～iiiとA～Cとの組合せとして正しいものを，あとの表の①～⑥から一つ選びなさい。なお，地形図2のA～Cに付した矢印は撮影した方向を示している。

i

ii

ⅲ

(Google Earth ストリートビューより作成)

【地形図２】

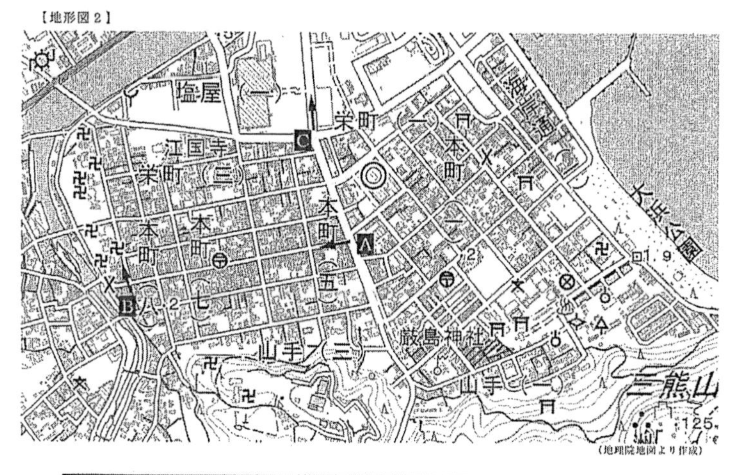

(地理院地図より作成)

	①	②	③	④	⑤	⑥
ⅰ	A	A	B	B	C	C
ⅱ	B	C	A	C	A	B
ⅲ	C	B	C	A	B	A

問3　次の地形図3から読み取れることとして正しいものを，以下の①～⑤から全て選びなさい。

【地形図3】

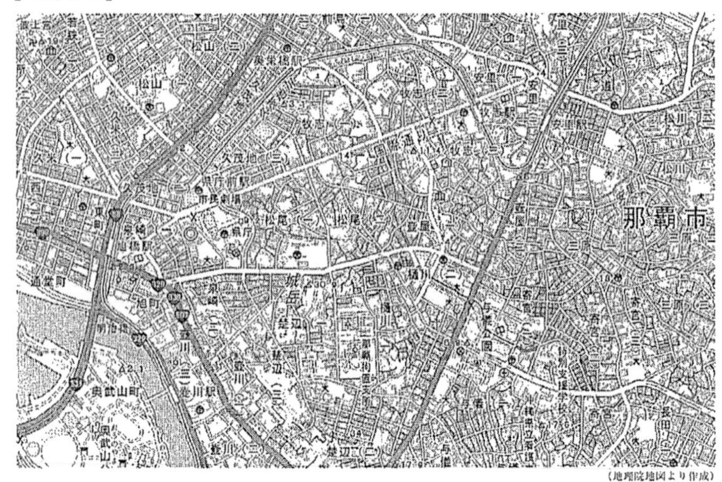

（地理院地図より作成）

① 電波塔も煙突も複数みられる。

② 図書館も博物館も複数みられる。

③ 保健所も老人ホームも複数みられる。

④ 国道はみられるが，有料道路はみられない。

⑤ 三角点はみられるが，水準点はみられない。

(☆☆☆◎◎◎)

【3】北アメリカについて，以下の問いに答えなさい。

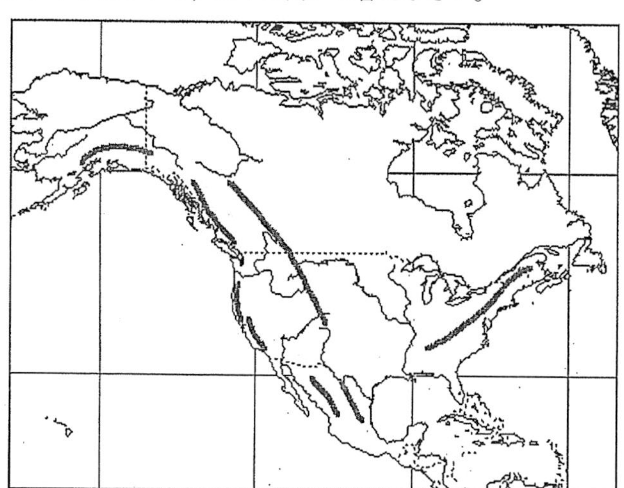

問1　北アメリカ大陸に見られる地形について述べた文として適当でないものを，次の①～④から一つ選びなさい。

①　大陸の西側を南北にはしるロッキー山脈は環太平洋造山帯の一部である。

②　北部には五大湖など，氷河の影響を受けた地形が各地に見られる。

③　東側のアパラチア山脈は古期造山帯に属する。

④　ミシシッピ川の東側にはプレーリーやグレートプレーンズと呼ばれる草原が広がる。

問2　次のi～ivは，シアトル，シカゴ，ニューヨーク，ロサンゼルスのハイサーグラフである。このうち，シアトルとニューヨークのグラフの組合せとして正しいものを，以下の①～④から一つ選びなさい。

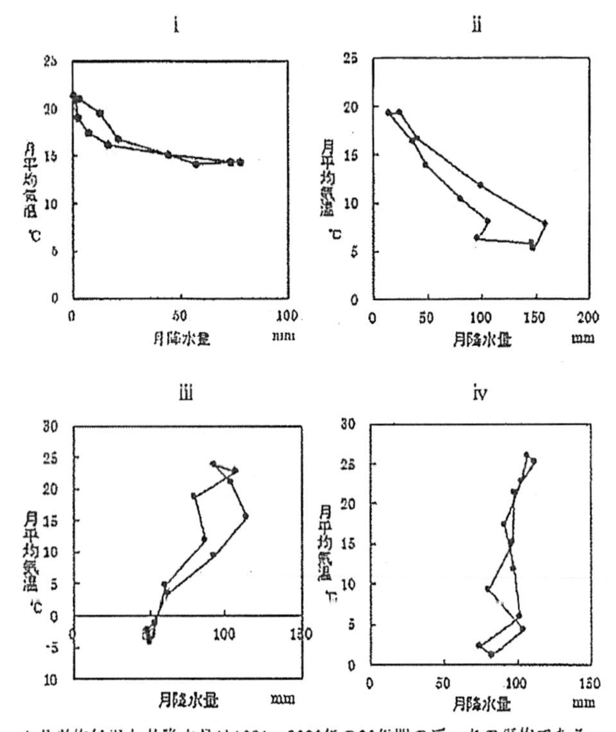

＊月平均気温と月降水量は1991～2020年の30年間のデータの平均である。
（気象庁ウェブページより作成）

① シアトル－i　ニューヨーク－iii

② シアトル－i　ニューヨーク－iv

③ シアトル－ii　ニューヨーク－iii

④ シアトル－ii　ニューヨーク－iv

問3　アメリカ合衆国の農業について，次の地図i～iiiは小麦，トウモロコシ，綿花の栽培地の主な分布を示したものである。各分布図と農産物の組合せとして最も適当なものを，以下の①～⑥から一つ選びなさい。

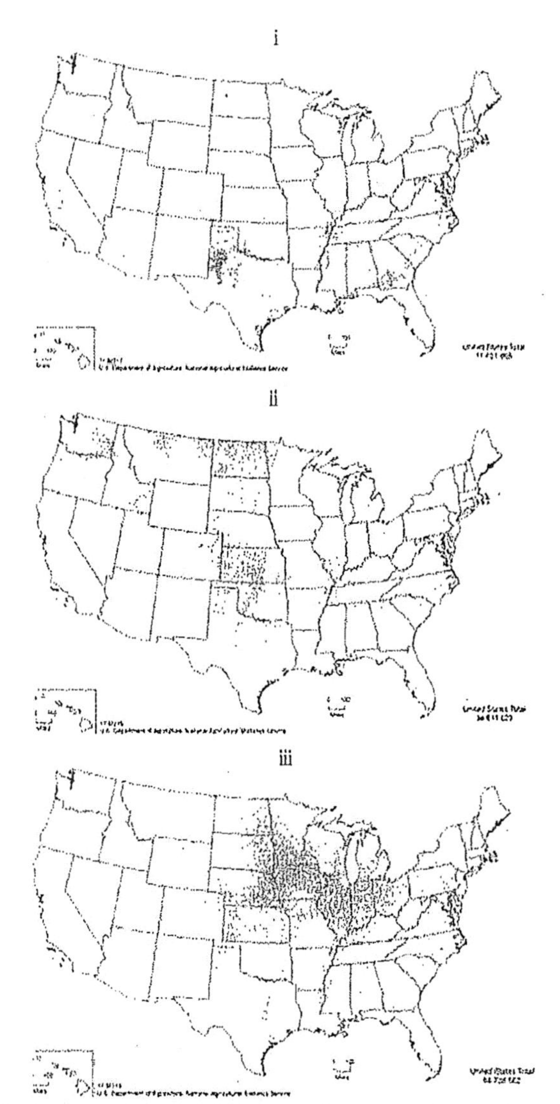

※地図ⅰ上の点は１つにつき5,000エーカー（約2,000ha）を示している。
※地図ⅱ・ⅲ上の点は１つにつき10,000エーカー（約4,000ha）を示している。

（2017 Census of Agricultureより作成）

	①	②	③	④	⑤	⑥
i ii iii	小麦 トウモロコシ 綿花	小麦 綿花 トウモロコシ	トウモロコシ 小麦 綿花	トウモロコシ 綿花 小麦	綿花 小麦 トウモロコシ	綿花 トウモロコシ 小麦

問4　次の表は2018年のアメリカ合衆国，カナダ，メキシコの一次エネルギー供給の構成を示したものである。A～Cに当てはまる国の組合せとして正しいものを，以下の①～⑥から一つ選びなさい。

（単位：万t）

	石炭	石油	天然ガス	原子力	水力	地熱等	バイオ燃料と廃棄物	その他	計
A	1,200 (6.6%)	8,342 (46.2%)	6,519 (36.1%)	356 (2.0%)	281 (1.6%)	426 (2.4%)	925 (5.1%)	13 (0.1%)	18,061 (100%)
B	32,066 (14.4%)	80,172 (35.9%)	70,853 (31.8%)	21,922 (9.8%)	2,541 (1.1%)	4,399 (2.0%)	10,744 (4.8%)	382 (0.2%)	223,077 (100%)
C	1,532 (5.1%)	10,355 (34.8%)	10,665 (35.8%)	2,625 (8.8%)	3,318 (11.1%)	322 (1.1%)	1,366 (4.6%)	-415 (-1.4%)	29,758 (100%)

（世界国勢図会2021/2022より作成）

	①	②	③	④	⑤	⑥
A B C	アメリカ合衆国 カナダ メキシコ	アメリカ合衆国 メキシコ カナダ	カナダ アメリカ合衆国 メキシコ	カナダ メキシコ アメリカ合衆国	メキシコ アメリカ合衆国 カナダ	メキシコ カナダ アメリカ合衆国

問5　アメリカ合衆国の工業について述べた文として適当なものを，次の①～④から全て選びなさい。

①　オハイオ川上流部のピッツバーグは「アメリカのバーミンガム」とよばれ，19世紀から20世紀前半にかけて鉄鋼業の中心地として繁栄した。

②　1970年代からは，北緯37度より南側の地域に工業地域が生まれてサンベルトとよばれるようになり，カリフォルニア州のシリコンヴァレーには名門大学を拠点として，多くの半導体工場，コンピュータ・ICT関連企業が集中するようになった。

③　ケンタッキー州やテネシー州では航空宇宙産業やICT産業が集積しているだけでなく，生命工学や医療技術などの分野の発達も見られる。

④　メキシコ湾岸では比較的人件費が安く，豊富な労働力を背景に，国内や国外の自動車メーカーが進出し，周辺地域の経済活動を活

発化している。

問6　次の表は2020年のカリフォルニア州，ジョージア州，ニューメキシコ州の人種構成とヒスパニックが占める割合を示したものである。A～Cにあてはまる州の組合せとして正しいものを，以下の①～⑥から一つ選びなさい。

	人種構成				ヒスパニック
	白人	黒人	アジア系	その他	
A	41.2%	5.7%	15.4%	37.8%	39.4%
B	51.0%	2.2%	1.8%	45.0%	47.7%
C	51.9%	31.0%	4.5%	12.7%	10.5%

※ヒスパニックとは人種の区分ではなく，スペイン語を話すラテンアメリカ出身の移民とその子孫を表す。

（データブックオブザワールドより作成）

	①	②	③	④	⑤	⑥
A	カリフォルニア	カリフォルニア	ジョージア	ジョージア	ニューメキシコ	ニューメキシコ
B	ジョージア	ニューメキシコ	カリフォルニア	ニューメキシコ	カリフォルニア	ジョージア
C	ニューメキシコ	ジョージア	ニューメキシコ	カリフォルニア	ジョージア	カリフォルニア

問7　次の地図i～iiiは，それぞれインターネットの利用者の数(2015年)，コーヒーの消費量(2014年)，軍事支出(2017年)のいずれかの内容を示したカルトグラムである。それぞれの内容とカルトグラムの組合せとして正しいものを，以下の①～⑥から一つ選びなさい。

i

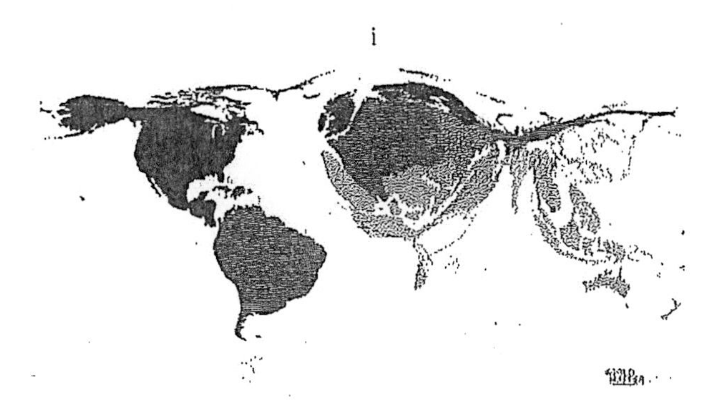

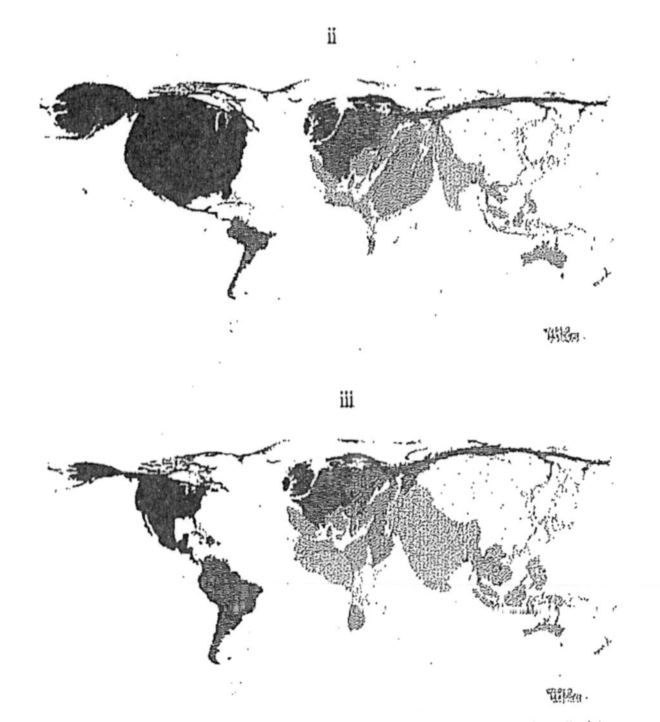

(World Mapperより作成)

	①	②	③	④	⑤	⑥
インターネットの利用者の数 コーヒーの消費量 軍事支出	i ii iii	i iii ii	ii i iii	ii iii i	iii i ii	iii ii i

(☆☆☆◎◎◎)

【4】南アジアについて，以下の問いに答えなさい。

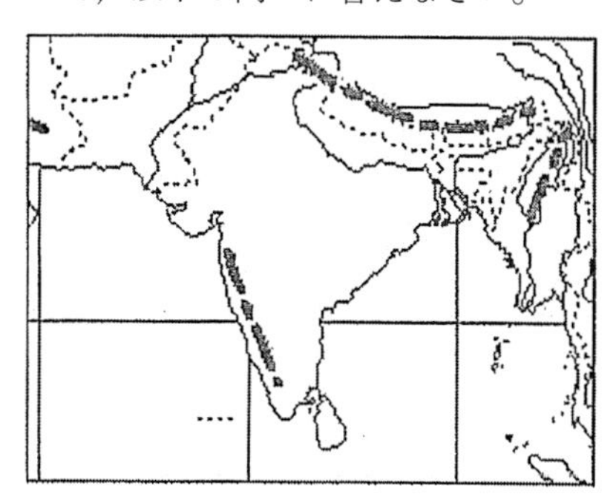

問1　南アジアの地形や気候について述べた文として適当なものを，次の①～④から全て選びなさい。

① 大陸プレートどうしが衝突して形成されているヒマラヤ山脈は，褶曲山脈である。

② モンスーンの影響により，雨季と乾季が明瞭に分かれる地域が多く，どの地域も降水量が多い。

③ 南部のインド半島は安定陸塊となっており，デカン高原にはレグールとよばれる肥沃な黒土が分布する。

④ インダス川は河口付近でブラマプトラ川と合流して三角州を形成している。

問2　次の表A～Dは，小麦，米，茶，バターの生産上位国を示したものであり，表中のあ～えはアメリカ，インド，中国，フランスのいずれかである。インドを示しているものとして正しいものを，以下の①～④から一つ選びなさい。

A

2019年	（万ｔ）
あ	20,961
い	17,765
インドネシア	5,460
バングラデシュ	5,459
ベトナム	4,345
タイ	2,836

B

2019年	（万ｔ）
あ	13,360
い	10,360
ロシア	7,445
う	5,226
え	4,060
カナダ	3,235

C

2019年	（千ｔ）
あ	2,777
い	1,390
ケニア	459
スリランカ	300
ベトナム	269
トルコ	261

D

2018年	（千ｔ）
い	4,509
パキスタン	1,024
う	904
ニュージーランド	502
ドイツ	484
え	352

（データブックオブザワールド　より作成）

① あ　② い　③ う　④ え

問3　インドの工業化の歴史について述べた文として適当でないものを，次の①～④から一つ選びなさい。

① 植民地時代に綿工業や製鉄業などを中心に近代的な工業がおこった。

② 独立後は混合経済体制を採用し，豊かな鉱産資源を用いて自給自足型の工業発展を目指した。

③ 1970年には新経済政策を導入したことにより，企業の設立や活動が自由となったことで，工業生産は急速な成長を見せた。

④ 情報通信技術(ICT)産業が急速に発展し，経済成長を牽引する重要な産業となっている。

問4　次の表は，2019年のインド，スリランカ，パキスタンの主な輸出品の割合を示したものである。A～Cに当てはまる国名の組合せとして正しいものを，以下の①～⑥から一つ選びなさい。

A

品目	(%)
衣類	45.6
茶	11.0
ゴム製品	5.5
機械類	4.1
繊維品	3.1
野菜・果実	2.9
石油製品	2.8
魚介類	2.5
香辛料	2.3
貴石・半貴石	1.5

B

品目	(%)
繊維品	32.4
衣類	26.7
米	9.6
野菜・果実	3.0
魚介類	2.0
精密機械	1.9
機械類	1.5
銅	1.4
有機化合物	1.4
プラスチック	1.3

C

品目	(%)
石油製品	13.5
機械類	11.5
ダイヤモンド	6.8
医薬品	5.5
繊維品	5.3
衣類	5.3
有機化合物	5.2
自動車	5.2
貴金属製品	4.2
鉄鋼	3.7

（世界国勢図会2021/2022より作成）

	①	②	③	④	⑤	⑥
A	インド	インド	スリランカ	スリランカ	パキスタン	パキスタン
B	スリランカ	パキスタン	インド	パキスタン	インド	スリランカ
C	パキスタン	スリランカ	パキスタン	インド	スリランカ	インド

問5　南アジアの宗教や民族について述べた文A～Cの正誤の組合せとして正しいものを，以下の①～⑧から一つ選びなさい。

A　インドに信者の多いヒンドゥー教の社会では，古くからバラモン・クシャトリヤ・ヴァイシャ・シュードラという4身分(ヴァルナ)と，その下に位置づけられるダリットからなっていた。
B　パキスタンやバングラデシュに信者の多いイスラームでは，聖地メッカへの巡礼のほかにも，豚肉を食べることや飲酒が禁止されており，人々はハラールと呼ばれるイスラームの教えで食べることが許されている食物を食べている。
C　スリランカに信者の多い，世界宗教である仏教は上座仏教と大乗仏教に分けられる。スリランカには上座仏教の信者が多いが，もともとはインドで生まれた宗教である。また，ブータンにはチベット仏教の信者が多く見られる。

①　A－正　B－正　C－正　　②　A－正　B－正　C－誤
③　A－正　B－誤　C－正　　④　A－正　B－誤　C－誤
⑤　A－誤　B－正　C－正　　⑥　A－誤　B－正　C－誤
⑦　A－誤　B－誤　C－正　　⑧　A－誤　B－誤　C－誤

問6　次の表はインド，日本，アメリカ合衆国の鉄道輸送量の推移を旅客と貨物に分けて示したものである。A～Cに当てはまる国の組合せとして正しいものを，以下の①～⑥から一つ選びなさい。

A

	2000年	2010年	2017年
旅客（億人km）	4580	9785	11613
貨物（億t. km）	3124	6257	6543

B

	2000年	2010年	2018年	2019年
旅客（億人km）	260	319	320	-
貨物（億t. km）	22576	24915	-	23641

C

	2000年	2010年	2018年
旅客（億人km）	3844	3935	4416
貨物（億t. km）	221	204	194

（世界国勢図会2021/2022より作成）

	①	②	③	④	⑤	⑥
A B C	アメリカ合衆国 インド 日　本	アメリカ合衆国 日　本 インド	インド アメリカ合衆国 日　本	インド 日　本 アメリカ合衆国	日　本 アメリカ合衆国 インド	日　本 インド アメリカ合衆国

問7　次のグラフはインド，中国，ブラジル，南アフリカ共和国，ロシアの二酸化炭素排出量(2018年)と一人当たり名目GDP(2019年)を表したものであり，グラフ中の円の大きさは各国の名目GDP(2019年)を示したものである。インドを示すものとして最も適当なものを，グラフ中の①～⑤から一つ選びなさい。

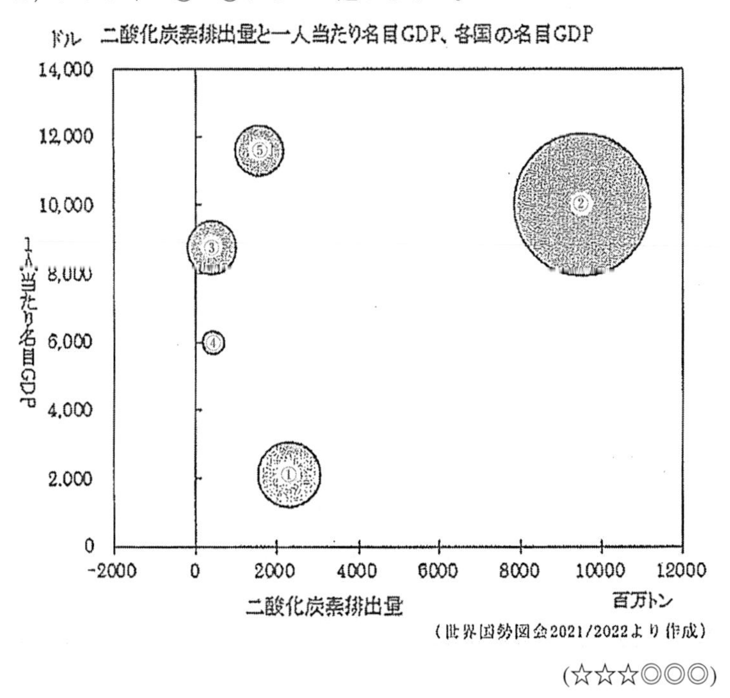

（世界国勢図会2021/2022より作成）

(☆☆☆◎◎◎)

中高公民

【1】古代から近世までの世界の思想について，次の問いに答えなさい。

問1　紀元前6世紀，ギリシアの植民地イオニア地方の中心地であるミレトスに最初の哲学である自然哲学が生まれた。初期の哲学者たちは，神話や宗教，道徳に束縛されずに自然そのものを観察し，あらゆる物事の根源を探求し，それぞれの説を唱えた。哲学者の考察について述べた文として適当でないものを，次の①～④から一つ選びなさい。

①　エンペドクレスは，火・空気・水を万物の構成要素と考えた。

②　デモクリトスは，無限に広がる空虚の中を運動する無数の原子(アトム)の集合と離散によって世界のあらゆる事物・事象を説明しようとした。

③　パルメニデスは，論理的思考能力によってとらえられるもののみが存在すると主張して，存在は不動であり一つであると主張した。

④　ピュタゴラス(ピタゴラス)は，世界の秩序の根拠を数に求め，世界には数的な比(ロゴス)にもとづく調和(ハルモニア)があると考えた。

問2　プラトンは理想国家の実現のためには，イデアを認識する哲学者が統治しなければならないという哲人政治を説いた。次の図は，魂の三部分，四元徳，国家の三階級の関係について表したものの一部である。表中の空欄(　i　)～(　iv　)に当てはまる語句の組合せとして正しいものを，以下の①～⑧から一つ選びなさい。

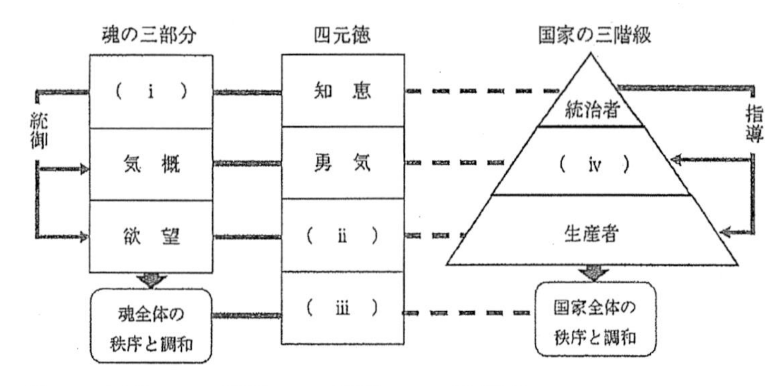

① i－正義　ii－節制　iii－理性　iv－防衛者
② i－正義　ii－理性　iii－節制　iv－消費者
③ i－正義　ii－節制　iii－理性　iv－消費者
④ i－理性　ii－正義　iii－節制　iv－防衛者
⑤ i－理性　ii－節制　iii－正義　iv－防衛者
⑥ i－理性　ii－正義　iii－節制　iv－消費者
⑦ i－節制　ii－理性　iii－正義　iv－防衛者
⑧ i－節制　ii－正義　iii－理性　iv－消費者

問3　次の文章A～Cは，愛について述べられたものである。A～Cの文章とこれを述べた代表的な人物の組合せとして正しいものを，以下の①～⑥から一つ選びなさい。

A　しかるにわれわれは，親愛なるひとにとっての善を，彼のために願うのでなくてはならないといわれているのである。相互応酬的な好意であってこそ愛なのである。
B　信仰と，希望と，愛，この3つはいつまでも残る。その中で最も大いなるものは，愛である。
C　心を尽くし，精神を尽くし，思いを尽くし，力を尽くして，あなたの神である主を愛しなさい。

① A－アリストテレス　B－イエス　C－パウロ
② A－アリストテレス　B－パウロ　C－イエス

③ A－イエス　B－アリストテレス　C－パウロ
④ A－イエス　B－パウロ
C－アリストテレス
⑤ A－パウロ　B－アリストテレス　C－イエス
⑥ A－パウロ　B－イエス
C－アリストテレス

問4　次の文章は，『老子』の一説である。文章中の空欄(i)～(iii)に当てはまる語句の組合せとして正しいものを，以下の①～⑥から一つ選びなさい。

> (i)のいう可きは，常の(i)に非ず。名の名づく可きは，常の名に非ず。名無きは天地の始めにして，名有るは，万物の(ii)なり。故に「常に(iii)無きもの，以て其の妙を観，常に(iii)有るもの，以て其の徼を観る」　『老子』

① i－母　ii－道　iii－欲　② i－母　ii－欲　iii－道
③ i－道　ii－母　iii－欲　④ i－道　ii－欲　iii－母
⑤ i－欲　ii－母　iii－道　⑥ i－欲　ii－道　iii－母

問5　宋代の朱子(朱熹)について述べた文iとiiの正誤の組合せとして正しいものを，以下の①～④から一つ選びなさい。

> i　私欲を抑制して内なる理に従う(居敬)とともに，万物の理をきわめるべきこと(窮理)を説いた。
> ii　理とは万物を成立させる規範的原理であり，人の心の本体こそが理であるとした。

① i－正　ii－正　② i－正　ii－誤　③ i－誤　ii－正
④ i－誤　ii－誤

問6　宗教改革を行った思想家ルターとカルヴァンに共通している考え方について述べた文として最も適当なものを，次の①～④から一つ選びなさい。

① 神の栄光を実現するために，人間は各自の仕事に励むべきであり，それによって得られた利益は神聖なものであることから，利潤の追求を積極的に肯定した。
② 職業にも世俗の区別はなく，全ての職業は神から与えられた使命であるという職業召命観を説いた。
③ 人間は，自分の生き方を自由に選ぶ能力をもっており，自由な意志によって神のような存在にも動物のような存在にもなることができる。この自由な意志のうちに，人間の尊厳がある。
④ 人間は教会から自立しており，神のもとでは平等である。いってみれば，神を信じる者は全て司祭である。

問7 次のiとiiの文章は，帰納法と演繹法の例である。この例のような思考方法と唱えた人物の組合せとして正しいものを，以下の①～④から一つ選びなさい。

i ソクラテスもプラトンも死んだ→ソクラテスもプラトンも人間である→全ての人間は死ぬ ii 全ての人間は死ぬ→ソクラテスは人間である→ソクラテスは死ぬ

① i－演繹法　人物－デカルト　ii－帰納法　人物－ベーコン
② i－帰納法　人物－デカルト　ii－演繹法　人物－ベーコン
③ i－演繹法　人物－ベーコン　ii－帰納法　人物－デカルト
④ i－帰納法　人物－ベーコン　ii－演繹法　人物－デカルト

問8 次の文章A，Bは日常にある「善い行い」とは何かについて，生徒に考えさせるための文章である。A，Bに対して高校生の佐藤さんと福井さんが述べたそれぞれの感想が以下に書かれている。それぞれの感想に近い立場をとった思想家の名前をあとのi～iiiから選ぶとき，その組合せとして最も適当なものを，あとの①～⑥から一つ選びなさい。

A　友達2人との待ち合わせに行く途中，道に迷って困っている人がいたので，案内をしてあげた。その結果，待ち合わせに遅れ，予定していた映画が見られなくなった。 B　好きな子が傘を忘れて困っていた。親切にして好かれたいと思ったから，傘を貸してあげた。

佐藤　「Aは結果的に不幸な人が増えているのに対し，Bは幸福な人が増えているよ。AとBを比べてみるとBは結果的に幸福な人が増えているから，Bの方が善い行いと言えるんじゃないかな。」

福井　「Bは動機が不純だよ。好きな子だから傘を貸してあげるというのは，善い行いと言えるのかな。」

i　カント　　ii　キルケゴール　　iii　ベンサム

①　佐藤－i　福井－ii　　②　佐藤－i　福井－iii
③　佐藤－ii　福井－i　　④　佐藤－ii　福井－iii
⑤　佐藤－iii　福井－i　　⑥　佐藤－iii　福井－ii

(☆☆☆◎◎◎)

【2】近世以後の世界や日本の思想について，次の問いに答えなさい。

問1　幕末の思想家吉田松陰について述べた文として最も適当なものを，次の①～④から一つ選びなさい。

①　アヘン戦争の清の敗北を受けて危機感を抱き，封建的な儒教の精神を保ちつつも，西洋の科学技術を積極的に受容して国力を充実させるべきとした。

②　「至誠にして動かされざる者は未だこれあらざるなり」という言葉を好み，誠を行動の方針とした。

③　世界や日本・藩の政治，そして藩士が一つの職を務めるときも，同じ理想を掲げ，まずは心を磨いて，仁や義など儒教の徳を実現することが重要と説いた。

④　武士の支配する世の中を法世だと批判し，全ての人が農耕に従事し，あらゆる差別がない自然世への復帰を説いた。

問2　次の文章A，Bは，近代的な自我を確立した2人の人物の思想について述べたものである。この2つの文章とその代表的な人物の組合せとして正しいものを，以下の①～⑥から一つ選びなさい。

A　日本の近代化が「内発的開化」ではなく「外発的開化」であり，日本人の自己確立が不十分であると痛感した。そして，他人に流されず，自己本位に生きることをめざす，独自の個人主義を唱えた。

B　日本の社会はいまだ近代国家として発展途上の「普請中」であり，自我に目覚めた者がそのなかで生きようとしても，矛盾におちいらざるをえない。そこで，日本の社会と自我との矛盾の解決を，諦念(レジグナチオン)の境地に求めた。

①　A－北村透谷　　B－夏目漱石
②　A－北村透谷　　B－森鷗外
③　A－夏目漱石　　B－北村透谷
④　A－夏目漱石　　B－森鷗外
⑤　A－森鷗外　　B－北村透谷
⑥　A－森鷗外　　B－夏目漱石

問3「西田哲学」とよばれる西田幾多郎の思想について述べた文として適当なものを，次の①～④から全て選びなさい。

①　意識や実在の根底にあって，こうした純粋経験を成り立たせている無限の統一力と一体化し，知・情・意一体の人格を実現することが善だとされる。

②　人間のあり方としての倫理を，社会のなかに埋没せず，そこからそむきでて自我を確立すると同時に，その自我を否定して，ふたたび社会の全体に帰り，その一員として生きるという運動をつねにくりかえすところにあるとした。

③　西洋の近代哲学が主観と客観，精神と物質という対立を前提にしているのに対し，東洋とくに禅仏教では，そうした区別や対立以前の，主客未分の直接的な経験を問題にしていると考え，これ

を純粋経験と名づけた。

④　人間とは，もともと個人のみを示すものではなく，同時に人と人との「間柄」を示すものであり，個人も社会も，それ自体として存在するのではなく，じつは人間そのものの二つの側面なのである。

問4　社会主義の思想について述べた文章AとBの正誤の組合せとして正しいものを，以下の①～④から一つ選びなさい。

A　フェビアン協会は，議会制民主主義を通じて社会主義の実現をめざす社会民主主義を唱えた。これに対して，ベルンシュタインは，立法活動や啓蒙活動によって，社会的不平等の是正につとめた。 B　マルクスによれば，社会の土台をなすのは，人間の物質的な消費活動であり，それにもとづいて，法律・政治・学問・芸術・宗教など，人間の精神的な活動が成り立つ。それゆえ，物質的な消費活動が精神的な活動を決定するのであり，その逆ではない。

①　A－正　B－正　　②　A－正　B－誤　　③　A－誤　B－正
④　A－誤　B－誤

問5　次の実存主義についての語句i～iiiと，関係の深い説明A～Cの組合せとして正しいものを，あとの①～⑥から一つ選びなさい。

i　永劫回帰　　ii　限界状況　　iii　先駆的決意

A　神の死とともに，伝統的な価値や善悪の区別は意味を失い，人間は，意味も目的もなく無限に反復する世界のなかに取り残されることになる。

B　現実に存在する人間は，死・苦悩・争い・罪悪感など，変えることも避けることもできない場面に直面するとき，自らの有限性を自覚し，自分を超えた世界を包み込んでいる者の存在を感じとる。

C　死を克服するための逃げ道ではなく，現存在が死を覚悟した上で，決意して良心の呼び声に応えて，本来的自己として行動することをめざす実存の生き方である。

① i－A　ii－B　iii－C　② i－A　ii－C　iii－B
③ i－B　ii－A　iii－C　④ i－B　ii－C　iii－A
⑤ i－C　ii－A　iii－B　⑥ i－C　ii－B　iii－A

問6　次の文章は，高校生の川井さんと松井先生が社会福祉と所得の再分配について交わした会話であり，文章中の空欄(　i　)～(　iii　)にはそれぞれロバート・ノージック，マイケル・サンデル，ジョン・ロールズのいずれかの思想家の名前が当てはまる。(　iii　)に当てはまる思想家の名前とその説明の組合せとして正しいものを，あとの①～⑨から一つ選びなさい。

川井　(　i　)は，社会福祉や所得の再分配を，どのように考えていたと思いますか？
松井　まず(　i　)は，政府による強制的な再分配を批判しています。一方で，個人が自発的に弱者を支援するのは自由だと言っています。あくまで個人の自由を重視する立場で，福祉国家を否定しているのです。
川井　しかし，それだと人々はお金持ちの善意に頼ることになり，貧しい人は救われないのではないでしょうか。
松井　格差についてどう考えるかが，ポイントですね。裕福な家に生まれた人が，十分な教育を受け，収入の高い仕事に就いた場合，(　i　)は，それはその人の正当な権利だと言うはずです。(　ii　)ならどう考えると思いますか？
川井　(　ii　)であれば，その人が恵まれているのは本人の努力だけでなく，たまたま運がよかったせいでもあるから，自分の所得や富の一部を運に恵まれなかった人たちへの再分配にまわすべきで，それが公正だと言うと思います。
松井　その通りですね。最後に，(　iii　)ならどう考えると思いますか？

川井　同じ共同体の一員として互いに助け合うべきだという公民的美徳を大事にして，恵まれない人に対する福祉を正当化すると思います。でも，伝統や共通善を強調しすぎると，少し息苦しくなる気もします。

松井　そうですね。福祉を支持する点では(　ii　)も(　iii　)も同じですが，理由づけが違いますね。このように社会福祉や所得の再分配について考えることは，非常に重要なことです。それは，単に経済や財政の問題だけでなく，私たちがどういう社会を目指すべきか，また個人と社会の関係をどう考えるべきかという，大変重要なテーマと関わっているからです。

【(　iii　)に当てはまる思想家の名前】

X　ロバート・ノージック　　Y　マイケル・サンデル

Z　ジョン・ロールズ

【(　iii　)に当てはまる思想家についての説明】

A　誰もが基本的諸自由について平等な権利を持っており，自分の利益や生き方を追求できる。

B　正しさの基準を個人の自由の徹底的な尊重に求める立場であり，個人は自分の身体や才能，それらを使い獲得した所有物に絶対的な権利を持つ。

C　人々が私益追求に走りがちな現在，友愛や相互扶助といった関係を育み，人間的な絆を再生することで個人の自由やそれを支える福祉が可能になる。

①　名前－X　　説明－A　　②　名前－X　　説明－B
③　名前－X　　説明－C　　④　名前－Y　　説明－A
⑤　名前－Y　　説明－B　　⑥　名前－Y　　説明－C
⑦　名前－Z　　説明－A　　⑧　名前－Z　　説明－B
⑨　名前－Z　　説明－C

(☆☆◎◎◎)

【3】現代の日本の政治と国際政治に関連することについて，次の問いに答えなさい。

問1　日本の司法制度について述べた文として適当なものを，次の①～④から全て選びなさい。

①　裁判員裁判は，死刑や無期懲役など重い刑罰の対象となる犯罪を裁く第一審と第二審の刑事裁判で行われる。

②　高等裁判所には知的財産権にかかわる訴訟を扱うため，2005年に東京高等裁判所の特別な支部として，知的財産高等裁判所が設置された。

③　日本の裁判では，具体的事件の発生を前提として裁判を行うので，事件発生前に法律の合憲，違憲を判断することはできない。

④　改正刑事訴訟法が成立したことで，全ての事件について，被疑者の取り調べの全過程の録音・録画が義務付けられた。

問2　委任立法について述べた文として最も適当なものを，次の①～④から一つ選びなさい。

①　法律の委任に基づいて，国会以外の行政機関などが法律の実施に必要な命令や細則を定めること。

②　内閣の委任に基づいて，国会以外の行政機関などが法律の実施に必要な命令や細則を定めること。

③　法律の委任に基づいて，国会が法律の実施に必要な命令や細則を定めること。

④　内閣の委任に基づいて，国会が法律の実施に必要な命令や細則を定めること。

問3　国会議員について述べた文として適当でないものを，次の①～④から一つ選びなさい。

①　国会会期中の国会議員でも現行犯，もしくは所属する議院の許諾があれば逮捕できる。

②　国会議員は，議院で行った演説，討論，表決について，院外で責任を問われない。

③　各議院は，特別裁判所禁止の例外として国会議員の権利に関す

る争訟を裁判することができる。

④　国会議員は，国庫から相当額の歳費を受ける。

問4　平等権に関する最高裁判所の見解を述べた文として適当なものを，次の①～④から全て選びなさい。

①　尊属殺人罪の規定は，普通殺人罪と比べてきわめて重く，刑を著しく加重しても不合理な取り扱いには当たらないので，合憲と判断した。

②　父が日本人で母が外国人の子は，生まれた後に父から自分の子だと認められた場合，両親が結婚しなければ日本国籍を取得できないとする国籍法の規定について，合憲と判断した。

③　妊娠や出産を理由にした管理職からの降格は，「本人の意思に基づく合意か，業務上の必要性について特段の事情がある場合以外は違法で無効」と判断した。

④　男女別定年制は，性別のみによる不合理な差別を定めたものであり，無効とした。

問5　次の表1は主な国のUNHCR(国連難民高等弁務官事務所)への拠出状況(2018年)，表2は主な国の難民認定(2018年)を表したもので，表1，2のi～iiiは，アメリカ，ドイツ，日本のいずれかである。i～iiiに当てはまる国名の組合せとして正しいものを，以下の①～⑥から一つ選びなさい。

表1　UNHCRへの主な国の拠出状況(2018年)

国　名	拠出率(%)
i	39.33
ii	9.68
iii	2.97
イギリス	2.70

(外務省資料より作成)

表2　主な国の難民認定(2018年)

国　名	申請数(人)	認定数(人)	認定の割合(%)
ii	31万9104	5万6583	17.7
i	30万9083	3万5198	11.4
イギリス	5万2575	1万2027	22.9
iii	1万9514	42	0.2

(UNHCR資料より作成)

①　i－アメリカ　　ii－ドイツ　　iii－日本

②　i－アメリカ　　ii－日本　　iii－ドイツ

③　i－ドイツ　　ii－アメリカ　　iii－日本
④　i－ドイツ　　ii－日本　　iii－アメリカ
⑤　i－日本　　ii－アメリカ　　iii－ドイツ
⑥　i－日本　　ii－ドイツ　　iii－アメリカ

問6　PKOの説明として適当でないものを，次の①～④から一つ選びなさい。

①　PKOは，原則として自衛のため以外には武力を行使しない。
②　自衛隊のPKO参加に関しては，「参加五原則」が存在する。
③　PKOは，国際連合憲章に明確な規定がなく，国際連合憲章の第6章・7章の中間的な性格であるため，「6章半の活動」と言われる。
④　イラク戦争後，日本では人的な国際貢献の要請にこたえるため「国連平和維持活動協力法(PKO協力法)」が成立した。

問7　次の表は，各国の大統領と首相及び議会との関係についてまとめたものである。次の表中の下線部iとiiの正誤の組合せとして正しいものを，以下の①～④から一つ選びなさい。

	アメリカ	ドイツ	フランス
大統領と首相との関係	・首相職なし	・大統領が議会で選出された$_{i}$<u>首相を任命</u>	・大統領が閣議を主宰、首相を任命
大統領と議会との関係	・議会議員との兼職禁止 ・議会の解散権なし	・議会議員との兼職禁止 ・大統領に下院の解散権あり	・議会議員との兼職禁止 ・大統領に$_{ii}$<u>下院の解散権あり</u>

①　i－正　ii－正　　②　i－正　ii－誤　　③　i－誤　ii－正
④　i－誤　ii－誤

(☆☆☆◎◎◎)

【4】経済思想や現代の経済について，次の問いに答えなさい。

問1　次の経済学者i～iiiと，その主張内容A～Cの組合せとして正しいものを，あとの①～⑥から一つ選びなさい。

i　シュンペーター　　ii　リスト　　iii　ケインズ

A　完全雇用を実現するには，政府が公共投資などを行い，有効需要を作る必要があると主張した。

B　イノベーションは経済発展をさせる原動力である。またイノベーションは，「創造的破壊」を引き起こし，これを繰り返すことによって景気の変動をもたらすと主張した。

C　発展の遅れた国では，国内の幼稚産業を保護するために輸入品に関税をかけたり，輸入制限をする保護貿易政策をとることが必要であると主張した。

① i－A　ii－B　iii－C　② i－A　ii－C　iii－B
③ i－B　ii－A　iii－C　④ i－B　ii－C　iii－A
⑤ i－C　ii－A　iii－B　⑥ i－C　ii－B　iii－A

問2　インフレーションの影響について述べた文i～iiiの正誤の組合せとして正しいものを，以下の①～⑧から一つ選びなさい。

i　インフレーションが生じると，預金など元本が金額で決まっている資産は実質的に減少する。
ii　インフレーションが生じると，ローンなどの債務・借金は，返済の負担が重くなる。
iii　インフレーションが生じると，名目賃金が変わらない場合，実質賃金は減少する。

① i－正　ii－正　iii－正　② i－正　ii－正　iii－誤
③ i－正　ii－誤　iii－正　④ i－正　ii－誤　iii－誤
⑤ i－誤　ii－正　iii－正　⑥ i－誤　ii－正　iii－誤
⑦ i－誤　ii－誤　iii－正　⑧ i－誤　ii－誤　iii－誤

問3　日本銀行が行う金融政策の手段について述べた文として最も適当なものを，次の①～④から一つ選びなさい。
① 金融引き締め時は，買いオペレーションが行われる。
② 金融緩和時は預金準備率を引き上げる。
③ ゼロ金利政策とは，買いオペレーションにより無担保コールレートを実質0%に誘導する政策である。

④　マイナス金利は，一般の預金者の普通預金に適用する政策のことである。

問4　日本の税制・財政について述べた文として適当なものを，次の①～④から全て選びなさい。

①　消費税の軽減税率制度とは，特定の品目の消費税率を標準税率よりも低くすることをいう。日本では，2019年に導入されており軽減税率の対象品目としては，酒類・食料品があげられる。

②　捕捉率とは，国税庁が所得額をどのくらい把握できるかを表す割合をいう。就業形態による納税方法の違いから，捕捉率に差が生じている。

③　会計検査院は，内閣から独立した憲法上の機関として設置され，毎年，国の歳入歳出などを正確性，効率性，有効性等の観点で検査し，検査報告を内閣に送付する。

④　所得税は，累進課税制度が導入されており垂直的公平に優れている。また，所得税は国税であり直接税に大別される。

問5　外国為替相場に関連して，保有する余裕資金200万円を2つの外貨預金で分散運用することにした。いずれも1年の定期預金で金利が年5％の米ドル預金に120万円を，ユーロ預金に80万円を預け入れした。預金時と満期時(1年後)の為替レートが次の表と仮定した場合，最終的に円に換算した運用結果として最も適当なものを，以下の①～⑥から一つ選びなさい。ただし，為替手数料や税金などは考えないものとする。

	米ドル預金	ユーロ預金
預金時	1ドル＝120円	1ユーロ＝160円
満期時	1ドル＝100円	1ユーロ＝100円

①　米ドル預金もユーロ預金もプラスになり，合計で利益が40万円を超えた。

②　米ドル預金もユーロ預金もマイナスになり，合計で損失が40万円を超えた。

③　米ドル預金はプラス，ユーロ預金はマイナスになり，合計で利益が40万円を超えた。

④　米ドル預金はプラス，ユーロ預金はマイナスになり，合計で損失が40万円を超えた。

⑤　米ドル預金はマイナス，ユーロ預金はプラスになり，合計で利益が40万円を超えた。

⑥　米ドル預金はマイナス，ユーロ預金はプラスになり，合計で損失が40万円を超えた。

問6　次の図は，日本のある年の世帯の所得を当初所得と再分配所得とに分けて描いたローレンツ曲線である。また表中のX・Yは，図中のローレンツ曲線A・Bをもとに算出したジニ係数である。これらの図表について，以下の(1)(2)に答えなさい。

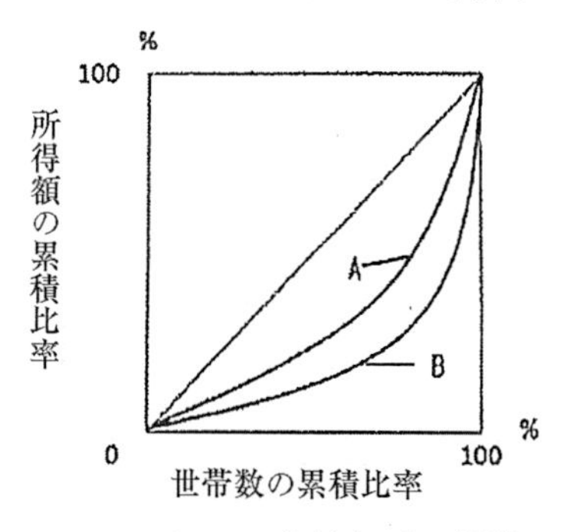

	ジニ係数
X	0.50
Y	0.35

(1)　ローレンツ曲線とジニ係数について述べた文として最も適当なものを，次の①～④から一つ選びなさい。

①　均等配分線からローレンツ曲線が遠ざかるほどジニ係数は0に近くなり，所得格差が大きくなる。

②　均等配分線からローレンツ曲線が遠ざかるほどジニ係数は1に近くなり，所得格差が小さくなる。

③　均等配分線にローレンツ曲線が近づくほどジニ係数は0に近くなり，所得格差が小さくなる。

④　均等配分線にローレンツ曲線が近づくほどジニ係数は1に近くなり，所得格差が大きくなる。

(2)　当初所得・再分配所得，ローレンツ曲線A・B，ジニ係数X・Yとの正しい組合せとして最も適当なものを，次の①～④から一つ選びなさい。ここでの再分配所得とは，当初所得から税金，社会保険料を控除し，社会保障給付を加えたものとする。

①　当初所得－A－X　　再分配所得－B－Y

②　当初所得－A－Y　　再分配所得－B－X

③　当初所得－B－X　　再分配所得－A－Y

④　当初所得－B－Y　　再分配所得－A－X

(☆☆◎◎◎)

解答・解説

中高共通

【1】問1　(1)　③　(2)　④　(3)　②　問2　(1)　②　(2)　③　(3)　③　(4)　②，③，④

〈解説〉問1　(1)　国際連合の本部があるのは，アメリカ合衆国のニューヨークであり場所はaである。ニューヨークは西経75°，日本は東経135°が標準時子午線となる。よって(135＋75)÷15＝14時間の時差があり，現地時間は7月15日午後8時となる。　(2)　アメリカ合衆国・カナダ・メキシコの3か国は，1994年に自由貿易協定を結び，NAFTAを結成した。2020年にはそれを発展させたUSMCAが発行された。

(3)　D　中国は農村部の人口も多く，都市人口率は低い。一人っ子政策の影響により少子化が進行し，急速な高齢化が懸念されているYとなる。　E　サウジアラビアは国土の大半を砂漠が占めており，都市人口率は高い。また外国人労働者を受け入れており，20代～40代の男性の割合が高くXとなる。　問2　(1)　瀬戸大橋は岡山県の倉敷市と香川県の坂出市を結び，1998年に開通した。 (2) 交通網の発達により，大都市に人々が吸い寄せられる現象をストロー現象という。瀬戸大橋の完成に伴い，四国から大阪や神戸への人口流出もみられた。
(3) Cの山口県は，田は耕地面積の約8割を占め，米は農業産出額の約3割を占めている。 (4) Bの広島県には原爆ドームと厳島神社，Cの山口県には萩の反射炉や城下町，Dの島根県には石見銀山遺跡がそれぞれ世界遺産に登録されている。

【2】問1 (1) ④ (2) ③ (3) ② 問2 ② 問3 ②
問4 ①
〈解説〉問1 (1) ii 663年の白村江の戦いで大敗したのち，中大兄皇子は唐などの侵攻に備えるため，大宰府の近くに約1.2kmの堤と堀からなる水城や，大宰府の近くの大野城・基肄城をはじめ，対馬から大和にかけて朝鮮式山城を築いた。 iii 中大兄皇子は667年に飛鳥から近江大津宮に遷都し，翌668年には即位して天智天皇となった。 i 防人は九州北部におかれた。 iv 八色の姓は684年に天武天皇が定めた。
(2) ii 最初の元寇(蒙古襲来)の1274年の文永の役ののち，8代執権北条時宗は異国警固番役を強化し，九州の御家人たちを動員して，博多湾沿いに防塁(石築地)を築かせた。 i 1293年，9代執権北条貞時は元の3度目の襲来に備えるとともに西国警備と九州統治強化のため，博多に鎮西探題を設置した。 iii 1297年，貞時は元寇後に窮乏した御家人を救うために永仁の徳政令を発布した。 (3) ② 江戸時代前期の元禄文化の時代に肥前有田・伊万里地方で生産された磁器の伊万里焼。有田焼・伊万里焼は肥前の領主鍋島直茂が朝鮮出兵から引き揚げる際に連れ帰った李参平によって創始された。 ① 熊本県の江田船山古墳出土鉄刀(古墳時代)。 ③ 金銀鍍龍首水瓶(飛鳥時代)。
④ 和同開珎(奈良時代)。 問2 教皇グレゴリウス7世は聖職者の腐敗を正すべく教会大改革を行った。その一環として，聖職者の叙任権をめぐって皇帝ハインリヒ4世と対立し，破門した。孤立したハインリヒ4世が謝罪したのが「カノッサの屈辱」である。この事件を経て，

聖職者の叙任権は教皇にあることを認めるウォルムス協約が締結された。　問3　①　アダム・スミスは，ケネーらの重農主義を発展させて『国富論』を著した。　③　フランスの啓蒙思想家ヴォルテールについての記述。　④　ヒュームはイギリス経験論の哲学者である。問4　i　サン・シモンは，19世紀前半のフランスで活躍した空想的社会主義者のひとりである。富の生産を促進することが社会の目標であるとして「すべては産業のために」と唱えた。　ii　ランケは，近代の実証主義的な歴史学の祖である。

【3】問1　③　　問2　②　　問3　③　　問4　③　　問5　①
問6　①　　問7　⑥

〈解説〉問1　日米間の防衛協力を強化することになったのはアジア太平洋地域である。　①「思いやり予算」である。　②　統治行為論により，判断を回避した。　④　日米安保条約により，共同防衛義務が定められている。　問2　地方交付税交付金は，地方公共団体間の財政の格差を抑制するために，国税の一定割合を地方公共団体に配分するもの。使途は自由である。　①　使途が指定されて国から支給されている。　③　地方公共団体が発行する債券。　④　地方公共団体が課税する税のこと。　問3　消費者契約法により，誤認や困惑させる方法で結ばされた契約を取り消すことができる。　①　クーリング・オフは特定商取引法などで定められている。　②　金融商品取引法に関する記述。　④　製造物責任法(PL法)に関する記述。　問4　長沼ナイキ訴訟は，自衛隊の合憲性が争点となった訴訟だが，知る権利は争点となっていない。長沼ナイキ訴訟に関し，高裁判決では統治行為論により自衛隊の憲法判断は回避され，最高裁判決では自衛隊への言及がなかった。　問5　勝馬投票券(馬券)は，従前どおり，20歳にならないと購入できない。他の公営競技でも同様である。　問6　英語でcogenerationのco-は「一緒に」という意味の接頭辞で，generationは「発電」や「発熱」などを意味する単語。　④　スマートグリッドとは，ITなどを活用して電力需給を最適に調節する送電網のこと。

問7　iii　1967年の出来事。現在は廃止されており，環境基本法に継承されている。　ii　1993年の出来事。この前年には，リオデジャネイロで地球サミット(国連環境開発会議)があった。　i　1997年の出来事。環境アセスメント法とも呼ばれている。

中高歴史

【1】問1　③　　問2　①　　問3　④　　問4　①，④　　問5　②
問6　②　　問7　④　　問8　⑧

〈解説〉問1　①　甕棺墓がさかんに作られたのは九州の北部。　②　島根県の荒神谷遺跡は弥生時代の遺跡で，大量に出土したのは銅剣。
④　埴輪ではなく土偶。　問2　X　古墳時代には弥生土器の系譜を引く赤焼きの土師器が用いられていたが，5世紀になるとろくろで成形してのぼり窯で焼く，硬質で比較的薄くて灰色の須恵器の製法が朝鮮半島から渡来人によって伝えられ，土師器とともに平安時代まで用いられた。　Y　907年に唐が滅び，五代十国の時代を経て，960年に宋(北宋)が建国された。日本は宋と正式な国交を開かなかったが貿易は盛んに行われ，多くの陶磁器が輸入された。　問3　ii　常設の小売店は見世棚(店棚)。鎌倉時代末期には京都・奈良・鎌倉などの大都市に出現し，室町時代に入ると次第に一般化していった。　iii　六斎市とは1の位に1と6の付く日(1日・6日・11日・16日・21日・26日。なお，旧暦には31日はない)など，毎月6回開かれる市のことである。
問4　i　杉原紙は播磨特産の高級紙。越前の高級紙は鳥の子紙と奉書紙である。　iv　銚子で醤油作りが行われるようになったのは江戸時代に紀伊から技術が伝わってからである。大坂からの下り物に比べて江戸への輸送コストが安い利点を生かし，野田とともに地回り物の醤油醸造業が発達した。　問5　室町時代には産業の発展とともに遠隔地取引が活発化し，大量の重い銅銭を運ぶのは不便なため，為替手形の一種として，割符が広く用いられるようになった。京都・奈良・

堺・坂本・兵庫津などには，割符屋・替銭屋と称する専門業者が出現した。　問6　ii　17世紀後半になると金銀の産出量が減少して銅の産出量が増加し，銅は長崎貿易における最大の輸出品となった。
問7　i　浅間山の大噴火は1783年。前年に東北地方の冷害に始まった飢饉は，これによる降灰と日照不足が原因で天明の大飢饉となった。
ii　明暦の大火は1657年。その後の江戸再建費用，寺社造営費に出費がかさみ，幕府の財政が悪化するきっかけとなった。　iii　享保の改革は1716～45年。1718年に町火消設置令が出され，1720年にいろは四十七組の町火消が編制された。　問8　1837年，大坂町奉行所の元与力で陽明学者の大塩平八郎が武装蜂起したが，半日で鎮圧された(大塩の乱)。大塩は1824年から自宅で私塾の洗心洞を開いており，大塩の乱には多くの門弟たちが参加した。日本陽明学は中江藤樹が祖で，熊沢蕃山に受け継がれた。明の王陽明が開祖で，「致良知」「知行合一」の立場から現実の世を批判したため，幕府から警戒された。

【2】問1　(1)　④　　(2)　②　　問2　(1)　③　　(2)　①　　問3　⑧
問4　④
〈解説〉問1　(1)　史料Aは神奈川(実際には横浜)の開港から6か月後の下田の閉港を定めているので，日米修好通商条約。これによって，函館・神奈川(横浜)・長崎・新潟・兵庫の5港が開かれることになった。
(2)　1856年，初代アメリカ総領事としてハリスが着任し，下田に駐在した。1856年に中国で起こったアロー戦争(第2次アヘン戦争)がまだ続いていた1858年，11港の開港や600万両の賠償金支払いなどを清に認めさせる天津条約が結ばれた。ハリスはこの結果を幕府に告げ，英仏の脅威を説いて条約締結を迫ると，就任したばかりの大老井伊直弼は孝明天皇の勅許を得られないまま日米修好通商条約を結んだ。
問2　(1)　史料Bは山東省に関することを約しているので，第一次世界大戦中の1915年に中国の袁世凱政府に対して行った二十一カ条の要求。連合国側の日本はドイツが山東省に持っていた権益を引き継ぐことなどを求め，そのほとんどを認めさせた。1919年のヴェルサイユ条約によって日本の山東権益継承が認められたが，1922年のワシントン会議での九カ国条約に関連する山東懸案解決条約によって中国に返還された。　(2)　1914年，第1次山本権兵衛内閣が贈収賄事件のシーメンス事件により総辞職し，第2次大隈重信内閣が成立した。外務大臣は立憲同志会党首の加藤高明。加藤外相は日英同盟を理由とした第一次世界大戦への参戦や，二十一カ条の要求を主導した。　問3　史料Cは「海軍軍備ヲ制限」して，締約国の「主力艦」のトン数を定めているので，1922年に米英日仏伊の間で結ばれたワシントン海軍軍縮条約。主力艦の保有比率が5：5：3：1.67：1.67と定められたので，「(アメリカ)合衆国五十二万五千噸」に対して，「英帝国」(イギリス)は同じ「五十二万五千噸」，「日本国」はその5分の3(6割)の「三十一万五千噸」となる。　問4　史料Dは「日本国と各連合国との間の戦争状態」を「終了する」条約なので，1951年に日本と連合国の48か国との間で調印されたサンフランシスコ平和条約。　ii　条約の発効は翌1952年だが，自衛隊の発足は1954年に日米相互防衛援助協定(MSA協定)に基づいて保安庁が防衛庁に改組され，保安隊から自衛隊となった時である。iii　ソ連はサンフランシスコ講和会議に出席したが，調印しなかった。

【3】問1　③　　問2　①　　問3　②　　問4　②　　問5　③
問6　①　　問7　⑤

〈解説〉問1　ハンニバルはイベリア半島のカルタゴ・ノヴァから象を連れてイタリア半島に侵入，カンネーの戦いでローマ軍に大勝利したが，ローマの将軍スキピオにザマの決戦で敗れた。　問2　①　9世紀にエグバートが七王国を統一してイングランド王国を建設した。　②　ヴァンダルは北アフリカに建国された。　③　フン族はイベリア半島には入っていない。　④　ウマイヤ朝によって滅ぼされるのは西ゴート王国である。　問3　ウマイヤ朝の成立は661年で，カールの戴冠は800年である。iiは755年，ivは702年，vは676年，viは732年である。問4　アンダルシア地方の都市で，他にトレドやグラナダがある。①はサファヴィー朝，④はムラービト朝およびムワッヒド朝の都である。

問5　③　ムラービト朝が滅ぼしたのは，ニジェール川流域のガーナ王国である。　①　1492年にグラナダが陥落してレコンキスタが終結する。1479年にカスティーリャとアラゴンが合わさってスペイン王国が成立する。　問6　i　レパント沖の海戦の敗北により，オスマン帝国は地中海の制海権を喪失した。　ii　アルマダの海戦によりイギリスは英仏海峡の覇権を握り，このことはイギリス台頭の契機となった。問7　iii　1517年である。　i　アクバル帝は16世紀後半に活躍したムガル帝国の第三代皇帝である。　ii　アッバース1世によるホルムズ奪還は1622年である。

【4】問1　①　　問2　①　　問3　④　　問4　③　　問5　⑥
問6　②，④　　問7　②

〈解説〉問1　①　スターリングラードの戦いは，第二次世界大戦時の戦いである。独ソ戦におけるこの戦いで敗北したことにより，ドイツは敗勢に向かうことになる。　問2　②　第1次モロッコ事件が1905年，第2次が1911年で，いずれも20世紀初めである。　③　1875年にスエズ運河会社の株式を買収したのはディズレーリである。　④　シャルル10世である。　問3　①・②　蒸気船の実用化はフルトンである。③　綿繰機の発明はホイットニーである。　問4　①　1898年。②　1867年。資源の豊富なアラスカを獲得したことで，工業の発展が促進された。また，合衆国のアラスカ買収を脅威と見たイギリスは，同年，カナダを自治領とした。　③　1914年。　④　19世紀の中頃である。　問5　1866年のプロイセン・オーストリア戦争でプロイセンが勝利すると，ウィーン議定書によって成立したドイツ連邦が解体され，プロイセンを中心に北部の領邦を集めた北ドイツ連邦が1867年に成立した。その後，南部の領邦に影響力を行使していたフランスをプロイセン・フランス戦争で破り，1871年のドイツ帝国が誕生した。風刺画の左側の人物はビスマルクで，チェスの名手として知られている。右側の人物はローマ教皇ピウス9世である。　問6　①　1842年のアヘン戦争後の南京条約。　②　1885年の清仏戦争後の天津条約。

③ 1851年。 ④ 1898年。日清戦争によって清朝の弱体ぶりが明らかになると，列強は中国を半植民地化した。それに対して清朝で行われた近代化改革が戊戌の変法である。 問7 ブール人は17世紀にケープ植民地を建設したオランダ人の子孫である。ウィーン会議でケープ植民地がイギリス領になると，イギリスの支配を嫌って，オレンジ自由国とトランスヴァール共和国を建てた。

中高地理

【1】問1 ③ 問2 ① 問3 ⑥ 問4 ① 問5 ①
問6 ① 問7 ①，③ 問8 ②，③，④ 問9 ③
問10 ④ 問11 ①，②，⑤

〈解説〉問1 i 12月や1月の気温が高いことから，選択肢の中で最も南に位置する種子島。 iv 12月や1月の降水量が多いことから，日本海側に位置する佐渡。 ii 年降水量が少ないことから瀬戸内海に位置する淡路島。 iii 付近を暖流の対馬海流が流れ，年降水量が多い対馬。 問2 ii 沖積平野は堆積物が比較的新しいため締まり方が緩く，地震時に液状化現象が発生しやすい。 問3 i 流線図が正しい。iii 階級区分図が正しい。 問4 六甲山から流れる河川のほとんどは急流であり，下流に土砂が堆積しやすい。 問5 両地点の高さは750－250＝500mとなり，勾配を求めると500／1,650＝1／3.3となる。問6 iiは人口密度が高いことから兵庫。iiiは農業産出額が多いことから鹿児島。iとivを比較すると，iは農業産出額が多いことから新潟，残りのivが長崎。 問7 ② 沿岸漁業ではなく沖合漁業。 ④ アメリカ合衆国が第1位，中国が第2位である。 問8 ① 原料指向型工業である。 問9 ① 食品の出荷額が多いことから京浜。 ② 内陸に位置し，化学の出荷額が少ないことから北関東。 ③ 金属の出荷額が多いことから阪神。 ④ 化学の出荷額が多いことから瀬戸内。問10 アメリカ合衆国の大都市などでは，人種・民族の地区ごとに住み分けがみられ，これをセグリゲーションという。白人の富裕層は郊外へ流出し，旧市街地ではアフリカ系やアジア系などの住み分けが進んでいる。　問11　神戸市，青森市，大津市，横浜市は港町を起源としている。高松市は城下町，長野市は門前町を起源としている。

【2】問1　①，④　　問2　⑤　　問3　②，④

〈解説〉問1　降った雨は，標高の低い場所へと流れていき，谷線を引くとわかるが，B地点とC地点はY地点へと流れていく。A地点は図の北西方向へと流れ，D地点は北東方向へと流れるため，Y地点へは流れていかない。　問2　i　整備された道路と右手に大きな建物があることからC。　ii　アーケードがあり，商店街の様子を示していることからA。　iii　左手に寺院があることからB。　問3　①　地図中には国道58号線沿いに1か所，電波塔がみられるのみで誤り。　③　保健所は与儀公園付近の1か所，老人ホームは牧志(三)付近の1か所のみにみられるので誤り。　⑤　三角点は城岳，水準点は県庁付近にみられるので誤り。

【3】問1　④　　問2　④　　問3　⑤　　問4　⑤　　問5　①，②
問6　②　　問7　⑤

〈解説〉問1　④　ミシシッピ川の西側に広がっている。　問2　iとiiは夏に乾燥する地中海性気候だが，冬の気温が高いiがロサンゼルスで，iiがシアトルとなる。iiiは亜寒帯湿潤気候のシカゴ，ivは温暖湿潤気候のニューヨーク。　問3　i　アメリカ合衆国南東部を中心に分布していることから綿花。　ii　西経100°近辺の年降水量500mm前後に分布していることから小麦。　iii　五大湖南岸～アイオワ州近辺に分布していることからトウモロコシ。　問4　B　一次エネルギー供給量が最も多いことからアメリカ合衆国。　C　水力の割合が高いことからカナダ。　A　供給量の少ないメキシコ。　問5　③　航空宇宙産業が集積しているのはテキサス州，ICT産業が集積しているのはカリフォルニア州である。　④　メキシコ湾岸では石油化学工業などが盛んである。　問6　A　太平洋岸に位置し，アジア系の割合が高いカリフォルニア州。　B　メキシコと国境を接しヒスパニックの割合が高いニューメキシコ州。　C　合衆国南東部に位置し，黒人の割合が高いジョージア州。　問7　i　北アメリカ大陸やヨーロッパ，コーヒーの生産国であるブラジルが大きく表現されていることからコーヒーの消費量。　ii　アメリカ合衆国やヨーロッパで大きく表現されていることから軍事支出。　iii　特定の国や地域に偏っていないインターネット利用者の数。

【4】問1　①，③　　問2　②　　問3　③　　問4　④　　問5　①
　問6　③　　問7　①

〈解説〉問1　②　インド半島中部には乾燥帯が広がり，降水量が少ない地域もみられる。　④　ガンジス川である。　問2　A　アジアの国が多い米。　B　ロシア，カナダと冷涼な気候で育つ小麦。　C　ケニア，スリランカとイギリス植民地国が入っている茶。　D　ニュージーランドは乳製品が盛んでバター。　あ　中国。　い　インド。　う　アメリカ合衆国。　え　フランス。　問3　③　インドでは，1980年代から自由化政策がとられ，現在は海外からの直接投資の拡大に伴い急激な変化をしつつあるので誤り。　問4　A　輸出品目に茶があることからスリランカ。　B　繊維品や衣類があることからパキスタン。　C　加工・研磨業が盛んで，輸出品目にダイヤモンドがあることからインド。　問5　解答参照。　問6　A　人口が多く旅客輸送量が多いことからインド。　B　国土が広く貨物輸送量が多いことからアメリカ合衆国。　C　鉄道網が発達し，人口の割に旅客輸送量が多い日本。
問7　①　二酸化炭素排出量が二番目に多く，1人当たりの名目GDPが最も低いインド。　②　最も二酸化炭素排出量が多い中国。残りの③～⑤は難しいが，⑤はエネルギー資源が豊富であり，二酸化炭素排出量が多いロシア。③と④を比較すると，一人当たり名目GDPが高く，二酸化炭素排出量が多い③はブラジル，いずれも値が小さい④は南アフリカ共和国となる。

中　高　公　民

【1】問1　①　　問2　⑤　　問3　②　　問4　③　　問5　②
問6　②　　問7　④　　問8　⑤

〈解説〉問1　エンペドクレスは火・空気・水・土を万物の構成要素(アルケー)とした。　問2　i　理性の徳は知恵。　ii　欲望の徳は節制。　iii　統治者，防衛者，生産者がそれぞれの徳を発揮し，国家全体の秩序と調和が実現した時に，正義の徳は実現するとした。　iv　勇気の徳を発揮するのは防衛者(軍人)である。　問3　A　アリストテレスは友愛(フィリオ)を重視した。　B　パウロは原始キリスト教の教義の確立者。後にアウグスティヌスは信仰・希望・愛をキリスト教の三元徳とした。　C「マタイの福音書」における「山上の説教」の一節である。　問4　文章は，「道というものは人為的なもので永遠不滅ではなく，名も万物が創造された後に人間によって付けられたものに過ぎない。無欲な心ならば万物の真の姿を見ることができるが，欲にとらわれていては皮相しか見ることができない」という意味。　問5　i　朱子学では，理気二元論により，人間が私欲に走るのは気によって理が妨げられるためとされる。ゆえに，居敬窮理が説かれる。　ii　人の心の本体こそが理(心即理)と唱えたのは，陽明学の祖である王陽明。朱子学では，人の生まれながらの本性が理(性即理)とされる。
問6　ルターやカルヴァンは，聖職者を特別視することを否定した。①　カルヴァンが唱えた。　③　いずれも自由意志論を唱えていない。ルターは自由意志を否定し，エラスムスと論争した。　④　万人司祭説はルターが唱えた。　問7　i　個別，具体的な命題から合理的な推論を経て，一般的，抽象的な命題に至る思考法を，帰納法という。イギリス経験論の祖であるベーコンが唱えた。　ii　一般的，抽象的な命題から，合理的思惟を経て，個別，具体的な命題に至る思考法を，演繹法という。大陸合理論の祖であるデカルトが唱えた。　問8　佐藤　幸福な人が増えたBの方が善いとしているが，功利主義者のベンサムも善の判断基準を行為がもたらす結果に求めた。　福井　動機の点でBを道徳的に善い行いとは認められないとしているが，カントも善の判断基準を動機に求めた。なお，キルケゴールは実存主義の祖とされる哲学者。

【2】問1　②　　問2　④　　問3　①，③　　問4　④　　問5　①
問6　⑥

〈解説〉問1　吉田松陰は明治維新の理論的指導者として，尊皇攘夷などを唱えた。　①　佐久間象山に関する記述。「東洋道徳，西洋芸術」を唱えた。　④　安藤昌益に関する記述。『自然真営道』で，「不耕貪食の徒」である武士が搾取する社会を批判した。　問2　A　夏目漱石は講演「現代日本の開化」で日本の近代化を「皮相上滑り」と批判した。また，講演「私の個人主義」では，自己本位による個人主義を唱えた。　B　森鷗外は『舞姫』や『高瀬舟』など，諦念をモチーフとした作品を著した。なお，北村透谷は『内部生命論』で実世界よりも想世界での自由と幸福を重んじるべきとした。　問3　西田幾多郎は，自らの参禅体験から『善の研究』を著し，主客未分の純粋経験こそが真の実在とした。　②，④　和辻哲郎に関する記述。人間を間柄的存在として捉え，個人と社会はそれ自体では存在しないとした。
問4　A　イギリスのフェビアン協会と同様，ドイツのベルンシュタインもまた，議会制民主主義による社会主義を目指した。　B　土台となるのは物質的な生産活動である。マルクスは，唯物史観(史的唯物論)を唱えた。　問5　i　ニーチェの言葉で，同じことの繰り返しの意味。ニーチェは「神は死んだ」とし，永劫回帰の世界でも力強く生きる超人を理想とした。　ii　ヤスパースの言葉。限界状況に直面することで，人間は自己の実存に目覚めるとした。　iii　ハイデッガーは死への先駆的決意性により，人間は主体性のないダス・マンから脱却するとした。　問6　iiiに該当するのはサンデル。コミュニタリアニズム(共同体主義)を唱えた政治哲学者で，Cの説明がその思想として適当。X　リバタリアニズムを唱えた政治哲学者で，iに該当し，Bの説明が適当。　Z　公正としての正義を唱えた政治哲学者でiiに該当し，Aの説明が適当。

【３】問1　②，③　　問2　①　　問3　③　　問4　③，④　　問5　①
問6　④　　問7　①

〈解説〉問1　①　裁判員裁判は第一審にのみ，導入されている。
④　取り調べの録音・録画が義務付けられるのは，裁判員裁判対象事件と検察官独自捜査事件の身体拘束後のみ。　問2　委任立法とは，法律では大枠的なことを定めるのみで，法律の施行に必要な命令や細則は行政府が制定する政令などに委ねること。社会の変化に行政が柔軟に対応することができる反面，議会の立法権の形骸化を招く懸念もある。　問3　各議院ができるのは，国会議員の資格に関する訴訟である。出席議員の3分の2以上の賛成で，議員は議席を失う。　①　国会の会期中，国会議員には不逮捕特権があるが，現行犯と議院の許諾があった場合は例外。　②　免責特権に関する記述。　④　歳費特権に関する記述。　問4　①　刑法の尊属殺人罪の重罰規定は違憲とされた。最高裁が法令違憲を認めた初の例だった。　②　違憲と判断した。　問5　i　アメリカは世界一のGDP大国であり，UNHCRの拠出率も高い。　ii　ドイツは近年，難民を積極的に受け入れている。
iii　日本の難民認定申請者数は欧米に比べ少ないが，難民認定割合はさらに低く，これを問題視する見解もある。　問6　PKO協力法の制定は1992年のことである。湾岸戦争(1991年)を機に，わが国の国際貢献のあり方が議論されるようになっていた。　問7　i　ドイツは共和制だが，その政治制度は議院内閣制であり，国家元首である大統領に実権はない。　ii　フランスは大統領制と議院内閣制が共存する半大統領制の国。だが下院(国民議会)の解散権を持つのは大統領で，首相が率いる内閣にはない。

【４】問1　④　　問2　③　　問3　③　　問4　②，③，④　　問5　②
問6　③　　問7　③

〈解説〉問1　A　ケインズに関する記述。政府の積極的な経済政策を理論的に正当化する，修正資本主義の経済理論を構築した。　B　シュンペーターに関する記述。経済発展における，企業家の役割を重視した。　C　リストに関する記述。経済発展段階説の立場から，幼稚産業に対する保護を主張した。　　問2　i　インフレーションとは物価が持続的に上昇する現象。物価の上昇は通貨価値の下落と同義である。
ii　債務・借金の額は変わらないので，返済の負担は軽くなる。
iii　物価が上昇しているのに，名目賃金の額が同じならば，生活は苦しくなる。　問3　無担保コールレートとは銀行間の短期資金のやり取りに適用される金利の一つ。ゼロ金利政策とは，1990年代後半にこの金利をほぼ0%にまで誘導した金融緩和政策である。　①　売りオペレーションが行われる。　②　引き下げる。　④　市中銀行が日銀に持つ当座預金に適用される金利である。　問4　①　消費税の税率は原則として10%だが，軽減税率の対象となっている財の税率は8%である。その対象は，酒類や外食を除く飲食料品と週2回以上発行される新聞の定期購読料である。　問5　預金時には，1ドル=120円なので120万円は1万ドル，1ユーロ=160円なので80万円は5,000ユーロである。金利はいずれも5%なので，満期時には1万500ドル，5,250ユーロとなっている。満期時のレートは1ドルと1ユーロのいずれも100円なので，1万500ドルは105万円，250ユーロは52万5000円である。
問6　(1)　ローレンツ曲線は，所得格差がなければ均等分布線に等しく，所得格差が拡大するほど均等分布線から乖離する。ジニ係数は，グラフの縦・横の距離を1とした場合のローレンツ曲線と均等分布線に囲まれた部分の面積の2倍であり，所得格差がなければ0で，所得格差が拡大するほど1に近づく。　(2)　所得再分配によって所得格差は縮小する。ゆえに，所得再分配後のローレンツ曲線は，再分配前におけるものよりも，均等分布線に近くなり，ジニ係数も小さくなる。

2022年度　実施問題

中高共通

【１】世界の地理について，次の問いに答えなさい。

問1　次の地図は，南極点を中心に描いた正距方位図法によるものである。地点Aから南極点までの距離として最も適当なものを，以下の①～⑥から一つ選びなさい(経線と緯線は15度ごとに引かれている)。

地図

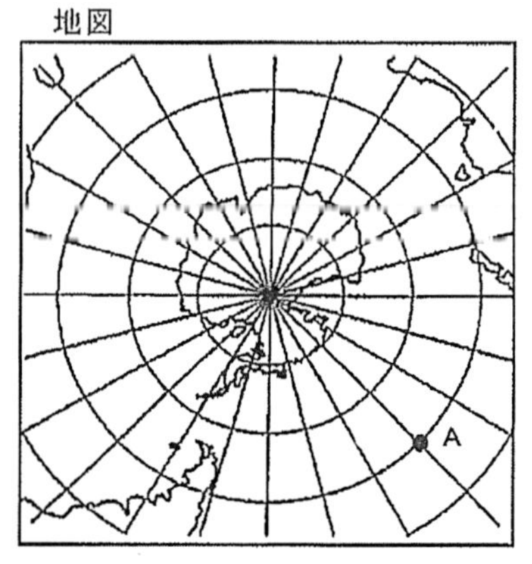

①　約1,000km　　②　約2,000km　　③　約3,000km

④　約4,000km　　⑤　約5,000km　　⑥　約6,000km

問2　南極について述べた文として適当でないものを，次の①～④から一つ選びなさい。

①　日本が夏の間には，太陽が昇らない日が何日も続くことがある。

②　樹林が育たない気候帯に分類され，森林は形成されない。

③　イヌイットが，アザラシなどの狩りをして生活している。

④　大陸であり，標高が高いことから，北極に比べて極点の年間平均気温は低い。

問3　次の資料は，アフリカのある国で起きた紛争とその後の復興について述べたものである。この資料にあてはまる国として最も適当なものを，以下の①～⑥から一つ選びなさい。

資料

> この国では，少数派で牧畜民のツチ人と多数派で農耕民のフツ人が長い間共存してきた。しかし，他国の支配下に入ると，両民族の対立が深まった。1994年，フツ人の大統領が暗殺されたことを契機に，フツ人がツチ人の大量虐殺を行った。これに対してツチ人の武装組織が攻勢をかけ，200万人以上が難民となった。その後，ツチ人主体の政権が成立すると，コーヒーや茶の栽培のほか，ソフトウエア開発などのICT産業にも力を入れるなど，経済の立て直しを進め，「アフリカの奇跡」と呼ばれる復興を遂げた。

①　カメルーン　②　コンゴ民主共和国　③　ソマリア
④　ボツワナ　⑤　南アフリカ共和国　⑥　ルワンダ

問4　アフリカ諸国の中には，プランテーション作物や鉱産資源など，特定の農産物や地下資源に経済が支えられている国家が多く見られる。このことについて述べた文として最も適当なものを，次の①～④から一つ選びなさい。

①　サハラ以南では近年，資源確保の目的から中国の進出が著しく，中国との結びつきが強まりつつある。

②　ギニア湾岸の国々では，カカオの栽培がさかんで，世界生産の約9割を占めている。

③　人口減少が著しく，労働力の確保が課題となっている。

④　天候や景気による輸出品の価格変動がないため，毎年安定した収入を得ることができる。

(☆☆☆◎◎◎)

【2】日本の地理や歴史について，次の問いに答えなさい。

問1　次の地図は東海地方の略地図である。地図中のA～Cの河川の組合せとして正しいものを，以下の①～⑥から一つ選びなさい。

地図

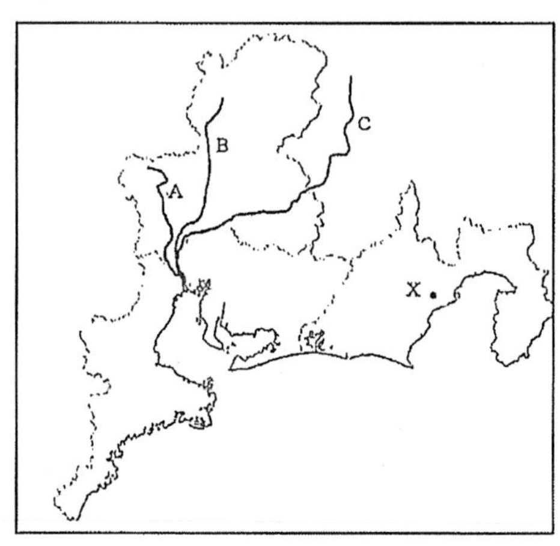

	A	B	C
①	揖斐川	木曽川	長良川
②	揖斐川	長良川	木曽川
③	木曽川	揖斐川	長良川
④	木曽川	長良川	揖斐川
⑤	長良川	揖斐川	木曽川
⑥	長良川	木曽川	揖斐川

問2　地図中のXは県庁所在地である。ここが江戸時代まで属していた旧国名を，次の①～⑥から一つ選びなさい。

①　伊豆　　②　尾張　　③　駿河　　④　遠江　　⑤　三河

⑥　美濃

問3　日本の排他的経済水域(領海を含む)を表す略図として最も適当なものを，次の①～④から一つ選びなさい。

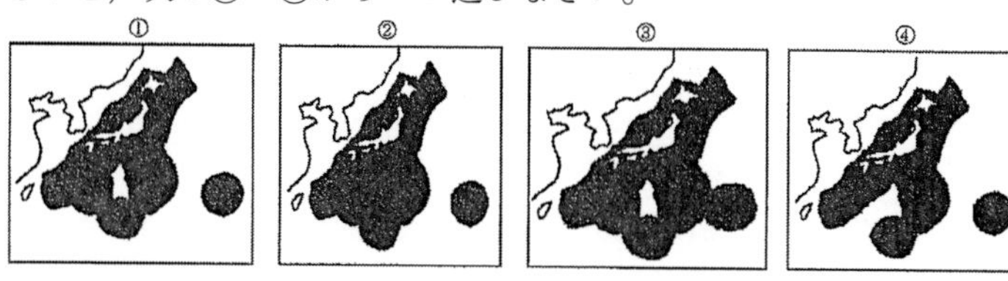

問4　次の資料を読んで，以下の(1)～(3)に答えなさい。

> また，治承四年水無月のころ，にはかに都遷り侍りき。いと思ひの外なりしことなり。
>
> おほかたこの京のはじめを聞けることは，嵯峨の天皇の御時，都と定まりにけるより後，すでに四百余歳を経たり。
>
> (中略)
>
> その時，おのづからことの便りありて，津の国の今の京に至れり。所のありさまを見るに，その地，ほど狭くて(　　)を割るに足らず。北は山にそひて高く，南は海近くて下れり。……なほ空しき地は多く，作れる屋は少なし。古京はすでに荒れて，新都はいまだ成らず。ありとしある人は，みな浮雲の思ひをなせり。

(1)　下線部と同じ時期の出来事として正しいものを，次の①～④から一つ選びなさい。

①　検非違使の設置　　②　古今和歌集の編纂

③　平将門の乱　　④　多賀城の設置

(2)　資料中の空欄(　　)にあてはまる語句として正しいものを，次の①～④から一つ選びなさい。

①　大路　②　左右　③　条里　④　内裏

(3)　この資料の著者として正しいものを，次の①～④から一つ選びなさい。

①　鴨長明　　②　紀貫之　　③　巨勢金岡　　④　藤原実資

問5　次の文章は，明治時代に日本が結んだ条約の一部である。これを読んで，以下の(1)～(3)に答えなさい。

> 第二款
> 全露西亜国皇帝陛下ハ第一款ニ記セル<u>樺太島</u>(即薩哈嗹島)ノ権理ヲ受シ代トシテ其後胤ニ至ル迄現今所領「クリル」群島即チ第一「シュムシュ」島・・・第十八「ウルップ」島共計十八島ノ権理及ヒ君主ニ属スル一切ノ権理ヲ大日本国皇帝陛下ニ譲リ而今而後「クリル」全島ハ日本帝国ニ属シ柬察加地方「ラパッカ」岬ト「シュムシュ」島ノ間ナル海峡ヲ以テ両国ノ境界トス

(外務省HPより作成)

(1)　下線部について述べた文として最も適当なものを，次の①～④から一つ選びなさい。

①　日ソ共同宣言で，ソ連は平和条約締結後の樺太島の引き渡しに合意した。

②　幕府の役人が，樺太島に上陸したロシア軍人のゴローウニンを逮捕した。

③　日清修好条規で，樺太島は日清両国人の雑居地となった。

④　江戸幕府は，間宮林蔵を派遣し，樺太島の調査・探検を行わせた。

(2)　この条約が締結された年の出来事として最も適当なものを，次の①～④から一つ選びなさい。

①　大阪会議　　②　甲午農民戦争　　③　帝国議会の開設

④　八幡製鉄所の開業

(3)　この条約に調印した日本側全権として正しい人物を，次の①～④から一つ選びなさい。

①　井上馨　　②　榎本武揚　　③　小村寿太郎

④　陸奥宗光

(☆☆☆◎◎◎)

【3】世界や日本の思想や政治制度・経済について，次の問いに答えなさい。

問1　次のi～iiiの思想や考え方と，その語句の説明a～cとの組合せとして正しいものを，後の①～⑥から一つ選びなさい。

i　フェミニズム　　ii　コミュニタリアニズム
iii　エスノセントリズム

a　共同体の中で共有されている価値や共通善，共同体への愛着などを重視する立場

b　自民族の政治的・経済的優位を主張する考え方

c　男女の性差に起因するあらゆる形態の差別や不平等に反対し，その撤廃を目指す思想と運動

① i－a　ii－b　iii－c　　② i－a　ii－c　iii－b

③ i－b　ii－a　iii－c　　④ i－b　ii－c　iii－a

⑤ i－c　ii－a　iii－b　　⑥ i－c　ii－b　iii－a

問2　明治時代以降における，日本の思想家の説明として最も適当なものを，次の①～④から一つ選びなさい。

①　西田幾多郎は，歴史書などでは伝わらない無名の民衆(常民)の生活に注目し，各地に伝わる民間信仰，生活文化などの習俗の調査・研究を重視する学問である日本民俗学を創始した。

②　柳田国男は，西洋哲学を批判的に受容しつつ，「すべては無から生じ，相互に依存し合っており，無常である」という東洋思想をもとに独自の思想を構築した。

③　柳宗悦は，菌類の研究だけでなく民俗学研究も行い，神社合祀令に対しては鎮守の森の生態系を守るという視点から反対をとなえた。

④　和辻哲郎は，人間を個人的な側面と社会的な側面との二重構造で捉え，その2つの面は，動的な関わりの中で，弁証法的に統一されていくと考えた。

問3　質的功利主義を唱えた，J.S.ミルの言葉として最も適当なものを，

次の①～④から一つ選びなさい。

① 「幸福を求めるのではなく幸福に値するものとなれ」

② 「最大多数の最大幸福」

③ 「人々が社会に入る理由は，その所有物の保全にある」

④ 「満足した豚であるより，不満足な人間であるほうがよい」

問4　アメリカ合衆国における大統領の地位や権限について述べた文として最も適当なものを，次の①～④から一つ選びなさい。

①　大統領の地位は，連邦議会の信任にもとづく。

②　大統領は，連邦議会の解散権をもつ。

③　大統領は，連邦議会への法案提出権をもつ。

④　大統領の行政行為についても，違憲審査の対象となる。

問5　現在のアメリカ合衆国における二大政党の組合せとして最も適当なものを，次の①～⑥から一つ選びなさい。

①　共和党－保守党　　②　共和党－民主党

③　共和党－労働党　　④　保守党－民主党

⑤　保守党－労働党　　⑥　民主党－労働党

問6　アメリカ合衆国内で開催された会議の内容や合意された条約について述べた文として最も適当なものを，次の①～④から一つ選びなさい。

①　1945年4月に始まったサンフランシスコ会議において，国際連合憲章が採択された。

②　1951年9月に日本と締結したサンフランシスコ平和条約により，米軍が日本に駐留することとなった。

③　1971年12月のスミソニアン協定により，1ドル＝360円の固定為替相場制が回復した。

④　1973年3月採択のワシントン条約において，2000年までにフロンの使用を全廃することが合意された。

問7　アメリカの経済学者とその理論について述べた文iとiiの正誤の組合せとして正しいものを，以下の①～④から一つ選びなさい。

i　フリードマンは，公共投資による有効需要創出を批判し，金融政策を重視する理論を説いた。
ii　キチンは，建築需要の変化を要因として約20年ごとに景気が循環することを発見した。

①　i－正　ii－正　②　i－誤　ii－誤　③　i－誤　ii－正
④　i－誤　ii－誤

(☆☆◎◎◎)

中高歴史

【1】次の史料を読んで，以下の問いに答えなさい。

A　建武中元二年，a倭の奴国，奉貢朝賀す。使人自ら大夫と称す。倭国の極南界なり。(　X　)，賜ふに印綬を以てす。……桓・霊の間，b倭国大いに乱れ，更々相攻伐し，歴年主無し。

B　……当世の俗習にて，異国船の入津は(　Y　)に限りたる事にて，別の浦え船を寄する事は決して成らざる事と思へり。実に太平に鼓腹する人と云うべし。……海国なるゆへ何国の浦えも，心に任せて船を寄らるる事なれば，島国なりとて曽て油断は致されざる事也。……細かに思へば，江戸の日本橋より唐・阿蘭陀迄境なしの水路なり。

C　此比都ニハヤル物，夜討強盗謀綸旨，召人早馬虚騒動，生頸還俗自由出家，俄大名迷者，安堵恩賞虚軍，本領ハナルヽ訴訟人，文章入タル細葛，追従讒人禅律僧，下剋上スル成出者，……

D　一，其許検地の儀，一昨日仰せ出され候如く，斗代等の儀は御朱印の旨に任せて，何も所々，いかにも念を入れ申し付くべく候。もしそさうニ仕り候ハヾ各越度たるべく候事。……

E　凡そ戸籍は，六年に一たび造れ。十一月上旬より起して，式に依り勘へ造れ。里別に巻を為せ。惣べて三通を写せ。……

二通は太政官に申送せよ。一通は国に留めよ。

問1　史料Aについて，次の(1)(2)に答えなさい。

(1)　下線部aが所在したとされる場所と(　X　)に該当する皇帝の組合せとして正しいものを，次の①～⑥から一つ選びなさい。

①　奈良市付近－光武帝　　②　奈良市付近－武帝
③　奈良市付近－煬帝　　④　福岡市付近－光武帝
⑤　福岡市付近－武帝　　⑥　福岡市付近－煬帝

(2)　下線部bについて，軍事・防衛的集落とされる高地性集落として最も適当なものを，次の①～④から一つ選びなさい。

①　唐古・鍵遺跡　　②　三内丸山遺跡　　③　紫雲出山遺跡
④　吉野ヶ里遺跡

問2　史料Bについて，次の(1)(2)に答えなさい。

(1)　(　Y　)に入る地名として正しいものを，次の①～⑤から一つ選びなさい。

①　下田　　②　長崎　　③　新潟　　④　箱館　　⑤　平戸

(2)　史料Bはある人物が著した著書の一部であるが，この人物と著書の組合せとして正しいものを，次の①～⑥から一つ選びなさい。

①　高野長英－『慎機論』　　②　高野長英－『戊戌夢物語』
③　林子平－『海国兵談』　　④　林子平－『戊戌夢物語』
⑤　渡辺崋山－『海国兵談』　　⑥　渡辺崋山－『慎機論』

問3　史料Cの前後の時期の事項について述べた文iとiiの正誤の組合せとして正しいものを，以下の①～④から一つ選びなさい。

i　執権の北条高時のもとで内管領平頼綱が権勢をふるい，得宗専制政治に対する御家人の反発が高まっていた。 ii　建武の新政に不満をいだく武士たちの期待を集めた足利尊氏は，中先代の乱の鎮圧を名目にして関東に下り，鎌倉を奪い返して，京都の建武政権に反旗をひるがえした。

①　i－正　ii－正　　②　i－正　ii－誤　　③　i－誤　ii－正

④ i－誤　ii－誤

問4　史料Dに記された検地について述べた文として最も適当なものを，次の①～④から一つ選びなさい。

① 家臣や寺社などに所有地の面積・収量・耕作者の明細書を提出させる指出検地であった。

② 荘園制下の複雑な土地所有関係や中間搾取が一掃され，小農自立が促進された。

③ 土地収入に応じて家臣への軍役や領民への課役を負担させる，貫高制が確立された。

④ 土地の面積表示が新しい基準に統一され，1段は360歩とされた。

問5　史料Eについて，次の(1)(2)に答えなさい。

(1) 670年に作成された最初の全国的な戸籍とその作成を命じた天皇の組合せとして正しいものを，次の①～⑥から一つ選びなさい。

① 庚寅年籍－天智天皇　② 庚寅年籍－持統天皇
③ 庚寅年籍－天武天皇　④ 庚午年籍－天智天皇
⑤ 庚午年籍－持統天皇　⑥ 庚午年籍－天武天皇

(2) 律令国家は，戸を単位として口分田を班給するとともに，税を徴収した。次の資料は，ある良民の戸籍である。この戸における口分田や税についてまとめた以下の文章について，空欄(　c　)～(　e　)に入るものの組合せとして最も適当なものを，あとの①～⑥から一つ選びなさい。

【資料】

戸主	孔王部佐留	年四十七歳
母	孔王部乎弖売	年七十三歳
妻	孔王部若大根売	年三十七歳
男	孔王部古麻呂	年十五歳
男	孔王部勝	年九歳
弟	孔王部徳太理	年三十一歳

> これが戸の構成員のすべてであるとすると，この戸に与えられる口分田の面積は(　c　)となる。また，庸を負担するのは(　d　)で，雑徭は，この戸全体で最大(　e　)分の負担をしなければならない。

① c：9段120歩　d：2人　e：60日
② c：9段120歩　d：4人　e：120日
③ c：1町240歩　d：2人　e：120日
④ c：1町240歩　d：4人　e：135日
⑤ c：1町2段　d：2人　e：135日
⑥ c：1町2段　d：4人　e：150日

問6　史料B～Dが作成された年代について，古いものから順に正しく配列されているものを，次の①～⑥から一つ選びなさい。

① B→C→D　② B→D→C　③ C→B→D
④ C→D→B　⑤ D→B→C　⑥ D→C→B

(☆☆☆☆◎◎◎)

【2】次の文章を読んで，以下の問いに答えなさい。

> A　板垣退助らが民撰議院設立の建白書を提出したことをきっかけに，自由民権論は急速に高まった。板垣は郷里の土佐で立志社をおこし，翌年には民権派の全国組織をめざして$_a$愛国社を大阪に設立した。
>
> B　「憲政擁護・閥族打破」をスローガンとした$_b$第一次護憲運動が全国に広がり，桂太郎首相は新党を組織して対抗しようとしたが，1913年2月にわずか53日で退陣することになった。
>
> C　1931年12月に成立した犬養毅内閣の(　X　)蔵相は，昭和恐慌からの脱出をはかって$_c$新たな経済政策を打ち出し，結果として$_d$産業界は活気づいた。
>
> D　日本経済は$_e$1955年～73年にかけて年平均10％前後の経済成長をとげた。1960年には池田勇人内閣が「所得倍増」をスロ

ーガンに，高度成長をさらに促進する経済政策を展開した。

問1　下線部a以降に，自由民権運動に関連して日本国内で起こった出来事i～ivについて，年代の古いものから順に正しく配列されているものを，以下の①～⑧から一つ選びなさい。

i　開拓使官有物払下げ事件	ii　西南戦争
iii　秩父事件	iv　保安条例公布

①　i→ii→iii→iv　②　i→iii→ii→iv　③　i→iv→iii→ii
④　ii→i→iii→iv　⑤　ii→i→iv→iii　⑥　ii→iv→i→iii
⑦　iii→ii→i→iv　⑧　iii→ii→iv→i

問2　下線部bについて，この運動の先頭に立った政治家と政党の組合せとして正しいものを，次の①～④から一つ選びなさい。

①　犬養毅－立憲国民党　②　犬養毅－立憲政友会
③　尾崎行雄－立憲同志会　④　尾崎行雄－立憲民主党

問3　Cの文について，次の(1)(2)に答えなさい。

(1)　空欄(　X　)に入る人名と下線部cの政策を説明した文の組合せとして正しいものを，以下の①～⑨から一つ選びなさい。

人名：　あ　井上準之助　い　片岡直温
　　　　う　高橋是清

政策：　i　赤字国債を発行して日本銀行に引き受けさせ，財政支出を増加させた。
　　　　ii　緊縮財政で物価を引き下げ，産業合理化を促進し，金輸出解禁を断行した。
　　　　iii　金輸出再禁止を断行し，管理通貨制度を停止して金本位制に移行した。

①　あ－i　②　あ－ii　③　あ－iii　④　い－i
⑤　い－ii　⑥　い－iii　⑦　う－i　⑧　う－ii
⑨　う－iii

(2)　下線部dについて述べた文iとiiの正誤の組合せとして正しいものを，以下の①～④から一つ選びなさい。

i　1930年代に，日本の綿製品の輸出がイギリスを抜いて世界第1位となった。 ii　重化学工業がいちじるしく発展し，1938年には軽工業の生産を上まわった。

①　i－正　ii－正　　②　i－正　ii－誤　　③　i－誤　ii－正
④　i－誤　ii－誤

問4　次のi～viの中で，下線部eの間に起こった出来事として適当でないものを，以下の①～⑥からすべて選びなさい。

i　関西国際空港開港 ii　第18回オリンピック東京大会開催 iii　ラジオの民間放送開始 iv　東海道新幹線開通 v　日本万国博覧会開催 vi　名神高速道路全線開通

①　i　　②　ii　　③　iii　　④　iv　　⑤　v　　⑥　vi

(☆☆☆☆◎◎◎)

【3】次の文章を読んで，以下の問いに答えなさい。

A　ヘレニズム時代，エジプトのアレクサンドリアは，経済・文化の中心都市として大いに栄えた。
B　第5代スルタンのバイバルスは，1260年にイラクからシリアに侵入したモンゴル軍を撃退するとともにアッバース朝のカリフをカイロに復活させた。
C　セリム1世はシリアへ進出し，1517年にはマムルーク朝を滅ぼしてエジプトをあわせた。
D　外国支配に反抗して軍人のウラービー(オラービー)が反乱を起こすと，イギリスは単独でエジプトを軍事占領して，事実上ここを保護下においた。
E　ナセルはダム建設の資金を確保する目的で運河の国有化を宣言した。
F　サダトは戦争による決着を断念して，イスラエルとの和平に転じ，エジプト＝イスラエル平和条約が締結された。

問1　Aについて，この都市に建設され，「博物館」の語源ともなっている王立研究所の名称として最も適当なものを，次の①～④から一つ選びなさい。

①　アカデメイア　②　マドラサ　③　ムセイオン
④　リュケイオン

問2　Bについて，この王朝が，この時期に保護下においたイスラーム教の2大聖地の組合せとして正しいものを，次の①～⑥から一つ選びなさい。

①　カイロ－バグダード　②　カイロ－メディナ
③　バグダード－メッカ　④　バグダード－メディナ
⑤　メッカ－カイロ　⑥　メッカ－メディナ

問3　Cについて，オスマン帝国の国内統治に関して述べた文iとiiの正誤の組合せとして正しいものを，以下の①～④から一つ選びなさい。

i　帝国内に住むキリスト教徒やユダヤ教徒の共同体には，法に定められた自治を認め，イスラーム教徒との共存がはかられた。 ii　スルタンの軍隊は騎士軍団とイェニチェリ軍団からなり，とくにイェニチェリ軍団は，バルカン半島の征服後，キリスト教徒の子弟を強制的に集めて編制した歩兵軍団であり，スルタンの常備軍であった。

①　i－正　ii－正　②　i－正　ii－誤　③　i－誤　ii－正
④　i－誤　ii－誤

問4　Dについて，イギリスが本国から植民地への道を確保するために実効支配していた運河の名称と，この運河が開通した1869年と同年に開通した鉄道の名称の組合せとして最も適当なものを，次の①～④から一つ選びなさい。

①　スエズ運河－シベリア鉄道　②　スエズ運河－大陸横断鉄道
③　パナマ運河－シベリア鉄道　④　パナマ運河－大陸横断鉄道

問5　Eについて，当時の国際情勢について述べた文のうち，Eが宣言された年より後のことを述べているものを，次の①～④から一つ選びなさい。

①　アフリカでは一挙に17の新興独立国がうまれ，「アフリカの年」と呼ばれた。
②　イランではモサデグ首相が石油国有化法を定めて，イギリス系石油会社の資産を接収した。
③　インドネシアのバンドンでアジア・アフリカ29か国の代表が参加した会議が開かれ，平和共存・反植民地主義をうたった十原則が採択された。
④　フランス領インドシナでは，ホー＝チ＝ミンがベトナム民主共和国の独立を宣言したが，フランスはこれを認めず戦争となった。

問6　Fについて，この戦争が国際社会に及ぼした影響について述べた次の文章を読み，(　a　)～(　d　)に当てはまる語句の組合せとして正しいものを，以下の①～⑧から一つ選びなさい。

> この戦争に際して(　a　)はイスラエルを支援する諸国に対して原油輸出の停止や制限の処置をとった。同時に(　b　)は原油価格の大幅引き上げを決定したため，安価な石油を前提に経済成長を続けてきた先進工業国は深刻な打撃をうけた。こうして先進国の好景気に終止符がうたれ，まもなくたちなおった(　c　)を除いて，先進国の経済成長は減速した。以降，経済成長の鈍化，多国籍企業の問題，環境汚染など，相互に共通する問題に対応するため，1975年より毎年，(　d　)が開催されるようになった。

① a－OAPEC　b－OPEC　c－アメリカ　d－サミット
② a－OAPEC　b－OPEC　c－アメリカ　d－ラウンド
③ a－OAPEC　b－OPEC　c－日本　d－サミット
④ a－OAPEC　b－OPEC　c－日本　d－ラウンド
⑤ a－OPEC　b－OAPEC　c－アメリカ　d－サミット
⑥ a－OPEC　b－OAPEC　c－アメリカ　d－ラウンド
⑦ a－OPEC　b－OAPEC　c－日本　d－サミット
⑧ a－OPEC　b－OAPEC　c－日本　d－ラウンド

(☆◎◎◎)

【4】次の年表を参考にして，以下の問いに答えなさい。

年	主な出来事	
1947	ヨーロッパ経済復興援助計画（マーシャル＝プラン）を発表	
1950	a朝鮮戦争	X
1962	キューバ危機	
1965	bベトナム戦争	Y
1989	マルタ宣言	
1991	c湾岸戦争	Z
2001	同時多発テロ事件	
2009	アメリカ史上初のアフリカ系大統領が誕生	

問1　下線部aについて述べた文として適当でないものを，次の①～④から一つ選びなさい。

① 朝鮮民主主義人民共和国軍が南北統一を目指して境界線である38度線をこえて侵攻した。

② アメリカ軍を中心とする国連軍が韓国の支援に向かって共和国軍に反撃し，中国国境近くまで追撃した。

③ ソ連は共和国側を支援して，人民義勇軍を派遣し，朝鮮半島ではその後，38度線を挟んで攻防が続いた。

④ 日本は朝鮮戦争中に国連軍への物資供給などによって経済復興のきっかけをつかんだ。

問2　年表中Xの時期(1947～1962)に世界で起こった出来事として最も適当なものを，次の①～④から一つ選びなさい。

① ソ連共産党第20回大会でフルシチョフはスターリン体制下の個人崇拝，反対派の大量処刑などを批判した。

② チャーチルはソ連がバルト海からアドリア海まで「鉄のカーテン」をおろしていると批判し，のちの「冷戦」をさきどりする演説をおこなった。

③ 毛沢東らは全国にプロレタリア文化大革命というあらたな革命運動を呼びかけた。

④ ブレジネフが第一書記となり，アメリカとの平和共存路線を維持する一方で，国内や東欧圏に対する統制を強化し，軍拡をすすめた。

問3　下線部bについて述べた文として適当でないものを，次の①～④から一つ選びなさい。

① 南ベトナムではアメリカの支援を受けたゴ＝ディン＝ジェム政権が独裁色を強めた。

② 南ベトナム解放民族戦線(ベトコン)は北ベトナムと連携してゲリラ戦を展開した。

③ ジョンソン大統領は，南ベトナムに大規模な爆撃を行い，本格的に軍事介入を行った。

④　戦局は泥沼化し，アメリカの軍事介入は国際的にも多くの批判をうけたり，同国の財政に深刻な打撃を与えたりしたため，アメリカは爆撃を停止し，和平交渉にはいった。

問4　年表中Y(1962～1989)の時期について，次の(1)～(3)に答えなさい。

(1)　この時期にソ連と対立関係にあり，アメリカが接近を図って，関係の正常化を目指した国として最も適当なものを，次の①～④から一つ選びなさい。

①　イラン　　②　ウクライナ　　③　キューバ

④　中華人民共和国

(2)　この時期のアメリカで起こった出来事について述べた文として最も適当なものを，次の①～④から一つ選びなさい。

①　ウォーターゲート事件が発覚したため，大統領が辞任に追い込まれた。

②　世界で初めて水素爆弾の実験を行った。

③　ボクシングや野球などのプロスポーツやジャズがさかんになり，ラジオの定時放送がはじまった。

④　共産主義者やその同調者を公職から追放するマッカーシズムがさかんになり，政府に批判的な知識人，文化人なども標的にされた。

(3)　この時期に起きた運動について述べた次の文章を読み，[　d　]～[　f　]に当てはまる語句の組合せとして正しいものを，以下の①～⑧から一つ選びなさい。

アメリカでは，多くの若者が反戦迎動に参加し，[　d　]差別に反対して市民権を要求する公民権運動もさかんになった。1964年の[　e　]大統領時に公民権法が成立したが，1968年には公民権運動の指導者であった[　f　]が暗殺され，混乱が激化した。

①　d－黒人　　e－ジョンソン　　f－キング牧師

②　d－黒人　　e－ジョンソン　　f－ボーヴォワール

③　d－黒人　e－ニクソン　f－キング牧師
④　d－黒人　e－ニクソン　f－ボーヴォワール
⑤　d－女性　e－ジョンソン　f－キング牧師
⑥　d－女性　e－ジョンソン　f－ボーヴォワール
⑦　d－女性　e－ニクソン　f－キング牧師
⑧　d－女性　e－ニクソン　f－ボーヴォワール

問5　下線cについて，この戦争でアメリカ軍を中心とした多国籍軍が攻撃した国として正しいものを，次の①～④から一つ選びなさい。
①　アフガニスタン　②　イラク　③　イラン
④　ユーゴスラヴィア

問6　年表中Z(1989～2009)の時期に国際社会で起こった出来事として最も適当なものを，次の①～④から一つ選びなさい。
①　イラン＝イラク戦争が起こった。
②　日本と中華人民共和国の国交が正常化した。
③　米ソ間で中距離核戦力(INF)全廃条約が締結された。
④　ベルリンの壁が開放され，東西ドイツが統一された。

(☆☆☆◎◎◎)

中　高　地　理

【1】日本の地理について，次の問いに答えなさい。

問1　日本の構造線について述べた文iとiiの正誤の組合せとして正しいものを，以下の①～④から一つ選びなさい。

i　日本列島には，フォッサマグナとよばれる大陥没帯が本州のほぼ中央に存在する。東側の境界は明瞭で，糸魚川・静岡構造線とよばれる大断層とその東側に連なる標高3000m級の日本アルプスによってくぎられている。
ii　日本列島は糸魚川・静岡構造線を境にして，ユーラシアプレート側の東北日本とフィリピン海プレート側の西南日本におおむね分けられる。さらに，西南日本は東西にはしる中央構造線とよばれる大断層により二分される。

① i－正　ii－正　② i－正　ii－誤
③ i－誤　ii－正　④ i－正　ii－誤

問2　日本の山地・谷口における河川地形について述べた文の空欄(i)(ii)にあてはまる語句の組合せとして正しいものを，以下の①～⑥から一つ選びなさい。

河川は，山地から平地に出たところで流れが遅くなるため，運搬力が減少し，それまで運んできた土砂を堆積させる。その結果，谷の出口では，礫や砂が堆積し，(i)が形成される。(i)を流れる川の水は砂礫層を伏流していて，(ii)になることが多いが，平野に移り変わるところでわき出る。

① i－谷底平野　ii－後背湿地　② i－谷底平野　ii－水無川
③ i－準平原　ii－後背湿地　④ i－準平原　ii－水無川
⑤ i－扇状地　ii－後背湿地　⑥ i－扇状地　ii－水無川

問3　日本のおもな沈水海岸および離水海岸の例として最も適当なものを，次の①～④から一つ選びなさい。

① 沈水海岸－志摩半島　離水海岸－宮崎平野
② 沈水海岸－志摩半島　離水海岸－若狭湾
③ 沈水海岸－釧路平野　離水海岸－宮崎平野
④ 沈水海岸－釧路平野　離水海岸－若狭湾

問4　次の表のi～ivは，秋田，網走，函館，盛岡の月平均気温(平年値)，年平均気温(平年値)，および緯度を示したものである。以下の(1)(2)に答えなさい。

	1月	2月	3月	4月	5月	6月	7月	8月	9月	10月	11月	12月	全年	緯度
i	-5.5	-6.0	-1.9	4.4	9.4	13.1	17.1	19.6	16.3	10.6	3.7	-2.4	6.5	44°01′
ii	-2.6	-2.1	1.4	7.2	11.9	15.8	19.7	22.0	18.3	12.2	5.7	0.0	9.1	41°49′
iii	0.1	0.5	3.6	9.6	14.6	19.2	22.9	24.9	20.4	14.0	7.9	2.9	11.7	39°43′
iv	-1.9	-1.2	2.2	8.6	14.0	18.3	21.8	23.4	18.7	12.1	5.9	1.0	10.2	39°42′

（地理統計2021年版より作成）

(1)　表中の都市をケッペンの気候区分で分類したとき，あてはまる気候区分として最も適当なものを，次の①～④から一つ選びなさい。

①　A又はB気候　②　B又はC気候　③　C又はD気候

④　D又はE気候

(2)　函館と盛岡の組合せとして正しいものを，次の①～④から一つ選びなさい。

①　函館－i　盛岡－iii　②　函館－i　盛岡－iv

③　函館－ii　盛岡－iii　④　函館－ii　盛岡－iv

問5　次の表は，茶の生産，豚の飼養頭数，ビールの生産，マグロの漁獲量の上位6都道府県をまとめたものであり，表中のi～iiiは茨城，鹿児島，宮崎のいずれかである。組合せとして正しいものを，以下の①～⑥から一つ選びなさい。

（2019年、ビールの生産のみ2018年）

	茶の生産（t）	豚の飼養頭数（頭）	ビールの生産（kL）	マグロの漁獲量（百t）
1位	静岡	i	iii	静岡
2位	i	ii	福岡	宮城
3位	三重	北海道	愛知	高知
4位	ii	群馬	神奈川	ii
5位	京都	千葉	北海道	東京
6位	福岡	iii	東京	i

（帝国書院 HPより作成）

①　i－茨城　ii－鹿児島　iii－宮崎

②　i－茨城　ii－宮崎　iii－鹿児島

③　i－鹿児島　ii－茨城　iii－宮崎

④　i－鹿児島　ii－宮崎　iii－茨城

⑤　i－宮崎　ii－茨城　iii－鹿児島

⑥　i－宮崎　ii－鹿児島　iii－茨城

問6　次の表のi～vは各都道府県の卸売業事業所数(2016年)，小売業事業所数(2016年)，人口(2019年)，公共機関からの受注工事(請負契約額，2019年)，製造品出荷額(2018年)のいずれかの上位10位をそれぞれ示したものであり，表のX～Zは福島，埼玉，静岡のいずれかである。以下の(1)(2)に答えなさい。

	i	ii	iii	iv	v
1位	東京	東京	東京	東京	愛知
2位	大阪	神奈川	大阪	北海道	神奈川
3位	愛知	大阪	愛知	神奈川	大阪
4位	神奈川	愛知	福岡	大阪	Z
5位	X	X	神奈川	愛知	兵庫
6位	福岡	千葉	北海道	Y	X
7位	兵庫	兵庫	X	宮城	千葉
8位	北海道	北海道	兵庫	千葉	茨城
9位	千葉	福岡	Z	兵庫	三重
10位	Z	Z	千葉	Z	福岡

（データでみる県勢2021より作成）

(1) 卸売業事業所数と小売業事業所数の組合せとして正しいものを，次の①～⑧から一つ選びなさい。

① 卸売業事業所数－i　小売業事業所数－iii
② 卸売業事業所数－i　小売業事業所数－iv
③ 卸売業事業所数－ii　小売業事業所数－iii
④ 卸売業事業所数－ii　小売業事業所数－iv
⑤ 卸売業事業所数－iii　小売業事業所数－i
⑥ 卸売業事業所数－iii　小売業事業所数－ii
⑦ 卸売業事業所数－iv　小売業事業所数－i
⑧ 卸売業事業所数－iv　小売業事業所数－ii

(2) X～Zの組合せとして正しいものを，次の①～⑥から一つ選びなさい。

① X－福島　Y－埼玉　Z－静岡
② X－福島　Y－静岡　Z－埼玉
③ X－埼玉　Y－福島　Z－静岡
④ X－埼玉　Y－静岡　Z－福島
⑤ X－静岡　Y－福島　Z－埼玉

⑥　X－静岡　　Y－埼玉　　Z－福島

問7　近年の日本の気象について述べた文iとiiの正誤の組合せとして正しいものを，以下の①～④から一つ選びなさい。

i　都市では。雨水が地中に浸透できない舗装面などが増加し，都市型水害が生じやすくなっている。地下鉄や大規模な地下の繁華街などは水没しやすいうえに，避難しにくいことから，災害時の安全確保が重大な課題となっている。

ii　人口が集中する都市部では，植物が少ないことによりヒートアイランド現象がみられる。都市で温められた空気は下降気流を生み出し，局地的な大雨の一因になっている。

①　i－正　　ii－正　　②　i－正　　ii－誤
③　i－誤　　ii－正　　④　i－正　　ii－誤

問8　次の表は，日本の6つの県における，過疎地域と人口集中地区について，各県の総面積に占める割合(%)と各県の人口密度を1.0としたときの指数を表したものであり，i～iiiは広島，福岡，和歌山，iv～viは埼玉，滋賀，静岡のいずれかである。福岡と静岡に該当するものの組合せとして正しいものを，以下の①～⑨から一つ選びなさい。

	過疎地域		人口集中地区	
	面積に占める割合	人口密度の指数	面積に占める割合	人口密度の指数
i	75.6	0.34	1.8	20.5
ii	63.3	0.17	3.6	18.1
iii	34.8	0.27	11.4	6.4
iv	24.0	0.09	5.5	11.0
v	14.8	0.02	18.2	4.4
vi	8.3	0.04	2.8	17.5

「データでみる県勢2021」より作成

①　福岡－i　　静岡－iv　　②　福岡－i　　静岡－v
③　福岡－i　　静岡－vi　　④　福岡－ii　　静岡－iv
⑤　福岡－ii　　静岡－v　　⑥　福岡－ii　　静岡－vi

⑦ 福岡－iii　　静岡－iv　　⑧ 福岡－iii　　静岡－v
⑨ 福岡－iii　　静岡－vi

問9　次の表は，日本の主な港別貿易輸入額(2019年・億円)上位3輸入品とそれらの総額に占める割合(%)をまとめたものである。表中のi～iiiは医薬品，衣類，原油のいずれかである。表中のi～iiiの組合せとして正しいものを，以下の①～⑥から一つ選びなさい。

輸入港	輸入額	上位３輸入品（%）		
成田空港	129,560	通信機（13.7）	i　（12.3）	事務用機器（10.0）
東京	114,913	ii　（8.9）	事務用機器（7.2）	肉類（4.6）
名古屋	50,849	天然ガス類（7.9）	ii　（7.1）	iii　（5.6）
横浜	48,920	iii　（11.1）	非鉄金属（6.0）	天然ガス類（4.0）
大阪	47,781	ii　（15.0）	肉類（6.9）	織維製品（4.2）
関西空港	39,695	i　（23.2）	通信機（14.2）	電子部品（8.2）
神戸	33,103	たばこ（6.8）	ii　（6.5）	無機化合物（4.2）
千葉	32,682	iii　（43.5）	天然ガス類（15.5）	石油製品（9.9）
川崎	23,571	天然ガス類（26.9）	iii　（25.7）	肉類（14.8）
四日市	15,869	iii　（52.8）	天然ガス類（19.0）	石油製品（3.6）

（地理統計2021年版より作成）

① i－医薬品　　ii－衣類　　iii－原油
② i－医薬品　　ii－原油　　iii－衣類
③ i－衣類　　ii－医薬品　　iii－原油
④ i－衣類　　ii－原油　　iii－医薬品
⑤ i－原油　　ii－医薬品　　iii－衣類
⑥ i－原油　　ii－衣類　　iii－医薬品

問10　現代の日本の農林水産業について述べた文として適当でないものを，次の①～④から一つ選びなさい。

① 日本では，狭い耕地に肥料や農薬を大量に投下して高収量をあげる粗放的な農業を行ってきたため，生産コストはかかるが，耕地1haあたりの農業産出額は高い。

② 政策によって，農業の大規模化を進めてコスト削減に努めたり，ブランド野菜やブランド牛など付加価値の高い農産物の生産に力を入れたりする中核的な担い手農家を支援するなどの動きがみら

れる。

③　国内の林業における政府の政策は木材の生産のみならず，人工林の荒廃を防ぐなど，森林の適正な管理・保全を通じた多面的機能の維持に力点をおくようになっている。

④　1980年代後半以降，漁獲量は著しく減少し，かわって水産物の輸入が急増して，日本は世界有数の水産物輸入国となった。

(☆☆☆◎◎◎)

【2】地形図について，次の問いに答えなさい。

問1　地形図Aの中から読み取れるものとして正しいものを，以下の①～⑥からすべて選びなさい。

【地形図A】

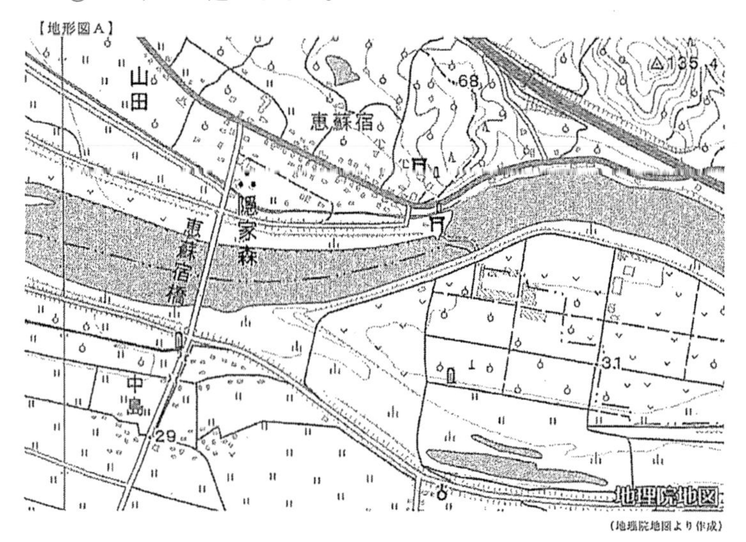

(地理院地図より作成)

①　河川の中央部には市区町村の区界が引かれている部分がある。

②　河川は西から東へ流れている。

③　河川の北には自然災害伝承碑がある。

④　地形図の北東には有料道路が通っている。

⑤　地形図の西側を南北に輸送管が通っている。

⑥　地形図の南側に電子基準点がある。

問2　地形図Bと地形図Cから共通して読み取れる地図記号として適当なものを，以下の①～⑦からすべて選びなさい。

【地形図B】

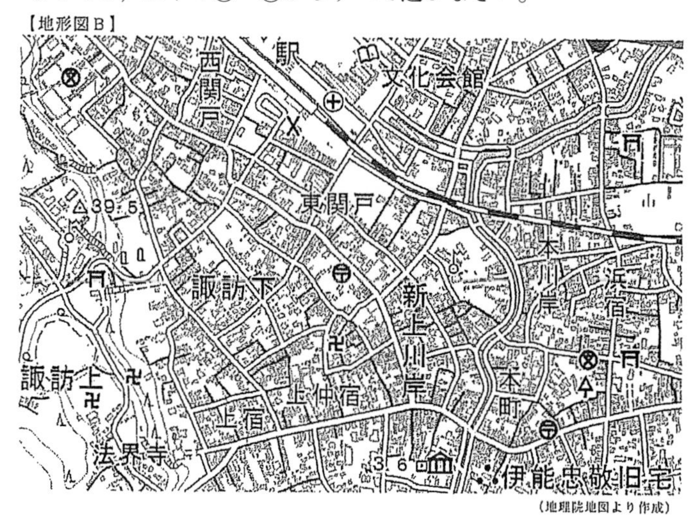

（地理院地図より作成）

【地形図C】

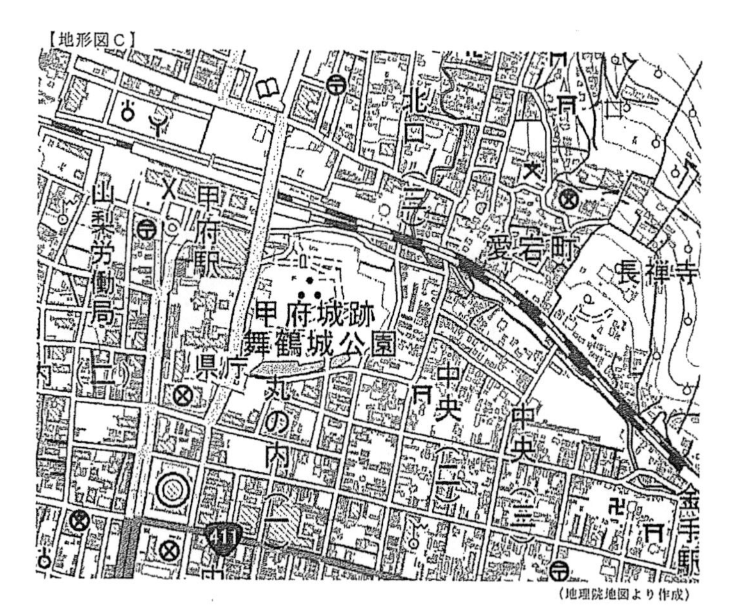

（地理院地図より作成）

① 警察署　② 裁判所　③ 消防署　④ 電波塔
⑤ 図書館　⑥ 保健所　⑦ 博物館

(☆☆☆◎◎◎)

【3】東南アジアについて，次の問いに答えなさい。

問1　東南アジアに見られる大地形とプレートの境界の組合せとして正しいものを，次の①～④から一つ選びなさい。

① フィリピン海溝　－　広がる境界
② フィリピン海溝　－　ずれる境界
③ スンダ海溝　－　広がる境界
④ スンダ海溝　－　狭まる境界

問2　東南アジアの自然環境に適した，伝統的な住居の特徴について述べた文として最も適当なものを，次の①～④から一つ選びなさい。

① 木や葉でつくられ，床が高く階段が見られる。
② 石灰石でつくられ，白い壁や小さな窓が特徴である。
③ 泥をこねて乾燥させた日干しレンガが多く用いられる。
④ 動物の皮でつくられ，組み立てが容易で移動に適している。

問3　次の①～③のグラフは，エニセイ川，メコン川，ライン川のいずれかの河川の月別流量を示したものである。メコン川を示すグラフとして適当なものを，一つ選びなさい。

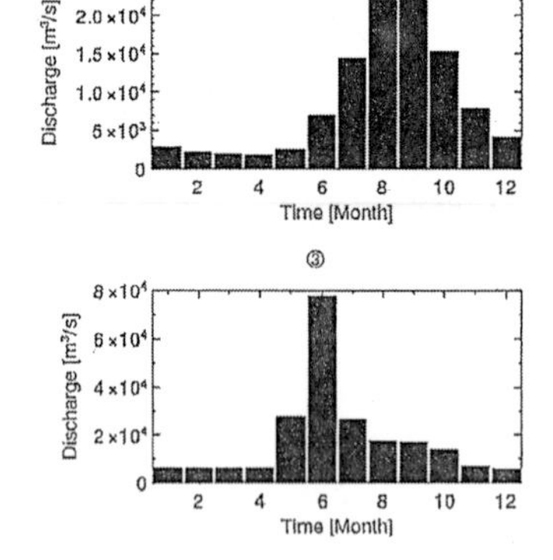

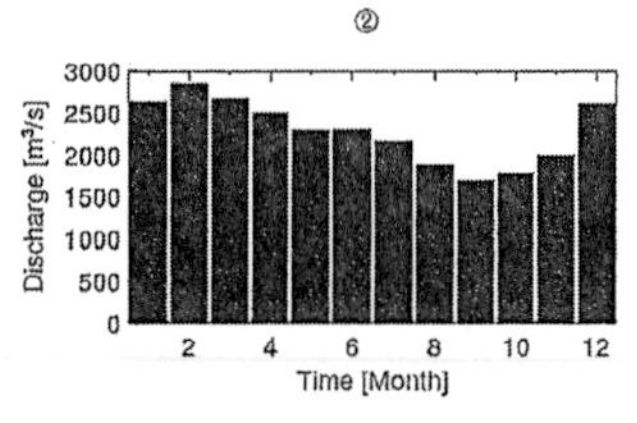

河川名	観測地点	観測期間（年）
メコン川	パークセー	1980～1993
エニセイ川	イガルカ	1936～1995
ライン川	リース	1930～1997

GRDC資料より作成

問4　東南アジアの森林について述べた文として最も適当なものを，次の①～④から一つ選びなさい。

① 熱帯林は樹種が少ないため伐採に都合がよく，木材伐採が無秩序に行われた。

② インドネシアで生産される原木の用途は現在，用材利用より薪炭材利用の方が多い。

③ 海岸部のマングローブ林が伐採され，日本などに向けたえびの養殖池に変えられている。

④ 東南アジアでは，1970年代以降，日本などでの丸太需要の増大に対応し，積極的な丸太輸出が行われた。

問5　次の表はタイ，ベトナム，マレーシアの農産物輸出額の割合を示したものである。A～Cにあてはまる国の組合せとして正しいものを，以下の①～⑥から一つ選びなさい。

	農産物輸出額の割合（2018年）
A	米（16.4%）　天然ゴム（13.5%）　鶏肉缶詰（7.6%）その他（62.5%）
B	パーム油（38.6%）　天然ゴム（4.2%）　その他（57.2%）
C	カシューナッツ（16.4%）　コーヒー生豆（15.0%）　米（13.7%）　天然ゴム（5.0%）　その他（49.9%）

（地理統計2021年版より作成）

	①	②	③	④	⑤	⑥
A	ベトナム	ベトナム	タイ	タイ	マレーシア	マレーシア
B	タイ	マレーシア	ベトナム	マレーシア	ベトナム	タイ
C	マレーシア	タイ	マレーシア	ベトナム	タイ	ベトナム

問6　東南アジアの第二次世界大戦後の工業化について述べた文として最も適当なものを，次の①～④から一つ選びなさい。

① 1960年代から，外貨流出を防ぐための輸入代替型の工業化が始まった。

② マレーシアはアジアNIEsの一員として，1970年代の積極的な工業化政策により輸出が増大した。

③ ベトナムでは1980年代からルックイースト政策とよばれる市場の改革・開放政策が行われ，工業が成長している。

④ タイには日本をはじめとする大手自動車メーカーが進出し，自動車産業の集積地となっている。

問7 次の表は，フィリピン，タイ，ミャンマー，インドネシア，カンボジアの概況(2019年)を示したものである。A～E国について述べた文として最も適当なものを，以下の①～⑤から一つ選びなさい。

国名	人口（万人）	GDP（億ドル）	旧宗主国	ASEAN加盟年	主な宗教
A	26,691	11,192	オランダ	1967	イスラーム，キリスト教
B	6,637	5,436	―	1967	仏教
C	10,728	3,768	アメリカ合衆国	1967	カトリック
D	5,434	761	イギリス	1997	仏教
E	1,528	271	フランス	1999	仏教

（地理統計2021年版より作成）

① A国は人口が多いため，一人あたりGNIはこの5か国で最も小さい。

② B国は大きな経済力を持つ中国系住民に対し，マレー系住民の優遇政策をとっている。

③ C国はかつてポルトガルの植民地支配によりカトリックが伝播した。

④ D国は2021年2月に国軍によるクーデターが実行された。

⑤ E国は南沙群島の領有権を主張し周辺諸国との争いが続いている。

(☆☆☆◎◎◎)

【4】オセアニアについて，以下の問いに答えなさい。

問1　地図中のA～Cの都市の雨温図の組合せとして最も適当なものを，以下の①～⑥から一つ選びなさい。

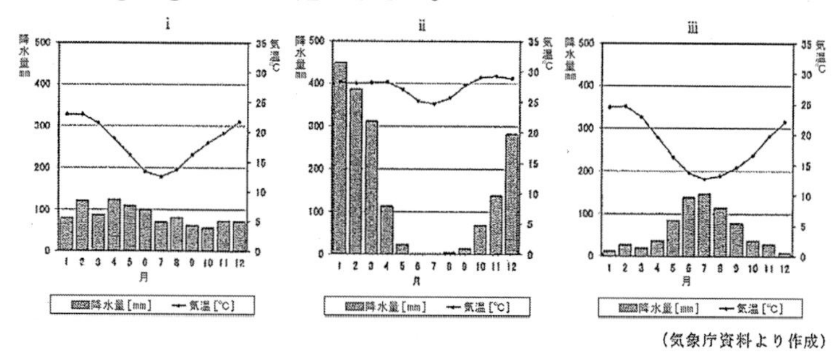

（気象庁資料より作成）

	①	②	③	④	⑤	⑥
A	i	i	ii	ii	iii	iii
B	ii	iii	i	iii	i	ii
C	iii	ii	iii	i	ii	i

問2　地図中のD～Fの地域で多く産出する鉱産資源の組合せとして最も適当なものを，次の①～⑥から一つ選びなさい。

	①	②	③	④	⑤	⑥
D	ボーキサイト	ボーキサイト	金	金	鉄鉱石	鉄鉱石
E	金	鉄鉱石	ボーキサイト	鉄鉱石	ボーキサイト	金
F	鉄鉱石	金	鉄鉱石	ボーキサイト	金	ボーキサイト

問3　オーストラリア東岸，ツバル，タヒチに多く見られる特徴的なサンゴ礁の形態の組合せとして最も適当なものを，次の①～⑥から一つ選びなさい。

	①	②	③	④	⑤	⑥
オーストラリア東岸	裾礁	裾礁	堡礁	堡礁	環礁	環礁
ツバル	堡礁	環礁	裾礁	環礁	裾礁	堡礁
タヒチ	環礁	堡礁	環礁	裾礁	堡礁	裾礁

問4　オーストラリアの移民について述べた文として適当でないものを，次の①～④から一つ選びなさい。

①　19世紀中ごろ，ヨーロッパからの流刑囚が安い労働力として流入したことが，無産階級の反発をかい，白豪主義へとつながった。

②　1970年代前半までに白豪主義は撤廃され，後半にはインドシナ半島の難民も受け入れられた。

③　1980年代後半から1990年代半ばにかけて，ホンコンからの移民が急増した。

④　現在，オーストラリアでは英語以外の言語を話す人口が国民の2割以上を占めている。

問5　次の表は，オーストラリア，ロシア，ペルー，カナダの輸出品目とその割合を示している。オーストラリアにあてはまるものとして正しいものを，表中の①～④から一つ選びなさい。

	輸出品目とその割合（2019年）
①	原油（28.6%）　石油製品（15.7%）　鉄鋼（4.5%）　石炭（4.0%）
②	鉄鉱石（26.4%）　金（非貨幣用）（14.6%）　果実（7.0%）　石油製品（5.1%）
③	鉄鉱石（25.0%）　石炭（16.6%）　金（非貨幣用）（6.1%）　肉類（4.3%）
④	原油（15.3%）　自動車（13.2%）　機械類（11.0%）　金（非貨幣用）（3.6%）

（地理統計2021年版より作成）

問6　オーストラリアおよびニュージーランドの農業について述べた文として適当でないものを，次の①～④から一つ選びなさい。

①　オーストラリアでは，豊富な被圧地下水を掘り抜き井戸でくみ上げることで牧畜が発達した。

②　オーストラリアでは，牛肉が日本向けにさかんに輸出され，中には日本の商社等と契約し，日本人好みの肉質のやわらかい牛肉を生産するところもある。

③　ニュージーランド南島のサザンアルプス山脈より西側は乾燥しており，なだらかな草原が広がり，羊の放牧地や穀物栽培地として利用されている。

④　ニュージーランドではかぼちゃの生産が多く，日本で秋から春にかけて出まわるものはニュージーランドから多く輸入されている。

問7　次の表は，オーストラリアの1965年と2019年の輸出相手国を示したものである。この表について述べた文i～iiiの正誤の組合せとして正しいものを，後の①～⑧から一つ選びなさい。

1965年		2019年	
A	17.7%	C	38.4%
B	16.6%	B	14.9%
アメリカ合衆国	11.0%	韓国	6.7%
ニュージーランド	6.3%	A	3.9%
C	5.5%	アメリカ合衆国	3.9%

(UN comtrade、オーストラリア外務・貿易省資料より作成)

i　A国は1973年にECへ加盟したことを契機に，オーストラリアとの貿易量は次第に減少した。
ii　オーストラリアとB国はともに1989年にAPECを結成し，貿易や投資の自由化・円滑化の促進を図った。
iii　オーストラリアとC国はともに2018年に発効したTPPに加盟し，関税の撤廃などを目指している。

① i－正　ii－正　iii－正　② i－正　ii－正　iii－誤
③ i－正　ii－誤　iii－正　④ i－正　ii－誤　iii－誤
⑤ i－誤　ii－正　iii－正　⑥ i－誤　ii－正　iii－誤
⑦ i－誤　ii－誤　iii－正　⑧ i－誤　ii－誤　iii－誤

(☆☆☆◎◎◎)

中高公民

【1】古今東西の思想について，次の問いに答えなさい。

問1　西洋の思想について，次の(1)～(6)に答えなさい。

(1)　思想家が考えた人間の定義について述べた文として適当でないものを，次の①～④から一つ選びなさい。

①　リンネは，人間が持つ理性に着目して，ホモ・サピエンス(知性人・英知人)と定義した。

②　カッシーラーは，人間は神を信じ，祈りをささげるホモ・レ

リギオースス(宗教人)と定義した。

③　ホイジンガは，人間の自由な遊びから芸術や学問などの文化が生まれるとして，ホモ・ルーデンス(遊戯人・遊技人)と定義した。

④　ベルクソンは，人間は道具を作り，使用し，環境を作り変えてきたとして，ホモ・ファーベル(工作人)と定義した。

(2)　次の文は，古代ギリシアの思想家の考え方について述べたものである。文中の空欄(　i　)～(　iii　)に当てはまる語句の組合せとして正しいものを，以下の①～④から一つ選んで答えなさい。

(　i　)は現実の世界に存在する具体的な個物こそ実体であると考え，(　ii　)が主張した本当に存在するものは，理性でのみとらえられる超現実的な(　iii　)であるとする考えを批判した。

①　i－プラトン　　ii－アリストテレス　　iii－エイドス
②　i－プラトン　　ii－アリストテレス　　iii－イデア
③　i－アリストテレス　　ii－プラトン　　iii－エイドス
④　i－アリストテレス　　ii－プラトン　　iii－イデア

(3)　次の文は，ヘレニズム時代に活躍したある思想家の考え方について述べたものである。この思想家の考え方と同じ哲学の一派に属する思想家の著述の一部を日本語訳したものを，以下の①～④から一つ選びなさい。

この思想は禁欲主義といわれ，人間の内なる理性に従って生き，情念から自由になることが賢者の理想の境地であるとされた。

①　心の平安を乱す原因となる世俗から隠れて生きよ。

②　万物の尺度は人間だ。あるものについては，あるということの，あらぬものについては，あらぬということの。

③　だれかが汝を苦しませいらだたせるなら，汝をいらだたせる

のはその人間ではなくて，汝の考えなのだ。

④　わたしは，知らないことは知らないと思う，ただそれだけのことで，まさっているらしいのです。

(4)　キリスト教の発展について述べた文iとiiの正誤の組合せとして正しいものを，以下の①～④から一つ選びなさい。

> i　アウグスティヌスは，人が救われるのは個人の努力によってではなく，神の恩寵のみであるとし，その仲立ちは教会が行うとして，教会への信仰確立に努めた，
> ii　トマス＝アクィナスは，人間社会には上下の階層があり，「最上位である教皇が地上におけるいっさいの秩序を統治すべきである」という神の定めた永遠の秩序を理性により認識し，それに従って生きることが人間の正しい道徳であると考えた。

①　i－正　ii－正　②　i－正　ii－誤
③　i－誤　ii－正　④　i－誤　ii－誤

(5)　16世紀に人間の自由意志についての論争となった二つの考え方を説明した次の文章A，Bと，それを主張した人物の組合せとして正しいものを，以下の①～⑥から一つ選びなさい。

> A　私たちに自由意志がないのであれば，悪事も神の意志で行うことになる。その結果，神から罰せられるのであれば，神は理不尽ではないか。
> B　人間はもともと原罪で悪に傾いている。人間が善だと思うから，悪に向かわされていると考えるのだ。

①　A－ルター　B－コペルニクス
②　A－ルター　B－エラスムス
③　A－コペルニクス　B－ルター
④　A－コペルニクス　B－エラスムス
⑤　A－エラスムス　B－コペルニクス

⑥　A－エラスムス　　B－ルター

(6)　ヘーゲルの影響を受けた思想について述べた文A，Bと，その思想を主張した人物の組合せとして正しいものを，以下の①～⑥から一つ選びなさい。

A　ヘーゲルが歴史の発展を精神の自己展開と捉えたことを批判し，発展の原動力を人間の生活(労働による生産)に求めた。 B　ヘーゲルが「あれもこれも」とどちらの要素も統合するのに対し，単独者としての人間は自分の生き方について「あれかこれか」の二者択一を迫られるとした。

①　A－マルクス　　B－キルケゴール
②　A－マルクス　　B－デューイ
③　A－キルケゴール　　B－マルクス
④　A－キルケゴール　　B－デューイ
⑤　A－デューイ　　B－キルケゴール
⑥　A－デューイ　　B－マルクス

問2　東洋の思想について，次の(1)～(5)に答えなさい。

(1)　大乗仏教について述べた文として適当でないものを，次の①～④から一つ選びなさい。

①　一切の衆生は仏陀となる可能性を備えているとした。
②　ナーガルジュナは，一切の事物が空であることを様々な角度から論じた。
③　阿羅漢の実践すべき徳目として六波羅蜜が説かれた。
④　中央アジアをへて，中国，朝鮮，日本へと伝えられた。

(2)　道元の思想について述べた文iとiiの正誤の組合せとして正しいものを，以下の①～④から一つ選びなさい。

i 南無阿弥陀仏と唱え，思うままに踊って我を忘れた時こそ，心は仏と一つになるとした。 ii 壁に向かって，ただひたすら座禅する看話禅により，ありのままの自己が現れるとした。

① i－正　ii－正　② i－正　ii－誤
③ i－誤　ii－正　④ i－誤　ii－誤

(3) 江戸時代の儒学者について述べた文として最も適当なものを，次の①～④から一つ選びなさい。

① 林羅山は，すべての人の道徳の根源を「孝」に求め，孝を根本として，時と処と位に相応する正しい倫理の実践が重要と説いた。

② 藤原惺窩は，あらゆる職業は仏道修行であるとして，商人の営利活動を肯定するなど士農工商それぞれの職業倫理を説いた。

③ 山鹿素行は，抽象的な理こそ万物の根源であるという朱子の説を批判し，すべて存在するものは個別的で，ひとつひとつに固有の理があり，それを無視して万物一源と論ずるべきでないと説いた。

④ 伊藤仁斎は，『論語』，『孟子』よりも前の古典『六経』を重視し，仁愛は「誠」の心をもって，忠と信を実践することで実現されると説いた。

(4) 日本の思想家のキリスト教の受容について述べた文として最も適当なものを，次の①～④から一つ選びなさい。

① 新島襄は，文明の基礎は教育に，教育の基本は宗教にあると考え，キリスト教道徳に基づく学校を開校した。

② 新渡戸稲造は，キリスト教と日本を愛し，この二つのJに生涯を捧げることを誓った。

③ 内村鑑三は，「太平洋の橋とならん」という意識を持ち，キリスト教の信仰を土台とし，国境を越えた人間愛を提唱した。

④　植村正久は，自らの信念を「武士道に接ぎ木されたるキリスト教」と述べ，東京神学社を設立した。

(5)　次の文章は，鈴木大拙による英文を翻訳したものの一部である。文章中の空欄(　i　)～(　iii　)に当てはまる語句の組合せとして正しいものを，以下の①～⑥から一つ選びなさい。

> (　i　)は体験的であり，(　ii　)は非体験的である。…(　iii　)は(　ii　)と哲学には要るが，(　i　)の場合には妨げとなる。何故であるか。(　iii　)は代表するものであって，実体そのものではない。実体こそ，(　i　)において最も高く評価されるものなのである。

①　i－科学　ii－言葉　iii－禅
②　i－科学　ii－禅　iii－言葉
③　i－言葉　ii－科学　iii－禅
④　i－言葉　ii－禅　iii－科学
⑤　i－禅　ii－科学　iii－言葉
⑥　i－禅　ii－言葉　iii－科学

(☆☆☆◎◎◎)

【2】社会の課題と古今東西の思想について，次の問いに答えなさい。

問1　20世紀初めの日本で繰り広げられた母性保護論争における主張について述べた文iとiiの正誤の組合せとして正しいものを，以下の①～④から一つ選びなさい。

> i　与謝野晶子は，妊娠・出産・育児期の女性は国家が保護し，女性が結婚と職業を両立できるようにすべきとした。
> ii　平塚らいてうは，女性が男性にも国家にも頼らずに経済的に独立できるようにすべきであり，経済力がないなら結婚すべきでないとした。

①　i－正　ii－正　②　i－正　ii－誤　③　i－誤　ii－正

④　i－誤　ii－誤

問2　次の文章A，Bは，17世紀から18世紀のヨーロッパの思想家による文章の一部を翻訳したものである。現在日本において，「憲法改正に関する国民投票」「最高裁判所裁判官の国民審査」「弾劾裁判所の設置」「地方自治特別法の制定に関する住民投票」は，A，Bいずれの考え方に基づいて実施されているか。組合せとして最も適当なものを，以下の①～⑧から一つ選びなさい。

A　主権は譲りわたされえない，これと同じ理由によって，主権は代表されえない。主権は本質上，一般意志のなかに存する。しかも，一般意志は決して代表されるものではない。一般意志はそれ自体であるか，それとも，別のものであるからであって，決してそこに中間はない。

B　この権利が，自分たちの間でそのために任命される人々によってのみ行使され，またこの権利が，共同社会や，共同社会からそのための権威を与えられた人々が同意するような規則に従って，行使されるようにするのである。

	憲法改正に関する国民投票	最高裁判所裁判官の国民審査	弾劾裁判所の設置	地方自治特別法の制定に関する住民投票
①	A	A	A	B
②	A	A	B	A
③	A	A	B	B
④	A	B	A	A
⑤	B	A	B	A
⑥	B	B	A	A
⑦	B	B	A	B
⑧	B	B	B	A

問3　次の文章は，高校生の田中さん，大村さん，安井さんがクローン技術の発展の是非について交わした会話であり，文章中の空欄(　i　)～(　iii　)にはそれぞれカント，ジェームズ，フランシス＝ベーコンのいずれかの名前が当てはまる。(　iii　)に当てはまる思想家の名前とその説明の組合せとして正しいものを，あとの①～⑨から一つ選びなさい。

田中　私は科学的知識の増大が人の幸福につながると思うから，クローン技術に肯定的なんだ。(　i　)も自然の法則をとらえ，自然を支配することで人間の生活を改善できると考えていたよ。

大村　(　ii　)のように，真理の基準は，実生活に役立つかどうか，その有用性にあると考えると，クローン技術も人間に役立つかどうかが大事ということになるね。

安井　私は，本で現代の技術では理論的にクローン人間もつくれると読んで，人間の生存の手段として生命を操作することに疑問を抱いたよ。(　iii　)は理性に従う自律的な存在としての人格に絶対的な価値を認めて，人格を単なる手段としてはならないと考えていたし，シュヴァイツァーも生命への畏敬を説いていたよ。

田中　人の生と死の再定義を迫るような問題については，科学的・法的議論だけでなく，哲学的・宗教的な観点からの議論も必要だね。

【(　iii　)にあてはまる思想家の名前】

ア　カント　　イ　ジェームズ　　ウ　フランシス＝ベーコン

【(　iii　)にあてはまる思想家についての説明】

エ　主観と客観，精神と物質などの対立をこえたところに，具体的実在としての意識の流れがあると説いた。

オ　知識の獲得のためには先入観・偏見を取り除き，自然をありのままに観察する必要があると考えた。

カ　人間は感性によって事柄をうけとめて，悟性によって，その素材を整理し，概念を形成することで認識が成立すると考えた。

①　名前－ア　説明－エ　②　名前－ア　説明－オ
③　名前－ア　説明－カ　④　名前－イ　説明－エ
⑤　名前－イ　説明－オ　⑥　名前－イ　説明－カ
⑦　名前－ウ　説明－エ　⑧　名前－ウ　説明－オ

⑨　名前－ウ　説明－カ

(☆☆☆◎◎◎)

【3】現代の日本の政治と国際政治に関連することについて，次の問いに答えなさい。

問1　日本国憲法に明記されている内閣の権限に当てはまらないものを，次の①～⑥から一つ選びなさい。

①　恩赦の決定　②　国政調査権　③　最高裁判所長官の指名
④　条約の締結　⑤　政令の制定　⑥　臨時国会の召集の決定

問2　法の支配について述べた文iとiiの正誤の組合せとして正しいものを，以下の①～④から一つ選びなさい。

i　法の支配とは，法が権力行使の方向と限界を示し，全ての国家活動が憲法と法律を基準に営まれるという原則のこと。
ii　法の支配とは，政治が法に基づいて行わなければならないとし，形式や手続きの適法性を重視する考え方で，19世紀のドイツで発達した。

①　i－正　ii－正　②　i－正　ii－誤
③　i－誤　ii－正　④　i－誤　ii－誤

問3　住民投票についてまとめた，次の表中の下線部iとiiの正誤の組合せとして正しいものを，以下の①～④から一つ選びなさい。

住民投票で問われる内容	法令根拠	結果の法的拘束力
議会を解散するか。 議員・首長を解職するか。	i <u>地方自治法</u>	あり
産業廃棄物処理場の建設など重要な政策決定について賛成か反対か。	住民投票条例	ii <u>あり</u>

①　i－正　ii－正　②　i－正　ii－誤
③　i－誤　ii－正　④　i－誤　ii－誤

問4　小選挙区制と比較して，大選挙区制と比例代表制に共通する特徴として最も適当なものを，次の①～④から一つ選びなさい。

① 大政党が出現しやすく政局が安定する。

② 二大政党制を促し政権交代されやすい。

③ ゲリマンダーの危険性が高い。

④ 死票が少なくなる。

問5　衆議院議員選挙では，小選挙区比例代表並立制が採用されている。表1は，衆議院比例代表におけるある比例区(定数7)の選挙結果について，表2は，表1と同一の比例区におけるA党の比例名簿に登載された候補者の選挙結果について，それぞれまとめたものである。A党からD党の4党以外に立候補者がいる政党はないとしたとき，この比例区におけるA党の選挙結果として最も適当なものを，あとの①～⑥から一つ選びなさい。

表1　衆議院議員選挙の比例代表選挙におけるある比例区（定数7）の選挙結果

政党名	A党	B党	C党	D党
得票数	30,360	29,250	17,460	10,020

表2　表1の比例区におけるA党の比例代表に登載された候補者の選挙結果

名簿順位	候補者名	立候補状況	小選挙区での結果		
			当・落選	得票数	当選者の得票数
1	アイダ	比例のみ	—	—	—
2	イイダ	重複立候補	落	720	1,000
2	ウエダ	重複立候補	当	1,000	1,000
2	オオタ	重複立候補	落	800	1,000
2	カタダ	重複立候補	落	810	900
6	キダ	比例のみ	—	—	—
6	クマダ	比例のみ	—	—	—

① アイダ，イイダの2名が比例当選する。

② アイダ，ウエダの2名が比例当選する。

③ アイダ，カタダの2名が比例当選する。

④ アイダ，イイダ，ウエダの3名が比例当選する。

⑤ アイダ，イイダ，オオタの3名が比例当選する。

⑥ アイダ，オオタ，カタダの3名が比例当選する。

問6 国際連合について述べた文として適当でないものを，次の①～④から一つ選びなさい。

① 総会は，全加盟国で構成されている。

② 安全保障理事会は5常任理事国と10非常任理事国で構成されている。

③ 平和維持の考え方の一つである勢力均衡は，国際連合の基本原理となっている。

④ 信託統治理事会は，現在活動を停止している。

問7 次の民族紛争i～iiiと，それらと関係の深い出来事の説明A～Cとの組合せとして正しいものを，あとの①～⑥から一つ選びなさい。

i アフガニスタン問題	ii チェチェン紛争
iii 南スーダン内戦	

A アメリカ同時多発テロの首謀者とされるビンラディンをかくまったとして，米英軍の攻撃を受け，ターリバーン政権は崩壊した。

B ソ連崩壊直前の混乱期から，独立を目指した武装闘争を展開したが，ロシアはこの運動を抑え込んだ。

C 2011年に住民投票が行われて独立を果たし，同年に国際連合に加盟した。

①	i－A	ii－B	iii－C	②	i－A	ii－C	iii－B
③	i－B	ii－A	iii－C	④	i－B	ii－C	iii－A
⑤	i－C	ii－A	iii－B	⑥	i－C	ii－B	iii－A

(☆☆☆◎◎◎)

【4】現代日本の経済や国際経済について，次の問いに答えなさい。

問1　市場の失敗の一つである外部経済の例について述べた文として最も適当なものを，次の①～④から一つ選びなさい。

①　新駅の開設で，商店街の売り上げが伸びた。

②　企業が有害物質を出すことで近隣住民が健康被害を受けた。

③　自治体が，不特定多数の人々が利用できる道路，公園などを整備した。

④　生産者が商品の欠陥を隠し，消費者が気づかず購入した。

問2　日本の社会保障制度について説明した文iとiiの正誤の組合せとして正しいものを，以下の①～④から一つ選びなさい。

i　介護保険とは，45歳以上の国民が保険に加入し，介護が必要になった時に介護サービスを受けることができる制度である。 ii　労働者災害補償保険は，業務上の事由による負傷・疾病・死亡などの際に給付を行う社会保険の一つであり，労使折半で保険料を負担する。

①　i－正　ii－正　②　i－正　ii－誤

③　i－誤　ii－正　④　i－誤　ii－誤

問3　日本の年金制度について述べた文として最も適当なものを，次の①～④から一つ選びなさい。

①　日本の年金制度では，老齢年金，遺族年金，介護年金が給付される。

②　自営業者の年金保険料はその所得に比例する。

③　現在の日本の年金制度では，賦課方式を中心とし，積立方式を取り入れている，

④　厚生年金の加入者は国民年金に加入しなくても良い。

問4　日本の2019年度予算の歳出予算について，次の①～⑤のうち最も金額が少ないものを一つ選びなさい。

①　公共事業費　②　文教及び科学振興費　③　社会保障費

④　国債費　⑤　地方交付税交付金等

問5　次の①～④の図は，金融市場における資金量と金利の変動を図式化したものである。中央銀行が金融緩和政策を実施した場合の金融市場における供給曲線の移動を表したものとして，最も適当なものを一つ選びなさい。

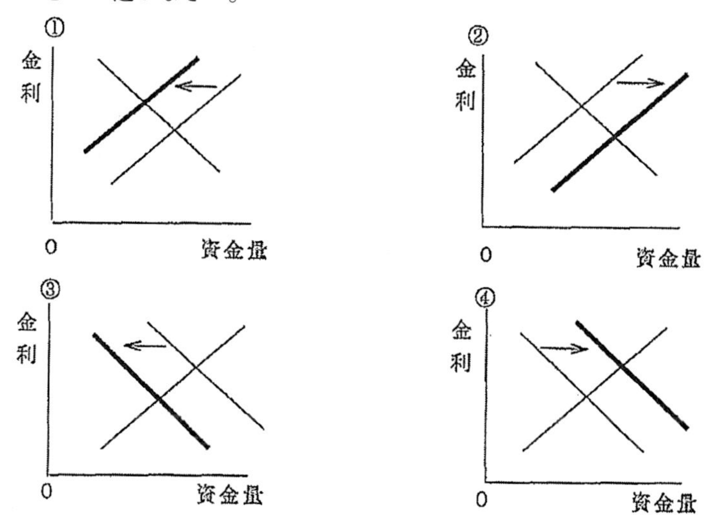

問6　モノの貿易だけでなくサービスや知的財産権分野のルール作成を行ったラウンド交渉として最も適当なものを，次の①～④から一つ選びなさい。

①　ウルグアイ・ラウンド　　②　東京ラウンド

③　ドーハ・ラウンド　　④　ケネディ・ラウンド

問7　次の表は，A，B国で，パソコンと衣服をそれぞれ1単位生産するのに必要な労働力を示したものである。これらの生産には労働しか用いられないとし，また，各国内の労働者は，この二つの産業で全員雇用されるとする。次の表から読み取れる内容について，以下の文中の空欄(　i　)と(　ii　)に当てはまる数の組合せとして正しいものを，あとの①～④から一つ選びなさい。

	パソコン	衣服
A国	20人	40人
B国	120人	60人

ここで，各国が比較優位な商品に生産を特化した場合，生産量の両国の合計は，パソコンでは，(　i　)単位増えて，衣服では(　ii　)単位増える。

①　i－1　ii－1　②　i－3　ii－3
③　i－5　ii－0.5　④　i－7　ii－2.5

(☆☆◎◎◎)

解答・解説

中高共通

【1】問1　⑤　問2　③　問3　⑥　問4　①

〈解説〉問1　経線の間隔は15度ということなので，地点Aは南緯45度。地球の全周は約40,000kmで，そのうちの45度分であるから，40,000×45÷360＝40,000÷8＝5,000。　問2　イヌイットはアラスカやカナダ，スカンディナヴィア半島などに住む先住民である。　問3　フツ人とツチ人の対立といえばルワンダ内戦。19世紀末から1960年代初頭にかけてドイツとベルギーが植民地支配を行い，これらの集団と対立の構図を固定化したことが紛争を誘発したと指摘される。　問4　①　近年の中国のサハラ以南地域へのインフラ支援は欧米諸国や日本を圧倒している。 ② ギニア湾岸ではカカオの栽培が盛んであるが，世界の生産量の9割は占めていない。世界1位のコートジボワール約40%，ガーナ18%のほかに，インドネシアや南米での生産が多い。 ③ アフリカの人口は依然として増加している。 ④ 特定の農産物や地下資源に経済が支えられるモノカルチャー経済は，価格変動が大きいため，多角化が急務。

【2】問1 ② 問2 ③ 問3 ① 問4 (1) ① (2) ③ (3) ① 問5 (1) ④ (2) ① (3) ②

〈解説〉問1 木曽川，長良川，揖斐川の木曽三川は，河口に輪中集落が見られるため重要。最も長い木曽川が東側で，上流に木曽山脈があることを覚えておきたい。河口は愛知県ではなく三重県にある。

問2 五畿七道のうちの東海道には，現在の東京都と茨城，千葉，埼玉，神奈川，山梨，静岡，愛知，三重県が含まれるが，そのうち尾張，三河が愛知県。美濃は岐阜県。遠江(とおとうみ)，駿河，伊豆は現在の静岡県で，県庁所在地の静岡市は駿河にある。遠江の中心は浜松であったが，浜松市は政令指定都市の1つであり，人口は静岡市より多い。 問3 日本の最東端は南鳥島で，南鳥島周辺の排他的経済水域は本州を含む全体の水域とはつながっていないので，③は誤り。最南端の沖ノ鳥島周辺はいずれにも記されているが，④は大東島の部分がないので誤り。①は②と比べ中央に除外部分があり，これが正解。しかしこの部分は「延長大陸棚」として認められており，一定の権利が認められている。 問4 (1) 嵯峨天皇は平安京に遷都した桓武天皇の皇子で，809年に兄の平城天皇のあとを継いで即位した。弘仁年間(810～24年)に平安京の警察を担当するために令外官の検非違使を設置した。 ②『古今和歌集』の編纂は905年(完成年)で醍醐天皇の時代。③ 平将門の乱は939～940年で朱雀天皇の時代。 ④ 多賀城の設置は724年で聖武天皇が即位した年である。 (2) 資料中の「治承四年」は1180年で，「津の国の今の京」は，平安京から一時遷都した摂津国の福原京である。土地が狭小のため，平安京のような1区画を1町(約

654m)四方とする条里制に基づく町割りができないことが記されている。　(3)　資料は『方丈記』。鎌倉時代初期に京都から鎌倉に下向した歌人の鴨長明が著した随筆である。冒頭の「行く川のながれは絶えずして，しかも本の水にあらず」が有名。「刀兵(戦乱)・疾疫・飢饉」の「三災」が相次いだ平安末期から鎌倉初期の「世の無常」を描いている。②の紀貫之，③の巨勢金岡，④の藤原実資はいずれも国風文化期の人物なので，消去法でも判断できる。　問5　(1)　1808年，江戸幕府は間宮林蔵らに樺太を中心とする北方探検を命じた。その結果，翌1809年に半島と思われていた樺太が島であることがわかり，ユーラシア大陸と樺太の間の海峡は，のちにシーボルトによって間宮海峡と名づけられた。　①　樺太島ではなく色丹島と歯舞群島。　②　1811年にゴローウニンが逮捕された場所は国後島。　③　1854年12月(西暦では1855年2月)の日露和親条約によって，樺太島は日露両国人の雑居地となった。　(2)　資料はロシア皇帝が樺太の「権理」を受ける代わりに「『クリル(千島)』全島ハ日本帝国ニ属シ」と定めているので，1875年に締結された樺太・千島交換条約。この年，下野していた木戸孝允・板垣退助と内務卿大久保利通による大阪会議が開かれて，木戸・板垣の政府復帰が決まり，まもなく立憲政体樹立の詔が出された。(3)　樺太・千島交換条約はロシアの首都サンクトペテルブルクで，駐露公使で特命全権公使の榎本武揚(旧幕臣で戊辰戦争での五稜郭籠城でも知られる)とロシア外相ゴルチャコフとの間で調印された。そのため，国際的にはサンクトペテルブルク条約と呼ばれることが多い。

【3】問1　⑤　　問2　④　　問3　④　　問4　④　　問5　②
問6　①　　問7　②

〈解説〉問1　i　フェミニズムは女性の解放を目指す思想。ボーヴォワールなどが思想家として有名。　ii　コミュニタリアニズムは共同体主義と訳される。マッキンタイアやサンデルが著名な論者。　iii　エスノセントリズムは自民族優越主義などと訳される。　問2　和辻哲郎は人間を間柄的存在として捉えた。 ① 柳田国男に関する記述。② 西田幾多郎に関する記述。『善の研究』を著し，主客未分の純粋経験を真の実在とした。 ③ 南方熊楠に関する記述。柳宗悦は民芸運動を創始した美術評論家である。 問3 ミルの『功利主義の一節』。功利主義を唱えつつも，快楽に質の違いがあることを認め，より質の高い快楽を善とした。 ① カントの言葉。 ② ベンサムの言葉。ミルの師であり，快楽は量的に把握可能とする量的功利主義を唱えた。③ ロックの言葉。 問4 アメリカでは，違憲審査は具体的な訴訟に付随して行われる。これを付随的違憲審査制といい，わが国にも導入されている。 ① 連邦議会に大統領の不信任決議権はない。② 大統領は議会の解散権を持たない。 ③ 大統領は法案提出権を持たない。 問5 アメリカの二大政党は共和党と民主党。共和党は保守色が強く，民主党はリベラル色が強い。現在のアメリカでは，大統領だけでなく，連邦議会議員もほぼすべていずれかの政党に所属している。なお，保守党と労働党はイギリスの二大政党である。
問6 国連憲章により，1945年10月に51か国を現加盟国として，国連が創設された。 ② 同時期に締結された旧日米安保条約により，米軍が駐留することになった。 ③ 1ドル＝308円とされた。 ④ ワシントン条約は絶滅のおそれのある動植物の国際取引を規制する条約。 問7 i フリードマンの経済理論は，マネタリズムと呼ばれる。ケインズ経済学が唱える有効需要創出を否定した。 ii 建築需要の変化による約20年の景気循環を発見したのはクズネッツである。キチンは，在庫投資を原因とする約4年の景気循環を発見した。

中高歴史

【1】問1 (1) ④ (2) ③ 問2 (1) ② (2) ③ 問3 ③
問4 ② 問5 (1) ④ (2) ③ 問6 ④

〈解説〉問1 (1) 史料Aは57年に倭の奴国の王が後漢に使者を送り，光武帝から印綬(金印)を賜ったことを伝える『後漢書』東夷伝。この印綬は1784年に志賀島(現在の福岡市)で農民によって発見されたことからも，奴国は現在の福岡市付近にあったという説が有力である。
(2)　弥生時代に稲作が普及するとムラとムラの間で争いが起こるようになり，④の吉野ヶ里遺跡(佐賀県神埼市・吉野ヶ里町)，①の唐古・鍵遺跡(奈良県田原本町)のようにムラ全体を堀と柵で囲んで防御力を強めた環濠集落とともに，海抜352mの山頂にある③の紫雲出山遺跡(香川県三豊市)のように，眺望の良い海抜100m以上の山頂・丘陵上に高地性集落がつくられた。　②　三内丸山遺跡は青森市にある縄文時代の遺跡である。　問2　(1)「異国船の入津」を限定していたのは江戸時代の鎖国の時代。1639年，幕府はポルトガル船の来航を禁止し，1641年にはオランダ商館を平戸から長崎の出島に移して，中国船とオランダ船に限り長崎で貿易する鎖国の体制を固めた。　(2)「江戸の日本橋より唐，阿蘭陀迄境なしの水路なり」と指摘する史料Bは，林子平の『海国兵談』。寛政の改革中の1791年に刊行した海防論書で，外国船の接近に備えて沿岸の防備を強化することを主張したが，翌年，子平は蟄居に処され，版木が没収された。　問3　史料Cは建武の新政を批判した「二条河原落書」。1334年，後醍醐天皇の御所に近い鴨川の二条河原に掲げられたと伝えられる。　i　鎌倉時代末期に内管領として権勢をふるっていたのは長崎高資で，平頼綱は1293年に執権北条貞時に滅ぼされた内管領である。　問4　史料Dは豊臣秀吉が太閤検地の実施を家臣の浅野長政(のちに五奉行の一人)に命じた1590年の文書。
①　申告制の指出検地ではなく，全国一律の基準で実施した。
③　貫高制ではなく石高制。　④　1段は300歩とされた。
問5　(1)　史料Eは養老令の戸令のうち，戸籍について規定した第10条。大化の改新を推し進めた中大兄皇子は668年に即位して天智天皇となり，670年には最初の全国的な戸籍とされる庚午年籍を作成した。庚寅年籍は690年に持統天皇が作成した戸籍である。　(2)　c　律令制下では6歳以上の良民男女に対し，男性は2段，女性はその3分の2の1段120歩の口分田が支給された。【資料】に示された戸の構成員は男性4人，女性2人なので，男性が計8段，女性が計2段240歩となり，合わせ

て10段＝1町と240歩。　d　庸を負担するのは21～65歳で，男性4人のうち9歳と15歳は対象外なので2人。　e　雑徭は1年に60日以内，地方の労役につく労役。17～65歳の男性に課されたので，対象となるのは2人で最大120日。　問6　史料Bの『海国兵談』は江戸時代(1791年)，史料Cの「二条河原落書」は建武の新政の時代(1334年)，史料Dの太閤検地は安土桃山時代(1590年)。

【2】問1　④　　問2　①　　問3　(1)　⑦　　(2)　①　　問4　①，③

〈解説〉問1　ii　1877年，西郷隆盛をリーダーとして西南戦争が起こった。　i　1881年，開拓使官有物払下げ事件が起こり，明治十四年の政変が発生した。　iii　直後に大蔵卿に就任した松方正義によるデフレ政策のために農産物の価格が下落して多くの農民が困窮し，1884年には困民党と称する農民約3000人が蜂起する秩父事件が起こった。

iv　1887年，三大事件建白運動が起こったが，民権派を東京から追放する保安条例によって鎮静化した。　問2　1912年末，内大臣の桂太郎を首班とする藩閥内閣の第3次桂太郎内閣が成立すると，立憲政友会の尾崎行雄，立憲国民党の犬養毅が「閥族打破・憲政擁護」を掲げて第一次護憲運動と呼ばれる倒閣運動を起こし，翌年2月，桂内閣は2か月弱で退陣した(大正政変)。なお，犬養の所属政党は1924年の第二次護憲運動では立憲国民党の後身の革新倶楽部で，翌年に解散して立憲政友会に合流した。　問3　(1)　高橋是清は犬養毅内閣・斎藤実内閣・岡田啓介内閣(1931年末～1936年の二・二六事件)の大蔵大臣。まず浜口雄幸内閣が解禁した金輸出の再禁止を断行し，兌換制度を停止して管理通貨制度を導入した。また，赤字国債を発行して日本銀行に引き受けさせ，時局匡救事業と称する大規模な公共土木事業を行う積極財政によって景気の浮揚を図った。　(2)　i　高橋財政によって産業界は活気づき，金輸出再禁止によって円相場が大幅に下落したため輸出を伸ばした。特に綿製品の輸出はイギリスを抜いて世界第1位となった。　ii　軍需の高まりと政府の保護政策によって重化学工業はいちじるしく発展し，日中戦争が始まった翌年の1938年には工業総生産額の54.8%を占め(前年は49.6%)，軽工業の生産を上まわった。
問4　iの関西国際空港開港は1994年，iiiのラジオの民間放送開始は1951年の出来事である。iiの第18回オリンピック東京大会開催とivの東海道新幹線開通は1964年，vの日本万国博覧会(大阪万博)開催は1970年，viの名神高速道路全線開通は1965年で，いずれも1955～73年の高度経済成長時代の出来事である。

【３】問1　③　　問2　⑥　　問3　①　　問4　②　　問5　①
問6　③
〈解説〉問1　①　ギリシアの哲学者プラトンが開いた学園である。
②　イスラーム世界の学院である。　④　ギリシアの哲学者アリストテレスが開いた学園である。　問2　①，②，⑤のカイロはファーティマ朝が969年に新設した都であり，2大聖地ではない。①，③，④のバグダードはアッバース朝が762年に新設した都であり，2大聖地ではない。　問3　i　非ムスリムの宗教共同体はミレットと呼ばれ，納税と引き換えに慣習と自治が認められた。　ii　デヴシルメという徴集制度によって，バルカン半島のキリスト教徒子弟をイスラーム教に改宗させてイェニチェリが編成された。　問4　③，④　パナマ運河は，イギリスではなくアメリカ合衆国が管理していた。　①，③　シベリア鉄道の開通は1902年である。　問5　Eのナセルはエジプト大統領で，国有化の対象はスエズ運河である。その国有化宣言は1956年。
①「アフリカの年」は1960年。　②　モサデグによる石油国有化は1951年である。　③　バンドンで開かれたアジア＝アフリカ会議は1955年である。　④　インドシナ戦争の開始は1946年である。
問6　a　イスラエルに敵対して原油輸出禁止に踏み切った組織はアラブ諸国の産油国からなるOAPEC(アラブ石油輸出国機構)である。
b　それに追随して原油価格を引き上げた組織は非アラブ国のベネズエラやイランを含むOPEC(石油輸出国機構)である。　c　アメリカは経済回復に失敗して双子の赤字を招き，1982年に10%超の失業率に悩まされた。　d　ラウンドはGATT(のちにWTO)による多角的貿易交渉であり，1947年以降に不定期に開催されている。

【4】問1　③　　問2　①　　問3　③　　問4　(1)　④　　(2)　①
(3)　①　　問5　②　　問6　④

〈解説〉問1　ソ連ではなく中華人民共和国。ソ連は韓国を支援する国連軍派遣に関する国連安全保障理事会を欠席し，マリク国連代表を通じて停戦を提案したが，直接的な北朝鮮への武力支援は実施していない。　問2　①　スターリン批判は1956年。　②「鉄のカーテン」演説は1946年。　③　プロレタリア文化大革命の開始は1966年。　④　ブレジネフの第一書記就任は1964年。　問3　南ベトナムではなく北ベトナムである。1964年8月のトンキン湾事件を口実に，ジョンソン大統領は1965年2月に北ベトナム空爆(北爆)に踏み切った。アメリカ合衆国は最大50万人を超える兵力を投入したが，27万人ほどの死傷者をだして1973年3月に撤退へと追い込まれた。　問4　(1)　①　イランは1979年のイラン革命後の大使館占拠事件で国交を断絶している。　②　ウクライナの独立は1991年。　③　キューバは1961年に国交を断絶しており，国交回復は2015年である。　(2)　①　ウォーターゲート事件は1974年。　②　水素爆弾の初実験は1952年。　③　ラジオの定時放送の始まりは1920年。　④　マッカーシズムの始まりは1950年。　(3)　d　女性の市民権のひとつである選挙権は1920年に解消していた。　e　ニクソン大統領は1969年の就任である。　f　ボーヴォワールはフランスのフェミニストである。　問5　①　アフガニスタン攻撃は2001年である。　③　アメリカ合衆国はイランに武力攻撃していない。　④　ユーゴスラヴィアへの武力行使は，1992年に始まるボスニア内戦時などである。　問6　④　ドイツ統一は1990年。　①　イラン＝イラク戦争の開始は1980年。　②　日中国交正常化は1972年。
③　INF全廃条約の締結は1987年。

中高地理

【1】問1　④　　問2　⑥　　問3　①　　問4　(1)　③　　(2)　④
問5　④　　問6　(1)　⑤　　(2)　③　　問7　②　　問8　⑦
問9　①　　問10　①

〈解説〉問1　i　フォッサマグナの境界西縁は糸魚川・静岡構造線だが，東縁は不明。　ii　糸魚川・静岡構造線の東側は北アメリカプレート，西側はユーラシアプレート。いずれも大陸プレートで，それぞれに海洋プレートの太平洋プレートとフィリピン海プレートが沈み込んでいる。　問2　準平原は侵食輪廻の最終段階で，新期造山帯に属する日本列島にはない。谷底平野は，山中を流れる河川が周囲を侵食してできる幅の狭い平野部分。埋積谷も含むことがある。河川は山間部から出て扇状地を形成し，水無川となったあと，平野部分で湧き出る湧水帯となり，集落や水田ができる。後背湿地は，河川が氾濫した後に残される湿地帯で，こちらも水田として利用される。　問3　沈水海岸は山地が沈降あるいは海水面が上昇することによってできる地形で，リアス海岸が代表例。離水海岸は，海岸平野が隆起あるいは海水面が低下することでできる地形で，海岸平野や海岸段丘など。
問4　(1)　日本には熱帯気候A，乾燥帯気候B，氷雪気候Eに該当する地域は基本的にない。温帯気候Cは最寒月平均気温が－3℃以上であること，亜寒帯気候Dは最暖月平均気温が10度以上であることから，iはD。ii，iii，ivはCに該当する。実際には気温だけから判断することはできず，降水量が少ないステップ気候や砂漠気候に該当する場合もありうるが，日本の都市であることから除外できる。　(2)　緯度が高い順に網走，函館であるから，網走がi，函館がii。秋田と盛岡の緯度はほぼ同じ。秋田は海に近いのに対し盛岡は内陸にあって標高もやや高いことから冬の気温が低いivが該当する。　問5　i　鹿児島県は豚の飼育が全国1位で，茶の生産が本問では2位だが，近年は鹿児島が越えつつある。　ii　宮崎県も茶の生産と豚の飼育が多く，肉牛や鶏の飼育も多い。　iii　ビールは消費地指向工業で，大都市の近郊で生産している。　問6　東京都，神奈川県，大阪府の順であるiiは人口。Xは埼玉県。9位の福岡までが500万人以上で，Zは静岡県。愛知県が1位のvが製造品出荷額。小売業は人口の多い地域に多く，卸売業は中核的な都市がある地域に多いと考えて，iが小売業，iiiが卸売業事業所数。東日本大震災の被災地である福島県では公共工事が多いと考えられるからY。　問7　i　ゲリラ豪雨と呼ばれる局地的な集中豪雨が増えているが，地下街や地下鉄の駅などは水没の危険があり，避難経路と誘導指示の準備が必要である。　ii　温められた空気は上昇気流となるため，大気が不安定になって豪雨をもたらす。　問8　人口の多い福岡県はiii。県内に山間部の多い和歌山県は過疎地域の面積が広くi。残るiiは広島県。面積の広い静岡県はivとして，東京のベッドタウン埼玉県は過疎地域割合が低く，人口集中地区割合が高いv。滋賀県は関西のベッドタウンであり，過疎地域割合は非常に低いviで，全国では45位。　問9　成田空港や関西国際空港では原油の輸入はないし衣類の輸入もないと考えてiは高価で輸送費の割が合う医薬品。横浜港，川崎港で輸入の多いiiiが原油，iiが衣類。　問10　粗放的とは，労働力や資金をかけずに行うことで，日本では集約的な農業が主流。手間をかけ，肥料を与え資本を投じて丁寧に育てる農業はコストがかかるが，商業的に価値のあるものを生産することができる。果物や牛肉のブランド品などが該当する。

【2】問1　①，④　　問2　④，⑤

〈解説〉問1　①，②　河川の中央部西半分には区界を表す線がある。標高31mと29mがあり，河川は東から西へ流れていることがわかる。これは福岡県朝倉市を流れる筑後川流域である。　③　河川の北にあるのは自然災害伝承碑ではなく記念碑。自然災害伝承碑は左岸に2つある。　④　地理院地図は現在カラーで提供されており，高速道路は緑色あるいは中に「・・・」のある有料道路として描かれることとなっている。　⑤　南にあるのは電子基準点ではなく官公署。　問2　電波塔は地形図Bの西より中央に，地形図Cの西より中央と南部中央に2

カ所見られる。また図書館は地形図Bの北部，文化会館の近く，Cの北部の郵便局の近くにある。裁判所，保健所，博物館はBだけに，警察署，消防署はCだけにある。

【3】問1　④　　問2　①　　問3　①　　問4　③　　問5　④
問6　④　　問7　④

〈解説〉問1　インドネシアのスマトラ島，ジャワ島の西部にはスンダ海溝があり，これはインド・オーストラリアプレートがユーラシアプレートに沈み込む狭まる境界である。フィリピン海溝は，海洋プレートであるフィリピン海プレートがユーラシアプレートに沈み込む狭まる境界である。　問2　暑さとスコールなどの雨，害虫や害獣の侵入を防ぐため，木や葉を用いた高床式住居を作っている。石灰石の家は地中海で，日干しレンガは西アジアなどの乾燥地帯で，動物の皮はモンゴルなど草原の遊牧民族の伝統的な家屋である。　問3　①　メコン川は流域が温帯で，四季による流量変化が大きい。　②　西岸海洋性気候の地域を流れるライン川は，流量の変化が小さい。　③　エニセイ川は，上流の緯度が高く，降水があり河川に流れ込むが，河口が高緯度にあって凍結する。そのため，初夏に流量が増える。観測地点のイガルカは北緯70度近いところに位置する。　問4　①　熱帯林は樹種が多く伐採には手間がかかるが，大規模な農園開発のための森林伐採により面積が縮小している。　②　薪炭材は発展途上国において電気やガスの代わりとして使用されるものである。インドネシアでは林業として用材を積極的に輸出している。　③　近年は持続可能な養殖の方法が模索されている。　④　用材を丸太で輸出することはインドネシアを初めとしてほぼ禁止し，自国で製材を行って付加価値をつけて輸出されている。　問5　A　米の輸出が多いのがタイ。　B　ベトナムよりマレーシアの緯度の方が低く，熱帯作物であるパーム油の輸出が多い。　C　ベトナムのコーヒー豆の生産はブラジルに次いで世界2位である。　問6　①　外貨獲得のために輸入代替型工業から輸出指向型工業へと移行した。　②　アジアNIEsはシンガポール，韓国，台湾，香港。　③　ルックイースト政策はマレーシア。ベトナムはドイモイ政策。　問7　人口が2億人を越えるAはインドネシアだが，一人あたりGNIは一番低くはない。植民地化されなかったBはタイだが，②はマレーシアのブミプトラ政策のこと。旧宗主国がアメリカであるCはフィリピン。その前はスペイン領であったため，キリスト教カトリックの信者が多い。人口5千万人の旧イギリス領というと難しいが，仏教国であることからミャンマー。2021年にクーデターがあった。フランス領だったEはカンボジア。海岸線は短く，南沙諸島の領有権争いには関与していない。

【4】問1　⑥　　問2　⑥　　問3　④　　問4　①　　問5　③
問6　③　　問7　②

〈解説〉問1　いずれも南半球にあるため，高日季が12～1月になっていることに注意。西部の都市Aはパースで，地中海性気候のiii。Bのダーウィンはサバナ気候で，年間を通じて気温が高いが雨季と乾季が明瞭なii。Cはシドニーで，温暖湿潤気候でi。　問2　D　マーズリー山脈のあるピルバラ地区で，鉄鉱石の産地が集まる。　E　カルグーリーを中心とした金の産出地。かつてはゴールドラッシュで多くの外国人労働者が押し寄せ，白豪主義のきっかけとなった。　F　アルミニウムの原料であるボーキサイト。ウェイパなどが中心地。　問3　オーストラリア東岸は，有名な観光地としても知られるグレートバリアリーフで，これは大堡礁という意味であるから，形態としては堡礁。ツバルは，ビキニ環礁などと同じく，中央部に礁湖＝ラグーンを残して周囲の部分だけが残る。タヒチは，島の周囲にサンゴ礁がある裾礁。問4　ヨーロッパからの流刑囚は主に政治犯で，羊を連れてきて，牧畜に従事した。安い労働力となったのは19世紀半ばの金鉱の発見とそれに伴う非白人労働者の移民で，反発から1901年移民制限法が発布，白豪主義が政策として採択された。　問5　原油の輸出が1位となっている①がロシア，④はカナダ。両国とも資源大国となっている。ロシアの原油はパイプラインでヨーロッパ各国へ輸出され，カナダの輸出は隣国アメリカに対するものが多い。③は肉類の割合が高いのが特徴であるオーストラリア。日本はオーストラリアから液化天然ガス，石炭，鉄鉱石を輸入している。②のペルーの1位は銅鉱石の誤り
問6　ニュージーランドは，サザンアルプス山脈が脊梁山脈となっており，偏西風が吹く西側斜面で降水量が多い。しかし平野が少なく，林業や観光業くらいで，人口も少ない。東側は降水量が少ないが，南島最大の都市クライストチャーチがあり，丘陵では放牧が行われている。　問7　オーストラリアはAのイギリス連連邦加盟国であり，イギリスとのつながりが強かったが，イギリスのEC加盟を契機にアジア諸国とのつながりを強めていった。現在は最も貿易額が高いCは中国，続いてBは日本。中国はTPPに加盟しておらず，iiiは誤り。

中　高　公　民

【1】問1　(1)　②　(2)　④　(3)　③　(4)　①　(5)　⑥
(6)　①　問2　(1)　③　(2)　④　(3)　③　(4)　①
(5)　⑤

〈解説〉問1　(1)　人間をホモ・レリギオーススと定義したのは，宗教学者のエリアーデ。哲学者のカッシーラーはアニマル・シンボクリム(象徴を操る動物)として，人間を捉えた。　①　リンネは博物学者。
③　ホイジンガは歴史家。　④　ベルクソンはエラン・ヴィタール(生命の飛躍)を論じた哲学者。　(2)　i　アリストテレスは，物事の本質は，個物に内在するとした。　ii　プラトンは，現実の世界はイデア界の不完全な似姿に過ぎないとした。　iii　エイドス(形相)は，アリストテレスが語る物事の本質で，プラトンが説くイデアに相当する言葉。　(3)　③　ストア派の哲学者であるエピクテトスの言葉。ストア派はアパテイア(不動心)を理想とする禁欲主義を唱えた。　①　エピクロスの主張。エピクロスは心の平安(アタラクシア)を求める快楽主義を唱えた。　②　プロタゴラスの言葉。ソフィストとして，相対主

義を主張した。　④　ソクラテスの主張。「無知の知」を唱えた。(4)　i　アウグスティヌスは古代キリスト教最大の教父であり，正統信仰を確立した。　ii　トマス＝アクィナスはスコラ哲学を代表する神学者で，神学とアリストテレス哲学の融合を試みた。　(5)　A　エラスムスに関する記述。『自由意志論』を著し，自由意志の存在を唱えた。　B　ルターに関する記述。ルターは『奴隷意志論』を著し，エラスムスの主張を否定した。コペルニクスは地動説を唱えた天文学者である。　(6)　A　マルクスは史的唯物論(唯物史観)を唱えた。そして，経済学の研究から，資本主義から社会主義への変革は不可避とする科学的社会主義を唱えた。　B　キルケゴールは実存主義の祖。個人が自分の人生を生き抜くための主観的真理を重視した。

問2　(1)　③　阿羅漢ではなく菩薩。阿羅漢は上座部仏教で理想とされている。　(2)　i　踊念仏を唱えたのは時宗の祖である一遍。

ii　看話禅(公案禅)は栄西が開祖である臨済宗における修行方法で，師から与えられた公案を説きながら行う坐禅のこと。道元は，曹洞宗の開祖であり，只管打坐を唱えた。曹洞宗では無念無想による黙照禅が行われる。　(3)　山鹿素行は古学派の祖であり，朱子学など，後世の解釈を排して，儒学を古典から直接学ぶべきとした。　①　日本陽明学の祖である中江藤樹に関する記述。　②　鈴木正三に関する記述。藤原惺窩は朱子学者で，林羅山はその弟子である。　④　古文辞学を唱えた荻生徂徠に関する記述。伊藤仁斎は古義学を唱えた。　(4)　新島襄は現在の同志社大学の創設者である。　②　内村鑑三に関する記述。　③　新渡戸稲造に関する記述。『武士道』を英文で著し，わが国の武士道を世界に紹介したことでも知られる。　④「武士道に接ぎ木されたるキリスト教」は内村鑑三の信念。　(5)　資料は鈴木大拙の『禅と日本文化』の一節。禅を，言語を超えたものとした。鈴木大拙は仏教学者であり，禅に関する多くの書籍を英文で著し，禅や仏教を世界に紹介した。同じく石川県出身で同年代の西田幾多郎とも交流があった。

【2】問1　④　　問2　②　　問3　③

〈解説〉問1　i　平塚らいてうの主張。与謝野晶子は『みだれ髪』などで知られる歌人である。　ii　与謝野晶子の主張。平塚らいてうは雑誌『青鞜』の創刊などで知られる女性運動家である。　問2　A　ルソーの『社会契約論』の一節。ルソーは主権を不可分・不可譲とし，直接民主制を理想とした。　B　ロック『統治二論』の一節。ロックは政府に対する人民の抵抗権を主張した。また，議会が立法権を持ち，執行権と外交権を持つ王権に優位する権力分立を唱えた。　問3　カントは，道徳論において人格を目的として扱うことを説いた。また，認識論において大陸合理論とイギリス経験論の融合を試みた。なお，iにはウが当てはまる。ベーコンは「知は力なり」として，帰納法を提唱した。また，iiにはイが当てはまる。ジェームズはプラグマティズムの思想家であり，真理は有用性によって判断されるとした。

【3】問1　②　　問2　②　　問3　②　　問4　④　　問5　⑥
問6　③　　問7　①

〈解説〉問1　国政調査権は，各議院に認められた権限である。
①，⑥　恩赦や国会召集は内閣の助言と承認を要する天皇の国事行為。
③　最高裁長官の任命は天皇の国事行為。　④　条約締結には国会による承認を要する。　問2　i　法の支配とは，国民の権利や自由を守るために，権力を法で拘束しようという法思想である。　ii　これはドイツの法治主義に関する記述。「悪法も法なり」という形式主義におちいりやすい。なお，法の支配はイギリスで発達した。
問3　i　住民の直接請求制度は地方自治法に定められた制度であり，この法律に基づく住民投票には法的拘束力がある。　ii　条例に基づいて実施される住民投票は，住民への諮問として行われるものに過ぎず，その結果に法的拘束力はない。　問4　死票とは落選者の得票のこと。大選挙区制は定数が複数の制度で，比例代表制は得票数に応じて政党に議席を配分する制度だから，死票は少なくなりやすい。これに対し，小選挙区制は死票が多くなりやすい。①，②，③はいずれも

小選挙区制の特徴。　問5　衆議院比例代表制では，ドント式で各政党の獲得議席数が計算される。ドント式では，各政党の得票数を自然数で順に割り，定数が7名ならその答えの大きなもの7つを選ぶ。A党からは3つ選ばれるので，A党には3議席が配分される。また，名簿の2位には小選挙区と重複立候補した候補者が並んでいるが，この場合，惜敗率が高かった者2名が選ばれる。　問6　③国連の基本原理は集団安全保障である。集団安全保障とは，平和を乱した国には他の加盟国が一致して制裁を加えると取り決めることで，平和を維持する仕組みのこと。勢力均衡には限界があることから，集団安全保障が導入されるようになった。　問7　i　2021年にアメリカ軍がアフガニスタンから撤収すると，ターリバーンは再び政権を掌握した。　ii　チェチェン共和国はロシア連邦の構成国だが，イスラム系の住民が多い。
iii　かつてのスーダンは南北で宗教や民族が異なり，また資源開発をめぐる対立があった。

【4】問1　①　　問2　④　　問3　③　　問4　②　　問5　②
問6　①　　問7　①

〈解説〉問1　ある経済主体の行動が，市場を経ずに他の経済主体に影響を与えることを，外部性といい，利益となる影響を外部経済，損害をもたらす影響を外部不経済という。①が外部経済，②が外部不経済の例である。③の公共財や④の情報の非対称性の存在も，「市場の失敗」の例である。　問2　i　介護保険の被保険者となるのは40歳から。64歳までは第2号被保険者で，65歳から第1号被保険者となる。　ii　労働者災害補償保険(労災保険)の保険料は，事業主が全額を負担する。
問3　修正積立方式などと呼ばれているが，現在のわが国の年金制度は賦課方式の性格の強いものになっている。　①　介護年金ではなく，障害年金。　②　国民年金保険料は一律。　④　国民年金は20～60歳の人が加入する基礎年金。　問4　2019年度予算(当初予算)において，最も多かったのは③の社会保障費で，歳出の33.6％を占めた。次いで多かったのが④の国債費で23.2％。さらに⑤の地方交付税交付金等が

15.8%。①の公共事業費は6.8%で，②の文教及び科学振興費は5.5%だった。　問5　金融市場において，金利は一般の財の市場における価格の役割を果たす。金融緩和として日銀が買いオペを行えば，市中銀行が融資できる資金量は増加する。ゆえに，資金の供給曲線は右にシフトして，金利は低下し，貸出金も増える。　問6　ウルグアイラウンドは1980年代～1990年代に行われたGATTの多角的貿易交渉で，農産物貿易を含めた「例外なき関税化」やWTOの創設についても合意された。なお，②は1970年代，③は2000年代，④は1960年代に行われた多角的貿易交渉。　問7　A国がすべての労働力をパソコン生産に投入すれば，パソコンを3単位生産でき，B国がすべての労働力を衣服生産に投入すれば，衣服を3単位生産できる。特化前は両国合わせたパソコン，衣服の生産量はいずれも2単位だったから，特化によっていずれも1単位増産できることになる。

2021年度　実施問題

中高共通

【1】世界の地理や歴史について，次の問いに答えなさい。

問1　次の略地図を見て，下の(1)(2)に答えなさい。

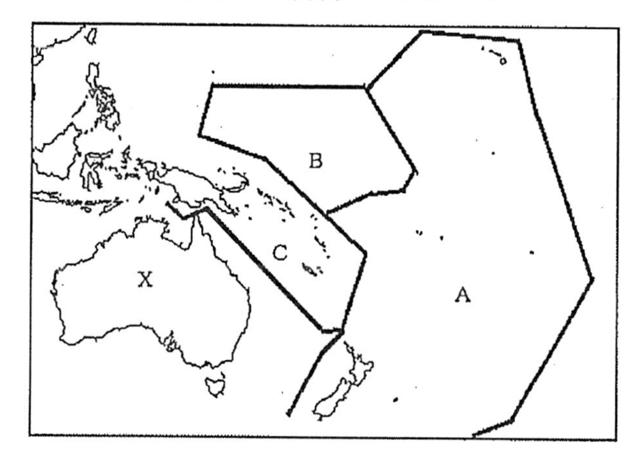

(1)　略地図中A～Cが示す範囲は，オセアニアの島々が点在する地域を3つに区分したものである。A～Cの範囲名の組合せとして正しいものを，次の①～⑥から一つ選びなさい。

①　A－ミクロネシア　B－ポリネシア　C－メラネシア
②　A－ミクロネシア　B－メラネシア　C－ポリネシア
③　A－ポリネシア　B－ミクロネシア　C－メラネシア
④　A－ポリネシア　B－メラネシア　C－ミクロネシア
⑤　A－メラネシア　B－ミクロネシア　C－ポリネシア
⑥　A－メラネシア　B－ポリネシア　C－ミクロネシア

(2)　略地図中Xの国では，かつて金の採掘が進む中，19世紀後半から中国系の移民が増加し，イギリス系の移民との対立が生じた。

その後，20世紀初めから1970年代にかけて，ヨーロッパ系以外の移民が制限される政策が採られるようになった。この政策を，次の①～④から一つ選びなさい。

①　白豪主義　　②　多文化主義　　③　同化主義

④　地域主義

問2　近年，オセアニアの島国であるツバルは，地球温緩化による海面上昇の影響で水没の危機にあるとされてきた。これをはじめとした地球規模の環境問題に対応するために，国際的な取組が進められてきているが，その成果として成立した次の条約i～iiiと，その説明a～cとの組合せとして正しいものを，下の①～⑥から一つ選びなさい。

i　ウィーン条約　　ii　バーゼル条約　　iii　ラムサール条約

a　特に水鳥の生息地として国際的に重要な湿地に関する条約

b　有害廃棄物の国境を越える移動及びその処分の規制に関する条約

c　オゾン層保護のための国際的な枠組みを定めた条約

①　i－a　ii－b　iii－c　②　i－a　ii－c　iii－b

③　i－b　ii－a　iii－c　④　i－b　ii－c　iii－a

⑤　i－c　ii－a　iii－b　⑥　i－c　ii－b　iii－a

問3　次のグラフは，アメリカ合衆国，イギリス，オーストラリア，ドイツ，日本，フランスの食料自給率(カロリーベース)を示したものである。フランスとイギリスを示すグラフの組合せとして正しいものを，あとの①～⑥から一つ選びなさい。

各国の食料自給率（カロリーベース）

300%
200%
100%
0%

223%
130%
127%
95%
63%
37%

A
アメリカ合衆国
B
C
D
日本

※日本は平成30年度、それ以外は平成25年度

（農林水産省ＨＰより作成）

① フランス－A　　イギリス－B
② フランス－A　　イギリス－C
③ フランス－A　　イギリス－D
④ フランス－B　　イギリス－A
⑤ フランス－B　　イギリス－C
⑥ フランス－B　　イギリス－D

問4　歴史上，世界の各地域では，様々な形式をもつ法や制度が多様な状況の中で生み出された。このことに関連して，次の(1)～(4)に答えなさい。

(1)　古代文明の法や制度について述べた文として最も適当なものを，次の①～④のから一つ選びなさい。

① アケメネス朝のハンムラビ王は，復讐法と身分法を特徴とする法典を制定した。

② インダス文明では，ヴァルナ制と呼ばれる身分制度が成立した。

③ アテネでは前6世紀末に，テミストクレスによって陶片追放

の制度がつくられた。

④　ローマでは前5世紀半ばに，十二表法と呼ばれる成文法が制定された。

(2)　西ヨーロッパ中世の身分制議会について述べた文として最も適当なものを，次の①～④から一つ選びなさい。

①　イギリスの上院(貴族院)は，高位聖職者と大貴族で構成された。

②　イギリスの下院(庶民院)は，大憲章(マグナ＝カルタ)をジョン王に認めさせた。

③　フランスの三部会は，16世紀初めから18世紀末まで招集が停止されていた。

④　フランスの三部会は，神聖ローマ皇帝との対立の中から生まれた。

(3)　選挙制度の改革や民主主義の発展について述べた文として誤っているものを，次の①～④から一つ選びなさい。

①　アメリカ合衆国では，ジャクソン大統領時代に白人男性普通選挙制が普及した。

②　イギリスでは，第1回選挙法改正の時に腐敗選挙区が廃止された。

③　イギリスでは，チャーティスト運動において男性普通選挙制が要求された。

④　フランスでは，ルイ＝フィリップの下で男性普通選挙制が導入された。

(4)　中国の科挙制度について述べた次の文iとiiの正誤の組合せとして正しいものを，下の①～④から一つ選びなさい。

i　科挙は，唐代に開始され，宋代に確立された。
ii　科挙は，元代に一時停止したが，清明末まで続いた。

①　i－正　ii－正　　②　i－正　ii－誤

③　i－誤　ii－正　　④　i－誤　ii－誤

(☆☆☆◎◎◎)

【2】日本の地理や歴史について，次の問いに答えなさい。

問1　日本の地場産業について，品目と生産地との組合せとして正しいものを，次の①～④から一つ選びなさい。

①　タオル　－　徳島県徳島市

②　洋食器　－　山形県米沢市

③　うちわ　－　香川県丸亀市

④　ジーンズ　－　和歌山県田辺市

問2　次の表は，外国人旅行者の都道府県別訪問率上位10都道府県を表している。表にある10の都道府県に関して，2020年4月時点において正しいものを，下の①～④から一つ選びなさい。

1位	2位	3位	4位	5位	6位	7位	8位	9位	10位
東京都	大阪府	京都府	神奈川県	千葉県	愛知県	福岡県	北海道	兵庫県	奈良県

（日本政府観光局資料「平成26年版」より作成）

①　10の都道府県すべてJRの新幹線が営業運転している。

②　10の都道府県すべて太平洋ベルトに入っている。

③　10の都道府県すべてに人口100万人以上の都市がある。

④　10の都道府県のうち，日本海側に海岸線を持つ都道府県は4つある。

問3　日本の農業に関する出来事A～Dについて，実施された時期の古いものから順に正しく配列されているものを，下の①～⑧から一つ選びなさい。

A　農地改革の実施	B　食糧管理法の制定
C　農業基本法の公布	D　米の生産調整(減反政策)の開始

①　A→C→B→D　②　A→D→C→B　③　B→A→C→D

④　B→C→D→A　⑤　C→A→B→D　⑥　C→B→A→D

⑦　D→A→B→C　⑧　D→C→A→B

問4　次の文を読んで，あとの(1)～(3)に答えなさい。

A　政府は，a708年に和同開珎を鋳造し，711年に蓄銭叙位令(法)を発布するなどして，その流通を奨励した。

B　正徳の治では，貨幣を改鋳して慶長金銀と同じ品質の正徳金銀を発行し，b長崎貿易によって金銀が海外に流出するのを防ぐため，1715年に海舶互市新例を発して貿易を制限した。

C　戦後の日本は平和を取り戻したものの，国土は荒廃し，生産力が大幅に低下したため，c物資の不足は深刻で，都市部の食料難は戦争末期よりも厳しいものとなった。

(1)　下線部aと同じ世紀の出来事について述べた文として正しいものを，次の①～④から一つ選びなさい。

①　蝦夷支配のための拠点として多賀城が築かれた。

②　奥州藤原氏が中尊寺金色堂を建て，その財力を示した。

③　国人や地侍らの収入額を，銭に換算した貫高という基準で統一的に把握した。

④　商工業者が座とよばれる同業者組合を結成した。

(2)　下線部bについて，江戸時代の貿易に関連して述べた次の文i～iiiについて，古いものから順に正しく配列されているものを，下の①～⑥から一つ選びなさい。

i　田沼意次は，俵物など海産物の輸出を奨励した。

ii　ポルトガル商人によって中国産生糸が大量に輸入された。

iii　貿易額が急増し，横浜港から国産の生糸が大量に輸出された。

①　i→ii→iii　②　i→iii→ii　③　ii→i→iii

④　ii→iii→i　⑤　iii→i→ii　⑥　iii→ii→i

(3)　下線部cに関連して述べた次の文iとiiの正誤の組合せとして正しいものを，あとの①～④から一つ選びなさい。

i　秦佐八郎がオリザニンの抽出に成功し，栄養状態の改善に貢献した。 ii「欠配米の即時配給」などのスローガンをかかげ，食糧メーデーが開催された。

①　i－正　ii－正　②　i－正　ii－誤　③　i－誤　ii－正
④　i－誤　ii－誤

(☆☆☆◎◎◎)

【3】人権や経済，労働について，次の問いに答えなさい。

問1　国際的な人権保障に関する以下の条約のうち，2020年1月1日時点において日本が批准していないものを，次の①～④から一つ選びなさい。

①　ジェノサイド条約
②　難民の地位に関する条約
③　子どもの権利条約(児童の権利に関する条約)
④　人種差別撤廃条約

問2　次の表は，各国の人権思想に関わる宣言や法律の一部である。表中のA～Cにあてはまる国名の組合せとして正しいものを，あとの①～⑧から一つ選びなさい。

国名	翻訳した文章
A	第2条　あらゆる政治的結合の目的は人権の維持にある。その権利とは、自由、財産所有、安全および圧制に対する抵抗である。 第3条　主権のみなもとは、もともと国民の中にある。

B	われわれは次の真理を自明のものと認める。すべての人は平等に創られていること。かれらは、その創造者によって、一定の譲るべからざる権利を与えられていること。それらの中には、生命・自由および幸福の追求が数えられること。
C	国王は、王権により、議会の承認なしに法律（の効力）を停止し、または法律の執行を停止できる権限があると主張するが、そのようなことは違法である。

① A－アメリカ　B－フランス　C－ドイツ
② A－アメリカ　B－ドイツ　C－イギリス
③ A－フランス　B－イギリス　C－ドイツ
④ A－フランス　B－アメリカ　C－イギリス
⑤ A－ドイツ　B－フランス　C－アメリカ
⑥ A－ドイツ　B－イギリス　C－フランス
⑦ A－イギリス　B－アメリカ　C－ドイツ
⑧ A－イギリス　B－フランス　C－アメリカ

問3　戦後の日本経済について述べた文章iとiiの正誤の組合せとして正しいものを，下の①～④から一つ選びなさい。

> i　石油危機の直後には，原油価格の急騰と賃金上昇とによって企業物価も上昇したため狂乱物価とよばれる事態をまねいた。しかし，その後不況に陥り，不況とインフレーションが同時進行するスタグブレーションがみられた。
> ii　バブルが崩壊すると日本経済は一転して総需要が落ち込んで，デフレーションと不況が相互に悪循環するデフレスパイラル現象がみられるようになった。

① i－正　ii－正　② i－正　ii－誤　③ i－誤　ii－正
④ i－誤　ii－誤

問4　労働のあり方については，さまざまな提唱や試みがなされている。次のi～iiiと，その説明文A～Cの組合せとして正しいものを，下の①～⑥から一つ選びなさい。

i　裁量労働制	ii　変形労働時間制
iii　ワークシェアリング	

A　労働基準法上の労働時間の規制を，1週および1日単位ではなく，一定期間における週あたりの平均労働時間によって考える制度。

B　従業員1人あたりの労働時間を減らして，その分の雇用を増やしたり，維持したりする仕組み。

C　実労働時間ではなく，成果を重視した働き方。労使で事前に合意した労働時間だけ働いたとみなす。

①　i－A　ii－B　iii－C　②　i－A　ii－C　iii－B
③　i－B　ii－A　iii－C　④　i－B　ii－C　iii－A
⑤　i－C　ii－A　iii－B　⑥　i－C　ii－B　iii－A

問5　仕事と家庭の両立に関する法律について述べた文として誤っているものを，次の①～④から一つ選びなさい。

①　育児・介護休業法は，乳幼児や介護が必要な家族を持つ男女労働者を対象としている。

②　雇用保険法は，育児休業給付金と介護休業給付金の支給について定めている。

③　女性活躍推進法は，女性の休日労働や深夜業については制限を設けている。

④　男女雇用機会均等法は，2006年の改正により，男女双方へのセクシュアル・ハラスメント防止の措置義務を事業主に課している。

問6　労働基準法について述べた次の文iとiiの正誤の組合せとして適当なものを，あとの①～④から一つ選びなさい。

i　労働基準法には，時間外労働に対する割増賃金についての基準の定めがある。 ii　労働基準法では，正当な理由のない団体交渉の拒否を不当労働行為として禁止している。

①　i－正　ii－正　②　i－正　ii－誤
③　i－誤　ii－正　④　i－誤　ii－誤

(☆☆☆◎◎◎)

中高歴史

【1】次の史料を読んで，あとの問いに答えなさい。

A　……(文治元年十一月)廿八日丁未，諸国平均に$_a$守護・$_b$地頭を補任し，権門勢家庄公を論ぜず，(　X　)を宛て課すべきの由，今夜，北条殿，藤中納言経房卿に謁し申すと云々。 B　……何事ぞと御尋ねあり。……所詮，赤松討たるべき御企て露顕の間，遮りて討ち申すと云々。自業自得果たして力無き事か。将軍此の如き犬死，古来その例を聞かざる事なり。 C　$_c$君の御聖断は延喜・天暦のむかしに立帰りて，武家安寧に比屋謳歌し，いつしか諸国に国司・守護をさだめ，……「今の例は昔の新儀也。朕が新儀は未来の先例たるべし」……(　Y　)なしといふ詞を好みつかひける。…… D　菱垣廻船積問屋共より是迄年々金壱万弐百両づつ冥加上納致来り候処，問屋共不正の趣も相聞候間，以来上納に及ばず候。向後右仲間株札は勿論，此外共都て問屋仲間幷組合抔と唱候儀は相成らず候。 E　一，諸国百姓等，かたな・わきさし・ゆミ・やり・てつはう，其の外武具のたくひ所持し候事，堅く御停止候，……

一，百姓ハ農具さへもち，耕作を専らに仕り候へは，子々孫々までも長久に候，……。

問1　史料Aについて，次の(1)(2)に答えなさい。

(1)　下線部aについて述べた文として誤っているものを，次の①～④から一つ選びなさい。

①　原則として各国に一人ずつ，主に東国出身の有力御家人が任命された。

②　京都大番役の催促や謀叛人・殺害人の逮捕といった大犯三カ条などの職務を任とした。

③　在庁官人を支配し，とくに東国では国衙の行政事務を引き継いだ。

④　年貢の徴収・納入と土地の管理および治安維持を任務とした。

(2)　下線部bがさす地頭の名称と(　X　)に入る語句の組合せとして正しいものを，次の①～④から一つ選びなさい。

①　本補地頭　－　兵粮米段別五升

②　本補地頭　－　加徴米段別五升

③　新補地頭　－　兵粮米段別五升

④　新補地頭　－　加徴米段別五升

問2　史料Bの事件がきっかけとなって起きた出来事として最も適当なものを，次の①～④から一つ選びなさい。

①　正長の徳政一揆　②　嘉吉の徳政一揆

③　山城の国一揆　④　加賀の一向一揆

問3　史料Cについて，次の(1)(2)に答えなさい。

(1)　下線部cの人物が政治をおこなう際，地方に置いた機関の組合せとして正しいものを，次の①～⑥から一つ選びなさい。

①　鎌倉将軍府　－　羽州探題

②　鎌倉将軍府　－　奥州探題

③　鎌倉将軍府　－　陸奥将軍府

④　鎌倉府　　　－　羽州探題
⑤　鎌倉府　　　－　奥州探題
⑥　鎌倉府　　　－　陸奥将軍府

(2)　(　Y　)に入る人物名と史料Cの出典の組合せとして正しいものを，次の①～④から一つ選びなさい。

①　尊氏　－　梅松論　　②　直義　－　梅松論
③　尊氏　－　太平記　　④　直義　－　太平記

問4　史料A～Cが示している年代について，古いものから順に正しく配列されているものを，次の①～⑥から一つ選びなさい。

①　A　→　B　→　C
②　A　→　C　→　B
③　B　→　A　→　C
④　B　→　C　→　A
⑤　C　→　A　→　B
⑥　C　→　B　→　A

問5　史料Dについて，この改革でおこなわれた幕府の対外政策について述べた次の文iとiiの正誤の組合せとして正しいものを，下の①～④から一つ選びなさい。

i　ロシア使節ラクスマンが大黒屋光太夫らを連れて根室に来航した際に，江戸湾入港を要求されたことが契機となって，幕府は江戸湾と蝦夷地の海防の強化を諸藩に命じた。 ii　幕府は漂流民送還と通商要求を目的に来航したアメリカの商船モリソン号を砲撃した。

①　i－正　　ii－正　　②　i－正　　ii－誤
③　i－誤　　ii－正　　④　i－誤　　ii－誤

問6　史料Eについて，この法令の名称は何か。また，この法令が出された目的について説明しなさい。

(☆☆☆☆◎◎◎)

【2】次の文を読んで，下の問いに答えなさい。

A　米騒動の責任をとって[a]寺内正毅内閣は総辞職した。
B　工場制工業が勃興するにつれて賃金労働者が増加したが，産業革命期における労働者は悲惨な状態におかれており，[b]雑誌『日本人』が創刊され，高島炭鉱の労働者の惨状を報じて大きな反響を呼んだ。
C　[c]太平洋戦争の開戦後，政府は，軍需生産最優先政策をとる一方，国民に対しては生活を極度に切り詰めさせて兵力・労働力として根こそぎ動員した。
D　[d]日中戦争が開始され，その拡大につれて軍事費は年々急増し，多額の公債が発行され，紙幣増発によるインフレーションが進行した。これに対し，「不要不急」の民需品の生産や輸入はきびしく制限され，生活必需品は品不足となった。

問1　下線部の出来事a～dについて，年代の古いものから順に正しく配列されているものを，次の①～⑥から一つ選びなさい。

①　a → b → d → c
②　a → d → b → c
③　b → a → d → c
④　b → d → a → c
⑤　d → a → b → c
⑥　d → b → a → c

問2　下線部aの内閣について，次の(1)(2)に答えなさい。

(1)　この内閣の外交政策に関して述べた文の組合せとして正しいものを，あとの①～⑥から一つ選びなさい。

i　日英同盟を理由としてドイツに宣戦布告し，第一次世界大戦に参戦した。 ii　北方軍閥の段祺瑞政権に巨額の経済借款を与え，同政権を通じた日本の権益確保を意図した。 iii　石井・ランシング協定を結び，日本の中国における特殊権益の承認とアメリカの主張する門戸開放の原則などを認め合った。 iv　ヴェルサイユ条約に調印し，国際連盟に加盟した。

①　i，ii　②　i，iii　③　i，iv　④　ii，iii
⑤　ii，iv　⑥　iii，iv

(2)　この内閣にかわって成立した内閣と与党の組合せとして正しいものを，次の①～④から一つ選びなさい。

①　高橋是清　－　憲政会　②　高橋是清　－　立憲政友会
③　原敬　－　憲攻会　④　原敬　－　立憲政友会

問3　下線部b以降に日本国内で起きた様々な出来事i～ivについて，年代の古いものから順に正しく配列されているものを，下の①～⑥から一つ選びなさい。

i　治安警察法の制定　ii　工場法の制定 iii　足尾鉱毒事件の発生　iv　労働組合期成会の結成

①　i　→　ii　→　iii　→　iv
②　i　→　iv　→　iii　→　ii
③　ii　→　i　→　iii　→　iv
④　ii　→　iii　→　iv　→　i
⑤　iii　→　i　→　ii　→　iv
⑥　iii　→　iv　→　i　→　ii

問4　下線部cの時期の前後に行われたことについて述べた次の文①～④について，誤っているものを一つ選びなさい。

①　大学・高等学校および専門学校に在学中の徴兵適齢学生をすべ

て徴集し，最前線に送った。

② 国民生活では，衣料において総合切符制が敷かれたが，切符があっても物がない状況となった。

③ 朝鮮人や占領地域の中国人を日本本土などに強制連行し，鉱山や土木工事現場などで働かせた。

④ 都市では，住民の縁故疎開や国民学校生の集団疎開が始まった。

問5 下線部dに関連して，日中戦争の拡大に伴い制定された国家総動員法が制定された時の首相の名前を書きなさい。また，国家総動員法はどのような内容をもつものか，30字以上40字以内で書きなさい。

(☆☆☆☆◎◎◎)

【3】次の文を読んで，下の問いに答えなさい。

A 前2世紀後半の前漢の武帝の治世は，大規模な対外戦争の時代であった。

B 唐の太宗(李世民)は中国を統一し，続く高宗は，東は百済・高句麗を破り，西は西域のオアシス都市を領有して勢力圏を拡大した。

C 五代の後周の将軍であった趙匡胤は，北宋を建国し，次の太宗は中国を統一した。

D フビライは，大都に都を定め，国名を中国風に元と称し，南宋を滅ぼして中国全土を支配した。

E 「北虜南倭」に苦しめられた明はその後，軍事費の増加のために財政難におちいった。

F 三藩の乱の鎮圧などによって清の支配が安定すると，清は海禁を解除し，中国商人の帆船交易やヨーロッパ船の来航を通じて，海上貿易は順調に発展した。

問1 Aについて，武帝の行った対外戦争に関して述べた文として誤っているものを，次の①～④から一つ選びなさい。

① 衛氏朝鮮を滅ぼし，楽浪郡など4郡を設置した。

② 匈奴を攻撃するため，張騫を大月氏に派遣した。
③ 南越を滅ぼして，南海郡など9郡を設置した。
④ 西域経営に活躍した班超を，西域都護に任命した。

問2　Bについて，次の(1)(2)に答えなさい。

(1) 唐の対外政策や対外関係について述べた文として最も適当なものを，次の①～④から一つ選びなさい。
① 海上貿易の管理のため，市舶司を置いた。
② 大越国を冊封した。
③ トルコ系の吐蕃が一時長安を占領した。
④ 征服地の統治は現地の首長にゆだねる郡国制を採用した。

(2) 唐の時代の国際交流について述べた文として最も適当なものを，次の①～④から一つ選びなさい。
① 西域から訪れた仏図澄によって，禅宗が中国に伝えられた。
② パルティアの使節が，「大秦王安敦」の使者と称して長安を訪問した。
③ ミラノ勅令で異端とされたアリウス派キリスト教が，中国に伝わり，景教と呼ばれた。
④ 律令制などの制度や仏教文化などが，朝鮮半島や日本に伝えられた。

問3　Cについて，北宋の統治や経済・文化に関して述べた文として誤っているものを，次の①～④から一つ選びなさい。
① 契丹の耶律阿保機との間で，慶暦の和約を結んだ。
② 司馬光が編年体で『資治通鑑』を著した。
③ 宋代は稲作が発展し，「蘇湖(江浙)熟すれば天下足る」と表現された。
④ 藩鎮勢力の乱立や武断政治の風潮をおさえるために文治主義をとった。

問4　Dについて，元の周辺国家に関して述べた次の文iとiiの正誤の組合せとして正しいものを，あとの①～④から一つ選びなさい。

i　フラグがキプチャク＝ハン国を建国した。 ii　元はパガン朝を滅亡させたが，陳朝には撃退された。

①　i－正　ii－正　②　i－正　ii－誤
③　i－誤　ii－正　④　i－誤　ii－誤

問5　Eについて，1449年に土木堡で明の正統帝を捕らえたオイラトの指導者として最も適当な人物名を，次の①～④から一つ選びなさい。

①　アルタン＝ハン　②　エセン＝ハン　③　ガザン＝ハン
④　モンケ＝ハン

問6　Fに関連して，17世紀に台湾を支配した三つの主要な勢力の交替の過程を説明しなさい。

(☆☆☆◎◎◎)

【4】次の年表を参考にして，下の問いに答えなさい。

年	主な出来事
前88	マリウス（平民派）とスラ（閥族派）の抗争がはじまる ↕ a
前27	ローマ帝国が元首政（帝政）を開始
b 751	ピピンがカロリング朝を建てる
1453	（　X　）のとき c 百年戦争終結
1642	（　Y　）が宰相就任
1643	d ルイ14世が国王に即位
1789	e 国民議会が開かれる
1806	f ナポレオン1世が大陸封鎖令（ベルリン勅令）を発する

問1　年表中(　X　)(　Y　)にあてはまる人物の名前の組合せとして正しいものを，次の①～④から一つ選びなさい。

①　X－アンリ4世　Y－マザラン
②　X－アンリ4世　Y－リシュリュー
③　X－シャルル7世　Y－マザラン
④　X－シャルル7世　Y－リシュリュー

問2　年表中aの時期に起こった出来事i～iiiについて，年代の古いものから順に正しく配列されているものを，あとの①～⑥から一つ選びなさい。

i　オクタウィアヌスがアクティウムの海戦で勝利した。 ii　スパルタクスの反乱が起きる。 iii　第1回三頭政治が成立した。

① i → ii → iii　② i → iii → ii
③ ii → i → iii　④ ii → iii → i
⑤ iii → i → ii　⑥ iii → ii → i

問3　下線部bの年より後に起こった出来事として誤っているものを，次の①～④から一つ選びなさい。

① 安史の乱が起きる。
② カンボジアにアンコール朝が成立する。
③ 新羅が朝鮮半島の大部分を統一する。
④ 後ウマイヤ朝が成立する。

問4　下線部cについて，百年戦争が起こった14世紀から15世紀のヨーロッパの状況に関して述べた文として最も適当なものを，次の①～④のうちから一つ選びなさい。

① 神聖ローマ皇帝カール5世の発布した金印勅書は，ドイツにおける諸侯の分立を助長した。
② フランスのウィクリフは，教会制度を批判して，宗教改革運動の先駆者となった。
③ ベーメン(ボヘミア)のフスは，コンスタンツ公会議で異端と宣告され，処刑された。
④ イタリアで発展した諸都市では，王権と結び付いた絶対王政が展開された。

問5　下線部dについて，ルイ14世の事績について述べた次の文iとiiの正誤の組合せとして正しいものを，あとの①～④から一つ選びなさい。

i　ユトレヒト条約で，スペイン・フランス両国は合同しないという条件で，ブルボン家のスペイン王位継承を認めさせた。
ii　ナントの勅令(王令)を発布したため，ユグノーの商工業者が各地に亡命した。

①　i－正　ii－正　②　i－正　ii－誤
③　i－誤　ii－正　④　i－誤　ii－誤

問6　下線部eに関連して，フランス革命の時期の議会や政府について述べた文として最も適当なものを，次の①～④から一つ選びなさい。
①　国民議会(憲法制定議会)は，革命暦(共和暦)の採用を決定した。
②　立法議会では，立憲君主派と共和派が対立し，政府は，共和派と国王の意向におされ，オーストリアに宣戦布告した。
③　国民公会は，ブリュメール18日のクーデタによって倒された。
④　総裁政府は，国王を処刑し，共和政の樹立を宣言した。

問7　下線部fについて説明した次の文の空欄[　　]にあてはまる内容を書きなさい。

ナポレオン1世が発した大陸封鎖令は，大陸諸国にとって大きな経済的な打撃を与えることになったが，これを発した本来の目的は，[　　　　　　　　]ことであった。

(☆☆☆◎◎◎)

中　高　地　理

【1】日本の地理について，次の問いに答えなさい。
問1　梅雨前線について述べた文の空欄(　i　)(　ii　)にあてはまる語句の組合せとして正しいものを，あとの①～⑥から一つ選びなさい。

初夏には高温で湿潤な(　i　)と冷涼で湿潤な(　ii　)との間にできた梅雨前線が，日本列島付近をゆっくりと北上し，北海道を除いた地域が梅雨となる。

① i－オホーツク海気団　　ii－赤道気団
② i－赤道気団　　ii－小笠原気団
③ i－小笠原気団　　ii－オホーツク海気団
④ i－揚子江気団　　ii－シベリア気団
⑤ i－シベリア気団　　ii－赤道気団
⑥ i－赤道気団　　ii－揚子江気団

問2　地図中あ湖と同じ成因に分類される湖として最も適当なものを，下の①～⑤から一つ選びなさい。

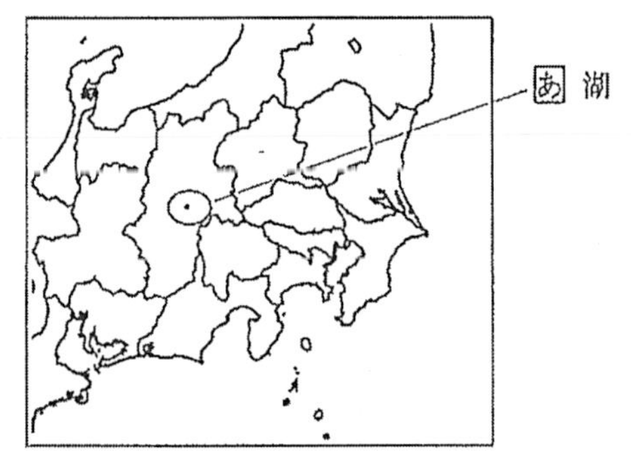

①　十和田湖　　②　中禅寺湖　　③　浜名湖　　④　琵琶湖
⑤　サロマ湖

問3　次の表は，水資源賦存量，水使用割合，水資源使用率を示したものであり，i～ivは関東，東海，北陸，四国地方のいずれかである。iとiiiの組合せとして正しいものを，あとの①～④から一つ選びなさい。

	水資源賦存量（億m³/年）(1)	水使用割合（%）			水資源使用率（%）(3)
		生活	工業(2)	農業	
i	393	33.5	12.3	54.2	38.0
ii	649	22.5	23.4	54.1	14.2
iii	204	9.8	13.7	76.5	17.9
iv	277	14.8	21.5	63.6	11.9

(1) 水資源賦存量(m³)＝［降水量(mm)－蒸発散量(mm)］×当該面積(km²)，1981年から2015年までの35年間の平均値
(2) 淡水の回収分を除く　(3) 水資源使用率(%)＝水使用量/水資源賦存量×100

（データブックオブ・ザ・ワールド2020より作成）

① i－関東　iii－北陸　② i－関東　iii－四国
③ i－東海　iii－北陸　④ i－東海　iii－四国

問4　農業・水産業について述べた文iとiiの正誤の組合せとして正しいものを，下の①～④から一つ選びなさい。

> i　愛知県の渥美半島では豊川用水の恩恵を受けて，園芸や畜産をはじめ多種多様な農業が営まれている。電照菊の生産が有名で，照明のついたハウス内で栽培し，開花を遅らせて出荷時期を調整する。
> ii　静岡県は，沿岸で天然のシラスウナギが採れ，古くからウナギの養殖が発展してきた。南アルプスを源流とする大井川水系の良質な地下水に恵まれていることも発展の一要因である。

① i－正　ii－正　② i－正　ii－誤
③ i－誤　ii－正　④ i－誤　ii－誤

問5　日本の資源・エネルギーについて述べた文として誤っているものを，次の①～④から一つ選びなさい。

① 日本では，原油や天然ガスは北海道や新潟県などでわずかな産出があるものの，大部分は輸入に頼っている。
② 今日，日本において自給できるおもな鉱産資源は，大分県や山口県などで産出される石灰石のみである。
③ 地熱発電は，地下にある高温高圧の熱水や蒸気を利用して発電

を行うものであり，岩手県や秋田県で実用化されている。

④　風力発電は，電力への変換効率が高く，設置コストが年々低下していることなどから，近年，太陽光による発電量を上回っている。

問6　集落の成立について述べた文として適当でないものを，次の①～④から一つ選びなさい。

①　濃尾平野西部には，集落や耕地の周囲に人工堤防を巡らした輪中集落がみられる。

②　牧ノ原台地には，幕府や藩の開墾奨励によって広がった，茶畑を中心とする新田集落がみられる。

③　大井川をはさんで，島田と金谷が東海道の宿場町として成立した。

④　根釧台地では，世界銀行の融資を受けて，近代的な酪農生産を導入したパイロットファームがつくられた。

問7　次の表は，中部地方における業種別製造品出荷額上位4県を示したものである。i～iiiの組合せとして正しいものを，下の①～⑥から一つ選びなさい。

	製造品出荷額		
	パルプ・紙・紙加工品	鉄鋼業	情報通信機械器具
1位	i	ii	iii
2位	ii	岐阜	i
3位	新潟	i	山梨
4位	岐阜	新潟	石川

（データブックオブ・ザ・ワールド2020より作成）

①　i－愛知　ii－静岡　iii－長野

②　i－愛知　ii－長野　iii－静岡

③　i－静岡　ii－愛知　iii－長野

④　i－静岡　ii－長野　iii－愛知

⑤　i－長野　ii－愛知　iii－静岡

⑥　i－長野　ii－静岡　iii－愛知

問8　日本の工業について述べた文として適当なものを，次の①～④

から一つ選びなさい。

① 1970年代の石油危機を契機に自動車や電気機械などの機械工業の生産が停滞したが，素材型工業が基幹産業となって，経済成長を牽引した。

② 1980年代には，自動車の輸出急増で欧米諸国や中国との間で貿易摩擦が生じ，生産拠点の海外移転が進んだ。

③ 1985年以降，円高や国内の人件費の高騰によって，多くの日本企業が，生産コストを下げるために安価な人件費や安い用地などを求めてアジア諸国に進出した。

④ 今日の日本では，コンテンツ産業が競争力のある産業として注目され，中小企業が創造性や独自の技術を売り物にし，地方に分散する傾向が強い。

問9 次の表は，日本における2017年の第3次産業就業人口の内訳を示したものであり，i～ivは，医療・福祉，運輸・郵便業，商業，情報通信業のいずれかである。iとivの組合せとして正しいものを，あとの①～④から一つ選びなさい。

業種	第3次産業就業人口の割合（%）
i	22.6
ii	17.1
宿泊・飲食サービス業	8.2
iii	7.2
教育ほか	6.6
生活関連サービス・娯楽業	4.9
学術研究ほか	4.8
公務	4.8
iv	4.5
金融・保険業	3.5
その他	15.8
合計	4,755万人

（2017年総務省統計局『労働力調査』より作成）

① i－医療・福祉　iv－運輸・郵便業
② i－医療・福祉　iv－情報通信業
③ i－商業　iv－運輸・郵便業
④ i－商業　iv－情報通信業

問10　次の表は，人口が同程度である富山県富山市と大阪府枚方市の，小売業販売額，卸売業販売額，人口1人あたりの小売業販売額，卸売小売比をまとめたものである。都市A・Bのうち，どちらが枚方市であるか明らかにし，判断した理由について説明しなさい。

都市	人口（千人）	小売業販売額（十億円）	卸売業販売額（十億円）	人口1人あたり小売業販売額（万円）	卸売小売比
A	419	469	1097	111.9	2.34
B	406	262	162	64.5	0.62

（総務省統計局平成26年商業統計調査などより作成）

（☆☆☆◎◎◎）

【2】次の地形図を見て，下の問いに答えなさい。

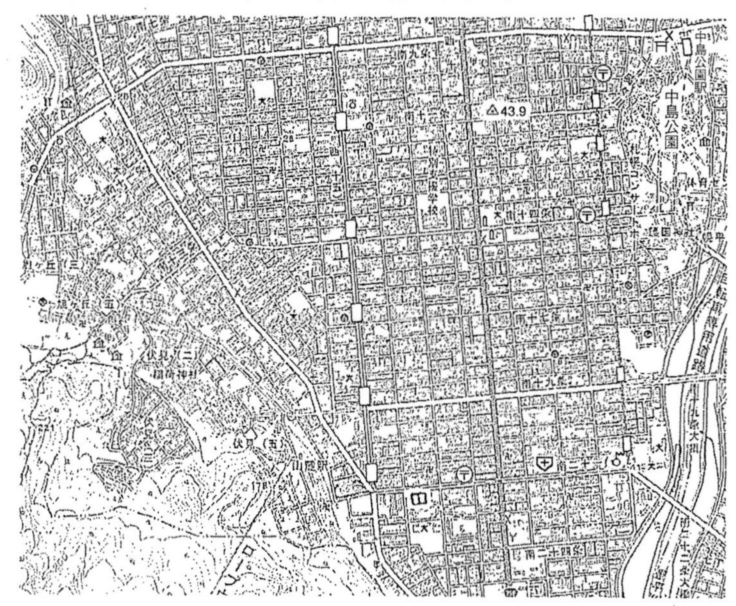

（国土地理院発行地形図）

問1　札幌市内の高校に通うタクマさんは，地理クラブの友人とともに地域調査の計画を立てている。次の会話文はタクマさんたちが地形図を用いながら見学ルートについて相談をしているときのものである。会話文中の下線部①～④について，内容が正しいものを一つ選びなさい。

タクマ：集合は中島公園北側の交番前にしよう。近くに神社があるね。

友人A：そこから西に向かっていくと路面電車の線路があるからそこを左に曲がろう。

友人B：①病院を通り過ぎて，路面電車の一つ目の駅を過ぎたところで西に向かうと「43.9」の数字があるよね。これ何だっけ？

タクマ：②水準点だよ。見たことない？　じゃあ，ここもコースに入れたいね！

友人A：国道を南下すると③交差点近くに記念碑があるみたいだね。ちょっと興味あるなあ。

友人B：この交差点を西に向かうと，また，路面電車の線路にぶつかるね。ここから路面電車に乗ろうか？　沿線の図書館に立ち寄ると調べ物がはかどりそうだね。

タクマ：そうそう。駅前の図書館だよね。そこから東に向かうと④右側に電波塔が見えてくるはずだね。路面電車を使うと効率よく地域調査を進められるね。

問2　地形図の「中島公園」の面積に最も近いものを，次の①～④から一つ選びなさい。なお，「中島公園」は直径2.2cmの円形とする。

①　0.24km²　　②　0.95km²　　③　1.9km²　　④　9.5km²

問3　札幌市，釜石市，熊谷市，横浜市の4都市に関する説明として正しいものを，次の①～④からすべて選びなさい。

①　4都市のうち2都市が，県(道)庁所在地である。

②　4都市のうち2都市が，政令指定都市となっている。

③　4都市のうち3都市が，人口100万人を超える都市である。

④　4都市のうち3都市が，海に面している。

問4　次の表は，北海道，新潟県，福岡県，佐賀県の耕地利用率，田および田畑計の作付延面積を示したものである。福岡県と佐賀県の耕地利用率(1)が高い理由について，表から読み取れることを含めて説明しなさい。

道県	耕地利用率(1)（%）	作付延面積（千ha）	
		田	田畑計
北海道	99.0	210	1133
新潟県	86.8	134	148
福岡県	113.3	80	92
佐賀県	132.4	61	68

(1) 耕地利用率（%）＝作付延面積÷耕地面積×100

（データブックオブ・ザ・ワールド2020より作成）

(☆☆☆◎◎◎)

【3】アフリカについて，下の問いに答えなさい。

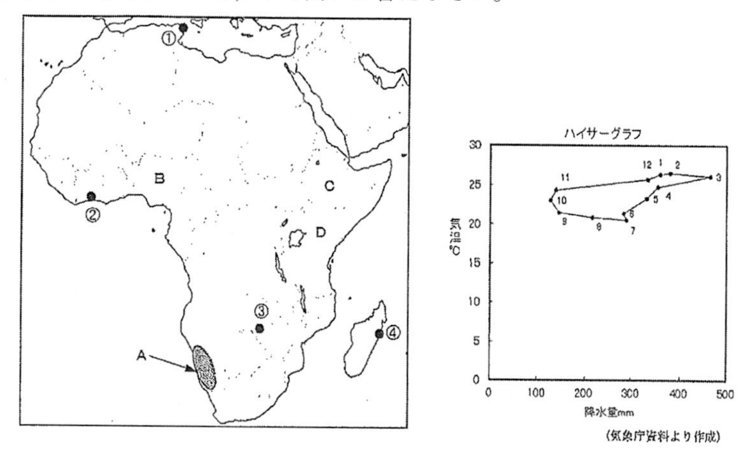

（気象庁資料より作成）

問1　地図中のA砂漠と成因が同じ砂漠として最も適当なものを，次の①～④から一つ選びなさい。

①　アタカマ砂漠　　②　タクラマカン砂漠　　③　ゴビ砂漠

④　ネフド砂漠

問2　右上のハイサーグラフに該当する都市を，地図中の都市①～④から，一つ選びなさい。

問3　次の表は南アフリカ共和国，コンゴ民主共和国，モロッコ王国の輸出相手国上位5か国と輸出総額に占める割合を示したものである。i～iiiにあてはまる国の組合せとして正しいものを，下の①～⑥から一つ選びなさい。

（％）

i		ii		iii	
スペイン	23.7	中国	9.1	中国	38.4
フランス	22.9	ドイツ	7.2	ザンビア	24.8
イタリア	4.6	アメリカ合衆国	6.8	サウジアラビア	8.3
アメリカ合衆国	3.9	イギリス	5.1	イタリア	6.9
ブラジル	3.0	日本	4.8	ベルギー	4.4

（データブックオブ・ザ・ワールド2020より作成）

	①	②	③	④	⑤	⑥
i	南アフリカ	南アフリカ	コンゴ民主	コンゴ民主	モロッコ	モロッコ
ii	コンゴ民主	モロッコ	南アフリカ	モロッコ	南アフリカ	コンゴ民主
iii	モロッコ	コンゴ民主	モロッコ	南アフリカ	コンゴ民主	南アフリカ

問4　地図中のB～D国は，コーヒー豆，キャッサバ，茶のいずれかが世界生産量上位10位以内に入る国である。国と農産物の組合せとして正しいものを，次の①～⑥から一つ選びなさい。

	①	②	③	④	⑤	⑥
B	コーヒー豆	コーヒー豆	キャッサバ	キャッサバ	茶	茶
C	キャッサバ	茶	コーヒー豆	茶	コーヒー豆	キャッサバ
D	茶	キャッサバ	茶	コーヒー豆	キャッサバ	コーヒー豆

（地理統計2020年版より作成）

問5　次の表は，地域別世界人口の推移を示したものであり，①～⑥はアジア，アフリカ，ヨーロッパ，北アメリカ，ラテンアメリカ，オセアニアのいずれかである。アフリカに該当するものを，表の①～⑥から一つ選びなさい。

単位　百万人

地域／年	1950	1970	1990	2010	2019
①	1,405	2,142	3,226	4,210	4,601
②	549	657	721	736	747
③	173	231	280	343	367
④	228	363	630	1,039	1,308
⑤	169	287	443	591	648
⑥	13	20	27	37	42

（世界国勢図会2019/20より作成）

問6　アフリカに見られるモノカルチャー経済について述べた文iとiiの

正誤の組合せとして正しいものを，下の①～④から一つ選びなさい。

i　ザンビアの輸出額の7割は銅製品，ボツワナの輸出額の7割は金が占める。 ii　特定の農産物の生産に特化することで，国内消費に必要な食料自給が可能となった。

①　i－正　ii－正　②　i－正　ii－誤
③　i－誤　ii－正　④　i－誤　ii－誤

問7　次の表は，人口100人あたりの固定電話契約数及び移動電話契約数を示したものであり，a～dはオーストラリア，中国，アルジェリア，イギリスのいずれかである。アルジェリアに該当するものを，表のa～dから一つ選び，そのように判断した理由を述べなさい。

国名	100人あたり固定電話契約数（件）			100人あたり移動電話契約数（件）		
	2000年	2010年	2017年	2000年	2010年	2017年
a	11.3	21.6	13.7	6.6	63.2	104.3
b	52.7	48.0	34.6	44.9	101.7	112.7
c	59.8	52.8	50.1	73.7	121.2	119.5
d	5.6	8.1	9.9	0.3	90.8	111.0

（世界国勢図会2019/20より作成）

（☆☆☆◎◎◎）

【4】ヨーロッパについて，下の問いに答えなさい。

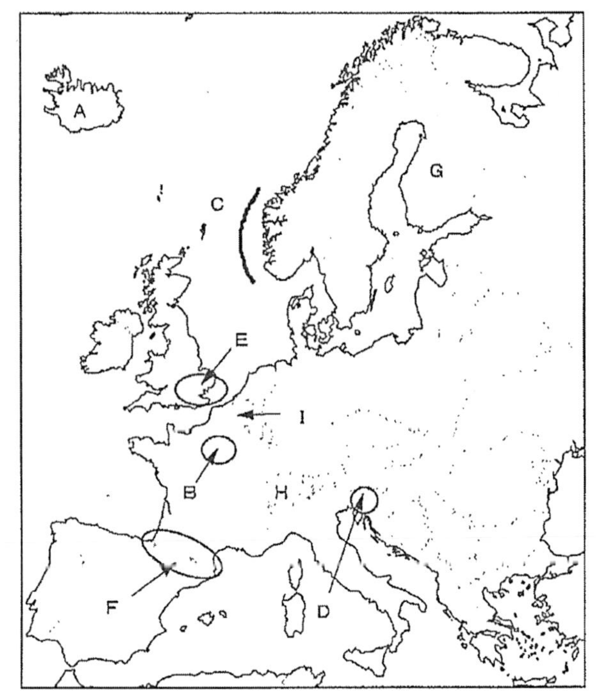

問1　地図中のA国に見られるプレートの境界の種類として最も適当なものを，次の①～④から一つ選びなさい。

①　ずれる境界　　②　狭まる境界(沈み込み帯)

③　狭まる境界(衝突帯)　　④　広がる境界

問2　地図中のB～Eに見られる地形を説明した文として最も適当なものを，次の①～④から一つ選びなさい。

①　Bの盆地には，硬軟がある地層が地表に露出し，傾斜が非対称な地形断面を持つモナドノックがみられる。

②　Cの海岸には，氷河が形成したU字谷に海水が浸入してできたフィヨルドが見られる。

③　Dの地域には，弱酸性の地下水や雨水が石灰岩を溶食する地形がみられ，このうち底面積が100km²以上に及ぶものをドリーネと

よぶ。

④ Eの河川には，河口部が沈降して生じた低地に海水が入り込んだ三角州(デルタ)が形成されている。

問3 地図中のF～Iの国と地域の言語，民族について説明した文として最も適当なものを，次の①～④から一つ選びなさい。

① F地域に住むクルド民族が，フランスとスペインからの分離・独立を求めている。

② G国は，ウラル系民族が中心であるが，宗教はキリスト教カトリックが中心である。

③ H国は4つの公用語があるが，言語別人口比が最も大きい言語はフランス語である。

④ I国は，北部オランダ語系住民と南部フランス語系住民の言語対立が続いている。

問4 次の表は，オランダ，フランス，イタリアの主要輸出品の輸出総額に占める割合を示したものである。i～iiiの組合せとして正しいものを，下の①～⑥から一つ選びなさい。

(%)

i		ii		iii	
機械類	25.9	機械類	24.0	機械類	19.8
自動車	8.3	石油製品	10.2	航空機	9.8
医薬品	5.4	医薬品	4.8	自動車	9.5
衣類	4.7	自動車	4.5	医薬品	6.1
金属製品	3.9	野菜・果実	3.9	精密機械	2.7

(世界国勢図会2019/20より作成)

	①	②	③	④	⑤	⑥
i	オランダ	オランダ	フランス	フランス	イタリア	イタリア
ii	フランス	イタリア	オランダ	イタリア	オランダ	フランス
iii	イタリア	フランス	イタリア	オランダ	フランス	オランダ

問5 次の表は，ドイツ，フランス，スウェーデンの発電内訳を示したものである。i～iiiの組合せとして正しいものを，あとの①～⑥から一つ選びなさい。

(%)

	i	ii	iii
火力	11.2	52.9	1.1
水力	9.8	4.0	39.7
原子力	70.9	11.7	40.0
再生可能エネルギー	8.1	31.4	19.2

(地理統計2020年版より作成)

	①	②	③	④	⑤	⑥
i	フランス	フランス	ドイツ	ドイツ	スウェーデン	スウェーデン
ii	ドイツ	スウェーデン	フランス	スウェーデン	フランス	ドイツ
iii	スウェーデン	ドイツ	スウェーデン	フランス	ドイツ	フランス

問6　次の三角グラフは，中国，イギリス，チェコ，インドの産業別人口構成を示したものである。チェコに該当するものを，下の①～④から一つ選びなさい。

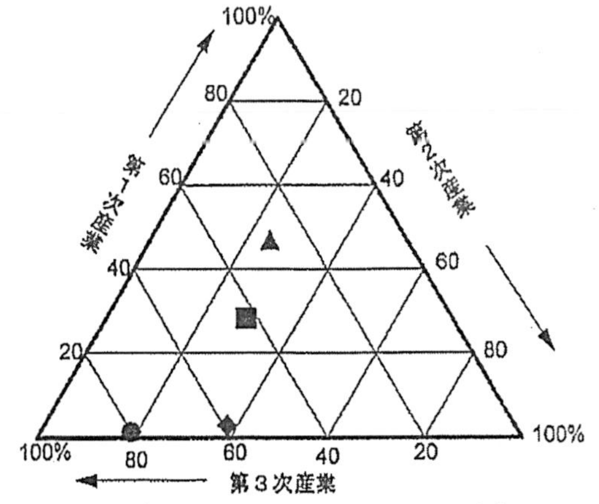

(データブックオブ・ザ・ワールド2020より作成)

①　▲　　②　■　　③　◆　　④　●

問7　次の表は，ドイツ，スペイン，ポーランドの自動車生産台数の推移を，1990年を100とした指数で示したものであり，P，Qは，スペインかポーランドのいずれかである。Q国に該当する国名を答え，そのように判断した理由を述べなさい。

	1990	2000	2010
ドイツ	100	111.1	118.7
P	100	147.7	116.3
Q	100	150.7	259.4

（世界国勢図会2019/20より作成）

(☆☆☆◎◎◎)

中高公民

【1】日本の思想について，次の問いに答えなさい。

問1　日本人の精神風土について述べた文iとiiの正誤の組合せとして正しいものを，下の①～④から一つ選びなさい。

> i　加藤周一は，日本文化は古来様々な海外の異文化を受け入れ，自分たちにあうようにつくりかえて吸収することによって形成された雑種文化であるとした。
>
> ii　アメリカの文化人類学者ベネディクトは，共同体の調和を重んじる日本文化を「罪の文化」と特徴づけた。

①　i－正　ii－正　②　i－正　ii－誤

③　i－誤　ii－正　④　i－誤　ii－誤

問2　平安時代から鎌倉時代にかけての日本の仏教について述べた文として最も適当なものを，次の①～④から一つ選びなさい。

①　源信は，浄土往生のために誰もができる修行として，阿弥陀仏を深く信じ真心をこめて常に念ずることを説いた。

②　空也は三密加持の修法で現世に生きている身のままで仏になることができると説いた。

③　法然は高野山で真言宗を修めたが，浄土教にひかれて高野山をおり，末法の世では専修念仏で往生できると説いた。

④　最澄は，宋で学んだ臨済禅を日本に伝え，禅を盛んにすれば鎮

護国家が可能であると説いた。

問3　江戸時代の思想について述べた次の文AとBを読んで，下の(1)(2)に答えなさい。

A　(　i　)は道の全体だ。だから聖人の学は，必ず(　i　)を根本にし，そして，その多くのことばは，みな人に(　i　)を尽させる方法でないものはない。

B　商人の商売の儲けは侍の俸禄と同じことです。商売の利益がなければ侍が俸禄なしで仕えるようなものです。

(1)　Aを述べた思想家の名前と空欄(　i　)にあてはまる語句の組合せとして正しいものを，次の①～⑥から一つ選びなさい。

①　名前－林羅山　　語句－理
②　名前－林羅山　　語句－孝
③　名前－中江藤樹　　語句－孝
④　名前－中江藤樹　　語句－誠
⑤　名前－伊藤仁斎　　語句－誠
⑥　名前－伊藤仁斎　　語句－理

(2)　Bを述べた思想家の考え方として最も適当なものを，次の①～④から一つ選びなさい。

①　勤勉と倹約に努め，分度と推譲を実行することが人道であり，報徳につながるとした。
②　市場原理に基づく幕藩体制下の貨幣経済を考察した経済理論など合理的な思想を展開した。
③　西洋の先進的な科学技術を，東洋の朱子学を補うものとして注目した。
④　知足安分の生活態度を強調し，商人を含むすべての人に普遍的な道徳として正直と倹約を重視した。

問4　明六社の結成時の社員について述べた文として適当でないものを，次の①～④から一つ選びなさい。

①　福沢諭吉は，アジアを文明から遠い野蛮の社会ととらえ，そこ

から脱することを論じた。

② 一夫一婦制，夫婦平等を主張した森有礼は，初代文部大臣に就任した。

③ 陸羯南は，日本国民であることを自覚し，外国には独立・対等を，国内では国民の団結・統一を図るべしという国民主義を唱えた。

④ 西周は，「哲学」「理性」「主観」「客観」など新たな訳語を用いて西洋哲学を翻訳・紹介した。

問5 大正デモクラシーの思想について説明した次の文章の空欄にあてはまる内容を書きなさい。

> 吉野作造の提唱した民本主義は，大正デモクラシーの理論的支柱となった。
>
> 民本主義は，現代の民主主義のように，主権のありかに着目して主権が人民にあるとする趣旨ではなく，［　　　　］に着目して，十分な民意の反映を求める考え方であり，吉野は政党内閣制と普通選挙制の実現を主張した。
>
> 吉野によれば，これは，立憲君主制をとる日本の実情に即したデモクラシーであった。

(☆☆☆◎◎◎)

【2】外国の思想について，次の問いに答えなさい。

問1 オーストリアの精神医学者フランクルについて述べた文として最も適当なものを，次の①～④から一つ選びなさい。

① いかなる状況の下にあっても，人間らしい尊厳に満ちた態度で生きていくことに人生の意味があるとした。

② 人間の心は，エス，自我，超自我の3層からなり，そのうちエスは無意識の部分で性欲動を中心とする本能的な欲求の源泉であるとした。

③「個人的無意識」の深層には，原始からの種族的な経験の集積に

よってつくられた，広く人類に共通する「集合的無意識」が存在するとした。

④　近代人は封建的束縛から解放され自由を手に入れた反面，孤独や無力感にさらされるようになり，それに耐えきれず，「自由からの逃走」を行うとした。

問2　次のユダヤ教，キリスト教，イスラム教について述べた文A～Fのうち，正しいものの組合せを，下の①～⑨から一つ選びなさい。

A　エルサレムにある嘆きの壁は，イスラームの聖地である。
B　エルサレムにある聖墳墓教会は，キリスト教の聖地である。
C　エルサレムとは，「神の支配」または「神支配したもう」の意であり，アブラハムの孫ヤコブの別名である。
D　ユダヤ教は偶像崇拝を認めたことで，信者が増えた。
E　キリスト教の使徒の一人ペテロは，もともとパリサイ派のユダヤ教徒であったが，回心した。
F　イスラームにおいて，神はモーセやイエスの説いた神と同じであるとされる。

①　A，D　②　A，E　③　A，F　④　B，D　⑤　B，E
⑥　B，F　⑦　C，D　⑧　C，E　⑨　C，F

問3　プラトンのイデア論について述べた文として適当でないものを，次の①～④から一つ選びなさい。

①　プラトンは，理性でとらえられるイデア界こそ真の世界であるとした。

②　プラトンは，多くの人は感覚にとらわれ，イデアの影を実在だと思い込んでいるとした。

③　プラトンは，善のイデアを理性によってとらえるところに，人間の最高の生活があるとした。

④　プラトンは，イデアは個々の事物に内在しているとした。

問4　インドの思想について述べた文として最も適当なものを，次の①～④から一つ選びなさい。

① ウパニシャッド哲学では，一切の事物が空であること，すなわち固定的な実体を持たないことを論じた。

② ジャイナ教では，ブラフマーは世界を創造し，ヴィシュヌはその世界を維持し，シヴァは世界を破壊し，新たに創造するとした。

③ 仏教では，我執が一切の煩悩の根本にあるとし，縁起の法を洞察し，我執を捨て去るとき，はじめて一切の苦しみから解放されるとした。

④ ヒンドゥー教は，唯一絶対の神と交わした契約に基づく民族宗教で，神の求めた宗教的・倫理的要求を満たせば，苦難から救われるとした。

問5 次の文は，中国の思想について述べたものである。文中の空欄(i)～(iv)にあてはまる語句の組合せとして正しいものを，下の①～⑧から一つ選びなさい。

(i)は，孔子の(ii)の教えを継承して，人間は生まれながらに四端の心が備わっているとし，(iii)は孔子の(iv)の教えを継承しながらも，人間の本性を教育や習慣によって矯正し，立派に飾る必要があるとした。

① i－孟子　ii－礼　iii－荀子　iv－仁
② i－孟子　ii－仁　iii－荀子　iv－礼
③ i－孟子　ii－礼　iii－墨子　iv－仁
④ i－孟子　ii－仁　iii－墨子　iv－礼
⑤ i－荀子　ii－礼　iii－孟子　iv－仁
⑥ i－荀子　ii－仁　iii－孟子　iv－礼
⑦ i－荀子　ii－礼　iii－墨子　iv－仁
⑧ i－荀子　ii－仁　iii－墨子　iv－礼

問6 デューイについて述べた文iとiiの正誤の組合せとして正しいものを，あとの①～④から一つ選びなさい。

i　人々が民主社会において混乱を引き起こさずに社会変化をもたらすためには，教育が重要であるとした。 ii　社会生活の中で生じる問題を解決し，新たな方向性を示していく知性を創造的知性とよんで重視した。

①　i－正　ii－正　②　i－正　ii－誤

③　i－誤　ii－正　④　i－誤　ii－誤

問7　次の文章AとBは，19世紀から20世紀の思想的な立場について述べたものである。実存主義について述べた文章とその代表的な人物の組合せとして正しいものを，下の①～⑥から一つ選びなさい。

A　ある事象の意味を，それ自体に求めるのではなく，それらの事象を関係づける社会的・文化的なシステムから理解しようとする。個々の人間の行為を，それらを関係づけ意味づける歴史的・社会的に形成された全体的体系から解明する。 B　客観的な抽象的思考では把握できない個としての人間の立場を強調し，孤独・不安・絶望・苦悩の中に生きる，個別的・具体的な「この私」の存在を探究する。人間の個別性・主体性を重視し，本来的な自己を回復する。

①　文章－A　人物－サルトル

②　文章－A　人物－レヴィ＝ストロース

③　文章－A　人物－デリダ

④　文章－B　人物－サルトル

⑤　文章－B　人物－レヴィ＝ストロース

⑥　文章－B　人物－デリダ

問8　次の文章は，アメリカの生物学者ハーディンが発表した論文で説いた「共有地の悲劇」といわれるたとえ話である。空欄［　Ⅰ　］と［　Ⅱ　］にあてはまる内容を書きなさい。

> あるところに，誰もが利用できる共有の牧草地があった。
> 牛1頭を増やすことで発生するコストやリスクは，牧草地の利用者全員の負担となるので，個人の負担は軽減される。一方で，牛の売却による利益は全て，牛の飼い主のものとなる。この条件下では，牛飼いにとっての合理的な選択は，［　Ⅰ　］ことである。
> 最終的には，［　Ⅱ　］という結果になる。

(☆☆☆◎◎◎)

【3】現代の日本の政治と国際社会の変容について，次の問いに答えなさい。

問1　国会について述べた文として正しいものを，次の①～④から一つ選びなさい。

①　衆議院には予算の先議権があるが，これは明治憲法では定められていなかった。

②　衆議院が可決した法律案を受け取った参議院が30日以内に議決しないときには，参議院は否決したものとする。

③　法律案は衆議院，参議院のどちらへ先に提出してもかまわない。

④　両院協議会は衆議院と参議院のそれぞれ5名(計10名)により構成される。

問2　行政について述べた文として適当でないものを，次の①～④から一つ選びなさい。

①　内閣総理大臣が主宰し，全ての国務大臣が出席して開かれる閣議は多数決制をとっている。

②　これまでの法案の成立率は議員提出法案より内閣提出法案の方が高い。

③　国の行政機関が制定する法を命令といい，そのうち内閣が定めるものを政令という。

④　行政委員会は行政機関の一種であるが，ほかの行政機関からは

独立して設置されている。

問3　次の文AとBは地方自治について述べたものである。文中の空欄(i)と(ii)にあてはまる語句の組合せとして正しいものを，下の①～④から一つ選びなさい。

A　国政と違い，地方自治では直接請求権が認められており，議会の解散請求についての必要署名数は有権者の(i)以上である。 B　地方財政については，2002年のいわゆる「三位一体」の改革によって，国から地方への税源の移譲，国からの補助金の(ii)，地方交付税の見直しが行われた。

① i－3分の1　ii－増額　② i－3分の1　ii－削減
③ i－50分の1　ii－増額　④ i－50分の1　ii－削減

問4　選挙について述べた文として適当でないものを，次の①～④から一つ選びなさい。

① 国政選挙において一票の格差が大きな課題となっており，裁判所からは違憲判決や違憲状態とする判決が出されている。

② 2015年に選挙権年齢は18歳以上に引き下げられたが，これは国際水準に合わせることに加えて，若い時期から政治的関心を高めるべきとの判断からである。

③ インターネットを使った選挙運動が解禁となり，有権者も選挙のためにホームページを利用することや電子メールの送信ができるようになった。

④ 候補者が有権者宅を訪問して投票をお願いする戸別訪問は，不正の温床になるとして禁止されている。

問5　諸外国の政治体制について述べた文iとiiの正誤の組合せとして正しいものを，あとの①～④から一つ選びなさい。

i　1963年に誕生した大韓民国の朴正熙政権が，開発独裁体制のもとで経済の開発に力を入れたことで人々は豊かになった。 ii　1979年にイランではイラン革命がおこり，イスラム教スンニ派のホメイニを最高指導者とする宗教色の強い共和国が誕生した。

①　i－正　ii－正　②　i－正　ii－誤
③　i－誤　ii－正　④　i－誤　ii－誤

問6　現代の国際政治について述べた文として最も適当なものを，次の①～④から一つ選びなさい。

①　1949年のNATO設立時からフランスは，NATOの軍事機構から脱退したことはない。

②　1962年のキューバ危機を発端とする米ソの対立を「新冷戦」とよぶ。

③　1985年にソ連で政権を握ったゴルバチョフは，西側と協調路線をとる新思考外交を展開するようになった。

④　2011年にチュニジアで独裁政権が打倒されると，この動きはアフリカや中東に広まり，「プラハの春」とよばれた。

問7　国連の安全保障に関する考え方を説明した次の文の空欄［　Ⅰ　］と［　Ⅱ　］にあてはまる内容を書きなさい。

グローバル化の進展によって顕在化した環境，難民，テロや感染症など多くの地球規模の課題に対応するために，国家が自国の領土と国民の生命・安全を守るという「国家の安全保障」の観点に加えて，［　　　Ⅰ　　　］という「［　Ⅱ　］」の観点が重要になってきている。

(☆☆☆◎◎◎)

【4】経済思想の歩みと現代の経済について，次の問いに答えなさい。

問1　経済思想について述べた文A～Cと関係の深い人物の組合せとして正しいものを，下の①～⑥から一つ選びなさい。

A　重商主義を批判し，穀物の輸出自由化などの自由放任主義(レッセ・フェール)を唱えた。
B　人口は幾何級数的に増加するが，食料の生産は算術級数的にしか増加しないとし，人口抑制の必要性を唱えた。
C　富とは貴金属であると考え，金・銀の流出を阻止する一方で，国内への流入を促進するような政策を主張した。

①　A－トマス・マン　B－ケネー　C－マルサス
②　A－トマス・マン　B－マルサス　C－ケネー
③　A－ケネー　B－トマス・マン　C－マルサス
④　A－ケネー　B－マルサス　C－トマス・マン
⑤　A－マルサス　B－トマス・マン　C－ケネー
⑥　A－マルサス　B－ケネー　C－トマス・マン

問2　経済の新自由主義について述べた文として最も適当なものを，次の①～④から一つ選びなさい。

①　イギリスのサッチャー首相の経済政策はサッチャリズムとよばれ，英国病の根源とされた国営企業の民営化を促した。
②　アメリカのレーガン大統領の経済政策はレーガノミクスとよばれ，赤字であった国家財政を企業課税を強化することによって立て直し，強いアメリカを目指した。
③　1970年代の石油危機によって世界の国々が不景気におちいり，「小さな政府」が行き詰まったことにより，「大きな政府」への回帰が強まった。
④　フリードマンはマネタリズムを唱え，国の財政・金融政策によって完全雇用を達成しようとするケインズの主張を有効であるとして推奨した。

問3　経済主体の一つである家計について述べた文iとiiの正誤の組合せ

として正しいものを，下の①～④から一つ選びなさい。

i　家計は可処分所得の中から家族の暮らしを向上させるために消費支出を行っている。食料や衣料などの消費財への支出だけでなく，レジャーや教育などへの支出も経済統計上は消費支出とみなされる。 ii　所得の中から消費支出を差し引いた残りは貯蓄とよばれる。金融機関への預金だけでなく，株式，国債，社債などの証券類の購入，あるいは生命保険料の支払いなども貯蓄である。

①　i－正　　ii－正　　②　i－正　　ii－誤
③　i－誤　　ii－正　　④　i－誤　　ii－誤

問4　国民所得と経済成長について述べた文として適当でないものを，次の①～④から一つ選びなさい。

①　国内総生産(GDP)から固定資本減耗を控除した額を国民純生産(NNP)とよぶ。

②　国民所得において，生産，分配，支出の三面の額が等しいことを三面等価の原則という。

③　実質経済成長率は名目経済成長率と物価指数であるGDPデフレーターを用いて導くことができる。

④　景気の周期を示すキチンの波は約40か月の短期波動のことである。

問5　次の表はある企業のバランスシート(貸借対照表)である。この企業の自己資本比率を，下の①～⑥から一つ選びなさい。

資産の部		負債の部	
資産		負債	
現金・預金	2億円	銀行借入	3億円
土地	2億円	社債	1億円
建物	1億円	純資産	
		資本金	1億円

①　10%　　②　20%　　③　25%　　④　60%　　⑤　80%

⑥　100％

問6　企業の社会的責任について述べた文として適当でないものを，次の①～④から一つ選びなさい。

①　メセナとは企業がコンサートなどの芸術活動やスポーツ大会などの活動を支援することである。

②　フィランソロピーとは企業が福祉などに対する慈善活動を行うことである。

③　コンプライアンスとは企業が民法や商法，労働法などの法令を守って経済活動を行うことである。

④　コーポレート・ガバナンスとは，企業の経営者が株主の不正行為防止を監督することである。

問7　基礎的財政収支(プライマリー・バランス)とは何か説明しなさい。

(☆☆☆◎◎◎)

解答・解説

中　高　共　通

【1】問1　(1)　③　　(2)　①　　問2　⑥　　問3　⑥　　問4　(1)　④　(2)　①　　(3)　④　　(4)　③

〈解説〉問1　(1)　ポリネシアは，太平洋の多くの島のうち北はハワイ，南はニュージーランド，東はイースター島の3点を結ぶ三角形の中に位置する。ほぼ180度経線より東の区域にある。ミクロネシアは，赤道以北で180度経線の西側からフィリピン諸島東方にかけて分布する島々の総称で，サイパン島，グアム島，マリアナ諸島，キリバスなどを含む。キリバスは地球上で最も早く1日が始まる国である。メラネシアは，赤道以南，経線180度以西の地域。パプアニューギニア，ソロモン諸島，フィジー，ニューカレドニアなどがある。　(2)　オーストラリアは元々先住民アボリジニが暮らす大陸だったが，あとから来たイギリス人が政治犯の流刑地として多くの人を送り込んだ。ゴールドラッシュに沸く中，白豪主義を採り移民を制限したが，後，労働力不足から1970年代に非白人移住の法的な差別は撤廃され多文化主義に転換，多くのアジア系をはじめとする移民が増加している。同化主義は先住民を言語，文化共に剥奪し自己の文化に同化させようとすること，地域主義は特定の地理的範囲の国家間で，地域の自主性を保ちながら協力しようとする考え方。　問2　国際的な環境問題への関心は1970年代になって高まり，1972年に国連人間環境会議が開催され，UNEP(国連環境計画)設立の契機になった。ウィーン条約は1985年採択，88年発効のオゾン層保護のために定めた条約で，モントリオール議定書が採択された。バーゼル条約は1989年採択，92年発効の有害廃棄物に関する条約。ラムサール条約はイランのラムサールで採択された湿地保全に関する条約で，日本でも釧路湿原や谷津干潟などが対象として登録されている。　問3　A　人口2500万人のオーストラリアでは，小麦や肉類など輸出用農業生産が多く食糧自給率が高い。
B　フランスは小麦を商業用に生産しているほか，大麦，ぶどうなどの生産も多い。　C　国土が広いドイツは，EUにおいてフランスに次ぐ農業大国である。　D　イギリスは国土が狭く丘陵が広がり，自給率は低い。　問4　(1)　④　十二表法は古代ローマ最古の法典で，貴族と平民の階級闘争の結果として平民の要求を入れ編纂された。
①　ハンムラビ法典は，バビロン第1王朝のハンムラビ王により制定された。　②　ヴァルナ制は，インドに前2000年頃進出したアーリア人による身分制度である。　③　陶片追放(オストラシズム・オストラキスモス)を制度化したのは，クレイステネスである。　(2)　①　上院は高位聖職者と大貴族，下院は騎士と各都市の代表からなっていた。
②　ジョン王は1215年，彼の失政を批判する貴族・僧侶らに強制されて，大憲章を認めた。イギリスで上下二院制が成立したのは，14世紀

半ばのことである。　③，④　フランスの三部会は，教皇ボニファティウス8世との対立の中で，フィリップ4世が国内の世論を味方にするためにパリに招集したのが最初とされる。1615年を最後に召集されなくなり，1789年に再招集された。　(3)　④　ルイ＝フィリップによる七月王政の際には財産による制限選挙制が採用されており，これを不満として二月革命が起こり，ルイ＝フィリップの七月王政は打倒された。　①　ジャクソン大統領時代の民主化をジャクソニアン・デモクラシーという。　②，③　第1回選挙法改正により，腐敗選挙区がなくなり，産業資本家らが選挙権を獲得した。しかし財産制限が残っていたことから，人民憲章(People's Charter)を要求綱領とした普通選挙権を求めるチャーティスト運動が行われた。　(4)　科挙は，隋の文帝により創設された。元代には南宋の滅亡によっていったん中断されたが，仁宗のときの1314年から実施されるようになった。

【2】問1　③　　問2　④　　問3　③　　問4　(1)　①　　(2)　③　(3)　③

〈解説〉問1　地場産業とは，ある地域に特有な特産品や技術などから生産される工芸品や農産物などのことである。ブランド化し，町おこしなどに活用される。タオルは愛媛県今治市，洋食器は新潟県燕市，ジーンズは岡山県倉敷市が知られている。徳島市の地場産業は木工家具，藍染め，しじら織り，米沢市の地場産業は置賜紬(おいたまつむぎ)，田辺市は紀州梅である。　問2　①　千葉県，奈良県は新幹線が通っていない。　②　太平洋ベルトは京浜，中京，阪神の3大工業地帯とその間の工業地域と北九州をつなぐ帯状の地域を指し，北海道は入っていない。　③　千葉市は政令指定都市だが，人口は94万人。奈良市は35万人である。　④　日本海側に海岸線を持つのは京都府，福岡県，北海道，兵庫県の4つ。　問3　食糧管理法は，1942(昭和17)年に制定の食糧供給安定を目的とする法律(1995(平成7)年廃止)。農地改革は，戦後1946～50(昭和21～25)年にGHQの指示のもとに行われた農地の所有に関する改革のこと。それから1961(昭和36)年に農業基本法が制定され，農業政策の目標と農業構造の改善などが規定された。1999(平成11)年に新基本法に発展解消した。減反政策は米余りが見られるようになった1960年代後半から行われるようになったが，生産目標量の配分は2018(平成30)年に廃止された。　問4　(1)　724年，陸奥国の中部，現在の宮城県多賀城市に多賀城が築かれ，蝦夷征討のための役所の鎮守府が設置された。なお，②の中尊寺金色堂の建立は1124年，③の貫高制は戦国時代，④の座は平安時代末期から鎌倉・室町時代にかけて結成された。　(2)　ii　安土桃山時代から江戸時代初期，ポルトガル商人によって中国産生糸が大量に輸入された。その対策として，江戸幕府は1604年に糸割符制度を設けた。　i　18世紀後半，老中田沼意次は長崎貿易を盛んにするため，俵物などの輸出を奨励した。
iii　1859年，横浜港が開港されて貿易が始まると，国産の生糸が大量に輸出された。　(3)　i　オリザニン(ビタミンB_1)の抽出に成功したのは鈴木梅太郎で，1910年のことである。秦佐八郎は同じ1910年，ドイツ留学中に医学者のエールリヒとともに，梅毒の化学療法剤のサルバルサンを開発した。　ii　1946年5月1日，戦後初の「復活メーデー」が行われ，19日には皇居前広場に約25万人が集まり，「欠配米の即時配給」などのスローガンをかかげ，食糧メーデーが開催された。

【3】問1　①　　問2　④　　問3　①　　問4　⑤　　問5　③
問6　②

〈解説〉問1　難民の地位に関する条約には1981年に加入，子どもの権利条約には1994年に批准，人種差別撤廃条約には1995年に加入した。ジェノサイド条約(集団殺害罪の防止及び処罰に関する条約)は集団殺害を国際法上の犯罪として，防止と処罰を定めた条約である。日本は国内法との整合性等の関係を理由に未加入となっている。　問2　Aはフランス人権宣言，Bはアメリカ独立宣言，Cはイギリス名誉革命において制定された権利章典，それぞれの一部。　問3　i　昭和48(1973)年に起こった第一次石油危機により，高度経済成長期は終焉を迎えることとなった。　ii　バブル景気は1980年代後半から1990年代初頭まで続いた好景気のことで，土地や株などの資産価値が適正水準を大幅に上回る状況が続いた時期を指す。　問4　i　士業などの専門性の高い業務や，事業企画や調査などの業務を行う労働者に適用されることが多い。　ii　代表例として，フレックスタイム制がある。　iii　景気後退時期の雇用調整の方法の一つである。　問5　③　女性の休日労働や深夜業は，以前は労働基準法で禁止されていたが，1999年の法改正により解禁された。ただし妊産婦は，本人の請求があれば，現行法でも休日労働や深夜業をさせてはならないとしている。

問6　ii「労働基準法」が誤り。正当な理由のない団体交渉の拒否は，労働組合法第7条第2号で禁止されている。

中高歴史

【1】問1　(1)　④　　(2)　①　　問2　②　　問3　(1)　③　　(2)　①　　問4　②　　問5　④　　問6　名称…刀狩令　　目的…一揆を防止し，農民を耕作に専念させるため。

〈解説〉問1　史料Aは，1185年に北条時政が後白河法皇に守護・地頭の設置を要求したことを記した『吾妻鏡』の一節。　(1)　④　年貢の徴収・納入と土地の管理および治安維持を任務としたのは，国ごとに設置した守護ではなく，荘園・公領ごとに設置した地頭である。

(2)　1185年に設置された地頭なので本補地頭で，1段当たり5升の兵粮米を徴収する権利などを与えられた。新補地頭は1221年の承久の乱ののち，後鳥羽上皇方から没収した所領に新たに置かれた地頭で，その給与(得分)が少なかったり先例がなかったりするケースが多く混乱が生じたため，幕府は1段当たり5升の加徴米などを与える新補率法を制定した。　問2　史料Bは「赤松」や「将軍此の如き犬死，古来その例を聞かざる事なり」から，1441年に室町幕府守護赤松満祐が6代将軍足利義教を謀殺した嘉吉の変について記した史料(『看聞日記(看聞御記)』)とわかる。この2か月後に7代将軍足利義勝の「代始めの徳政」を要求して数万人の土一揆が京都を占拠し，徳政を認めさせた嘉吉の徳政一揆が起こった。　問3　(1)　史料Cは「朕(天皇の自称)が新儀は未来の先例たるべし」などと天皇による新政の方針が述べられ，また諸国に国司と守護が併置されたことが記されているので，「君」と記された後醍醐天皇による建武の新政について記したものとわかる。建武の新政では，鎌倉には成良親王を将軍とする鎌倉将軍府が，陸奥の多賀城跡には義良親王を将軍とする陸奥将軍府が置かれた。　(2)　史料Cは建武の新政について批判的に記述しているので，著者は不詳だが北朝方の人物によって書かれたと考えられる『梅松論』である。『太平記』も著者不詳だが，南朝寄りの記述が多い。建武の新政では公家重視の政策が進められ，『梅松論』には武家の最大の実力者である足利尊氏が冷遇されている様子が記されている。　問4　史料Aは1185年の守護・地頭設置について記した『吾妻鏡』，Bは1441年の嘉吉の変について記した『看聞日記』，Cは1333年からの建武の新政について記した『梅松論』。　問5　史料Dは，明治時代に編纂された江戸幕府の法令集『徳川禁令考』。1841～43年に老中水野忠邦が行った天保の改革の政策である。　iのロシア使節ラクスマンの根室来航は寛政の改革の時代の1792年，iiのモリソン号事件は天保の改革が始まる4年前の1837年のことである。　問6　史料Eは1588年に豊臣秀吉が出した刀狩令とわかる。その目的は武士と農民の身分を明確に分ける兵農分離を進め，農民には「耕作を専らに仕り候へは，子々孫々までも長久に候」と説いて農業に専念させ，一揆を防止することだった。

【2】問1　③　　問2　(1)　④　　(2)　④　　問3　⑥　　問4　①
問5　首相…近衛文麿　　内容…政府は議会の承認なしに戦争遂行に必要な物資や労働力を動員する権限を与えられた。(39字)

〈解説〉問1　aの寺内正毅内閣総辞職は1918年，bの雑誌『日本人』の創刊は1888年，cの太平洋戦争の開戦は1941年，dの日中戦争の開始は1937年である。　問2　(1)　iは大隅内閣，ivは次の原敬内閣の外交政策である。　(2)　1918年寺内内閣が退陣すると，外務・陸軍・海軍の

3大臣以外はすべて立憲政友会の党員で構成された日本初の本格的な政党内閣である原敬内閣が成立した。原は爵位を持たない初の内閣総理大臣だったため，平民宰相と呼ばれた。　問3　iの治安警察法の制定は1900年。iiの工場法の制定は1911年。iiiの足尾鉱毒事件は1880年代後半以降十数年間にわたって社会問題化していた。ivの労働組合期成会は1897年に結成された。　問4　太平洋戦争の戦局が悪化した1943年10月，兵員の不足に苦慮する政府は勅令として理・工・医・教員養成以外の大学・高等専門学校在学生の徴集延期を廃止し，多くの学生が徴兵された(学徒出陣)。ただし，すべての学徒兵が最前線に送られたわけではない。　問5　日中戦争が始まった翌年の1938年，第1次近衛文麿内閣は長期戦に備えて，戦時に際して労働力・物資割当などの統制運用を，議会の審議・承認を経ずに勅令で行う国家総動員法を，議会の承認を得て制定した。これにより国民生活は政府の統制下に置かれ，財産権，居住・移転の自由などの国民の権利は大きく制限されることになった。

【3】問1　④　　問2　(1)　①　　(2)　④　　問3　①　　問4　③　問5　②　　問6　オランダの東インド会社がゼーランディア城を建設し台湾を支配したが，明の遺臣鄭成功が鄭氏台湾を建てた。その後，清の康熙帝が鄭氏をやぶり台湾を支配した。

〈解説〉問1　④　班超が西域都護となったのは後漢のこと。部下の甘英を大秦(ローマ)に向かわせたことでも知られる。　問2　(1)　①　玄宗の代に広州にはじめて市舶司を置いた。　②　大越国(李朝)が成立したのは1009年で，北宋代のことである。　③　吐蕃はチベット系である。　④　郡国制は前漢の制度。唐では在地の首長を地方長官に任命する羈縻政策がとられた。　(2)　④　日本では唐の律令を手本として701年に大宝律令が制定されている。　①　仏図澄は4世紀初めに洛陽に至り五胡十六国時代に活躍した西域の僧である。　②　使節が訪問したのは日南部(ベトナム)で，2世紀のことである。「大秦王安敦」とは，ローマ皇帝マルクス＝アウレリウス＝アントニヌスのこととされる。　③　景教とはエフェソス公会議で異端とされたネストリウス派のキリスト教である。　問3　①　耶律阿保機は契丹(遼)の初代皇帝だが在位は916～926年で，宋が建国した960年より前の人物である。また慶暦の和約(1044)とは北宋と西夏との和約である。宋と遼は1004年に澶淵の盟を結んでいる。　問4　i　フラグが建てたのはイル＝ハン国である。キプチャック＝ハン国はバトゥが建国した。　ii　パガン朝(ビルマ族)は元の侵攻を受けて衰退し，1299年に滅んだ。一方陳朝(ベトナム)は，元の侵入を3度撃退している。　問5　①　アルタン＝ハンは韃靼(タタール)系の首長で16世紀に明に侵入した後，和議を結んでいる。　③　ガザン＝ハンはイスラームを国教にしたイル＝ハン国の君主である。　④　モンケ＝ハン(憲宗)は大モンゴル国の第4代皇帝で，フビライの兄に当たる。　問6　台湾では1624年にオランダが南西部にゼーランディア城(安平鎮)を築いて拠点としたが，1661年に鄭成功がオランダの勢力を駆逐して，鄭氏台湾を建てた。鄭氏台湾は明朝復興を掲げて清と対立して3代続いたが，清の康熙帝によって1683年に滅ぼされた。

【4】問1　③　　問2　④　　問3　③　　問4　③　　問5　②
問6　②　　問7　イギリスの経済に打撃を与え，ヨーロッパ市場の独占を図る。

〈解説〉問1　X　シャルル7世(在位1422～61)はジャンヌ＝ダルクの活躍で劣勢を挽回して百年戦争に勝利した国王。　Y　マザランはルイ14世の親政前の宰相(在任1642～61)である。　問2　i　アクティウムの海戦は前31年のこと。　ii　スパルタクスの反乱は前73～前71年のこと。　iii　第1回三頭政治の成立は前60年のこと。　問3　③　新羅は7世紀半ばに，百済，高句麗の滅亡とともに朝鮮半島を統一した。
①　安史の乱が起きたのは755～763年のこと。　②　アンコール朝の成立は9世紀初頭。　④　後ウマイヤ朝の成立は756年のこと。
問4　③　フスは異端として，1414年コンスタンツ公会議に召喚され，翌年，焚刑に処された。　①　1356年に金印勅書を発布し，皇帝選挙

の手続きと選帝候の法的地位を確定したのはカール4世である。　② ウィクリフはイギリスの神学者である。　④ イタリアでは都市が都市共和国(コムーネ)に発展するなどして分裂が続き，統一王権と結びついた絶対王政は成立しなかった。　問5　ii　1685年，ルイ14世がナントの勅令(王令)を廃止し，ユグノーの弾圧が再開されたことで，ユグノーの商工業者が国外に亡命した。　問6　②　立法議会のジロンド派(穏健共和派)政権が対外戦争を始めた。　①　革命暦を採用したのは国民公会である。　③　ブリュメール18日のクーデタでナポレオンに倒されたのは，総裁政府である。　④　国王を処刑して共和政を樹立したのは国民公会である。　問7　ナポレオンは大陸封鎖令によって，欧州大陸諸国とイギリスとの通商を禁ずることで，イギリスの経済的孤立を図るとともに，大陸諸国をフランス製品の市場としようとした。しかし，それによってヨーロッパ諸国の経済が窮迫し反発したことで，結果的にはナポレオンの没落を早めた。

中 高 地 理

【1】問1　③　　問2　④　　問3　①　　問4　①　　問5　④
問6　②　　問7　③　　問8　③　　問9　④　　問10　都市…B
理由…卸売業販売額がAに比べ極めて低いことから中心地機能が低いことがわかり，大都市の郊外にある衛星都市であることが推測できるため。(小売業販売額がAに比べて低いことから市域内での購買活動が小規模であることがわかり，大都市の商圏に組み込まれていることが推測できるため。)

〈解説〉問1　気団とは，同じような気温や湿度を持つ大気の塊のことで，天気や降雨に影響をもたらす。日本付近では夏に影響力を持つ太平洋上の小笠原気団，冬に影響力を持つシベリア気団のほか，オホーツク海気団，揚子江(長江)気団がある。春から夏への移行期間には，オホーツク海気団と小笠原気団がぶつかって梅雨前線ができ，梅雨がもたらされる。　問2　あは長野県諏訪湖で，断層盆地内に水がたまってできた断層湖である。琵琶湖のほか猪苗代湖なども同じ成因である。十和田湖は火山活動によるカルデラ湖，中禅寺湖は堰止湖，浜名湖とサロマ湖は砂州によってできた海跡湖で，海水が混じる汽水湖である。問3　表の下にある注記をしっかり読んでおきたい。人口が多く生活用水の使用割合が高く，水資源使用率の最も高いiが関東地方で，工業用水の割合が高いiiが東海地方。北陸と四国地方では，夏の降水量が多い高知県のある四国がiv，北陸がiii。また，北陸地方は稲作が盛んで農業用水使用割合が高い。　問4　渥美半島は，豊川用水が整備されたことで，年間平均気温16℃という温暖な気候のもと，電照菊をはじめキャベツ，マスクメロンなど，いろいろな種類の野菜や果物が生産されている。静岡県では，ウナギの稚魚であるシラスウナギの養殖が盛んに行われており，南アルプスを源流とする大井川水系の地下水が豊富に使用されている。　問5　日本の風力発電は，山岳が多く建設が困難なため，現状ではあまり建設が進んでいない。2019年の自然エネルギーの総発電量に占める割合は，水力と太陽光が各7.4％で最も多く，バイオマス2.7％，風力は0.76％，地熱は0.24％となっている(電源調査統計資料より)。　問6　静岡県の牧ノ原台地は，気候が温暖で降水量は多いが水はけが良く水田には不向きであるため，茶畑として利用されている。茶畑は明治初期の士族の入植によって始まり，農民の開墾も加わって産地化が進んだ。　問7　静岡県は森林資源と水資源が豊富で，富士市や富士宮市を中心に製紙工業が盛んである。鉄鋼業は，自動車産業が盛んな愛知県が多い。長野県では，冷涼で湿度の低い時期があるため以前から精密機械工業が発展し，現在では塩尻市を中心に情報通信機器などを生産する工場がある。　問8　①　素材型工業とは金属，石油精製，木材，パルプなどの工業を指し，石油危機以前に生産が盛んで，その後自動車や電気機械工業が中心となっていった。　②　自動車の輸出急増で貿易摩擦が生じたのは欧米との間である。生産拠点を人件費の安い中国へ移転する動きが進んだ。④　コンテンツ産業とは，映像・音楽・ゲーム・書籍などのコンテンツに関連した産業のことで，注目度は高いが，現状では成長企業は南関東に集中している。　問9　日本の就業者数のおよそ7割が第3次産業に従事している。第1位は商業すなわち卸売業・小売業である。第2位は医療・福祉である。高齢化が進み，医療・看護や介護に携わる人が多くなっている。上位の2分野で4割を占める。運輸・郵便業と情報通信業では，人手に頼っている前者の方が多い。

問10　いずれの指標もAよりBの方が小さいこと，富山市は県庁所在地であり，枚方市は大阪市のベッドタウンであることから考える。卸売業販売額の高さは，地域の中心的存在で，周囲の小売店へ卸売するニーズがあることを意味する。枚方市では，消費者は大都市で購入することが多く，市内の小売業販売額はさほど大きくない。

【2】問1　③　　問2　①　　問3　①，②　　問4　福岡県や佐賀県は田の作付延面積の割合が高く，低緯度かつ温暖であることで年間を通じた耕作に向いており，田を使った裏作が行われているため。

〈解説〉問1　①　路面電車の線路を左に曲がると，一つ目の駅の手前に病院ではなく郵便局が左手にある。　②　43.9と書かれているのは，水準点ではなく三角点である。方位と距離の測定に利用する。

③　小学校が近くにある交差点付近には2つの記念碑があり，明治天皇御駐蹕(ごちゅうひつ)の地碑と山鼻兵村開設碑と思われる。

④　市電に乗り南下し，東に曲がったところに中央図書館がある。そこから東に進むと，左側に郵便局や病院がありその先に，右側ではなく左側に電波塔が見えてくる。　問2　直径2.2cmの円の半径は1.1cm。この地図は2万5千分の1地形図であるから，1.1×25000＝27500，27500cm＝0.275km　よって，0.275×0.275×3.14＝0.237…で，約0.24km^2。　問3　札幌市と横浜市は県(道)庁所在地であり，政令指定都市で，かつ人口100万人を超えるが，あとの2つは違う。釜石市と横浜市は海に面しているが，札幌市と熊谷市は面していない。

問4　佐賀県や福岡県は，水田を有効利用し，稲や大豆などを収穫した後，麦や野菜などを作付しているため，耕地利用率が高くなっている。

【3】問1 ① 問2 ④ 問3 ⑤ 問4 ③ 問5 ④
問6 ④ 問7 記号…d 理由…移動電話は固定電話に比べて電話回線などの設備投資が少なくてすむため，発展途上国において普及しやすいから。

〈解説〉問1 Aはナミブ砂漠である。沿岸を寒流のベンゲラ海流が流れているために，大気が安定し降水がないことから砂漠となっている。これと同じ成因なのは南米のアタカマ砂漠で，ペルー海流のためである。タクラマカン砂漠は南北に大きな山脈があり海からの湿った空気がたどり着かないため，ゴビ砂漠は海から遠く離れているため，ネフド砂漠は回帰線下にあり中緯度高圧帯の影響を受けるためである。 問2 ハイサーグラフから，気温は年中高いが，6～9月がやや低く，南半球であることがわかる。また，降水量は2～4月に多く，9～11月に少ないが，それでも100mmは越えているため熱帯雨林気候の④が該当する。なお，同じ南半球の③は，温暖冬期少雨気候のザンビアのルサカと思われる。 問3 アフリカの輸出の特徴は，旧宗主国とのつながりが強いことと，モノカルチャー経済の傾向が残ることである。南アフリカ共和国はアフリカの国の中で最もGDPが大きく，先進国との貿易が多い。コンゴ民主共和国は，他のアフリカ諸国と同様に中国との関係が最も強い。北アフリカのモロッコ王国は，旧スペイン領で，隣接するヨーロッパとの貿易が多い。 問4 B ナイジェリアは石油の産出が多く人口が2億人を越える国で，農産物ではキャッサバの生産が世界1位である。 C エチオピアはコーヒー豆の原産国として知られる。生産量は世界第5位である。 D ケニアはイギリス領だったことと降水量の多い高原が広がることから茶の生産が多く，輸出量は世界一である(2017年)。 問5 40億人を超える①は，中国とインドを擁するアジア。次に多い④はアフリカである。そのほかは，人口増加率が最も低い②がヨーロッパ，北アメリカがカナダとアメリカ合衆国を合わせたものなので③，⑤がラテンアメリカ，⑥がオセアニアである。 問6 i ザンビアはコンゴ民主共和国から続くカッパーベルトがあり，輸出品の7割強は銅製品だが，ボツワナは金ではなくダイヤモンドの産出が多い。　ii　モノカルチャー経済に依存するアフリカ諸国では，特定の商用農産物を作るプランテーションに雇われ，生産に携わる一方で，良い土地は収奪され，水や灌漑設備も十分でなく，自給用作物に欠き，輸入する国もある。　問7　aとdはどちらも固定電話契約数が少なく，伸びも少ない一方，移動電話契約数が急速に伸びているのが特徴で，より伸び方が大きいdがアルジェリアで，aが中国である。bとcはどちらも移動電話契約数の伸びが比較的緩やかだが，固定電話契約数が減少し，移動電話契約数の伸びが比較的大きいbは，国土が広く固定電話の設置と維持が困難なオーストラリアで，cがイギリスである。

【4】問1　④　　問2　②　　問3　④　　問4　⑤　　問5　①
問6　③　　問7　国名…ポーランド　　理由…西ヨーロッパ諸国と比べ賃金が安いため，2004年のEU加盟以降，西ヨーロッパ企業が生産拠点を移したから。

〈解説〉問1　プレートの境界は，広がる境界，狭まる境界，ずれる境界の3種類あり，Aのアイスランドでは広がる境界が見られる。通常，海底にある境界だが，大西洋中央海嶺が陸地として海面に出たところがアイスランドで，活発な火山活動を見ることができ，ギャオと呼ばれる幅10mもの巨大な地割れが連なっている様子が見られる。
問2　①　Bはパリ盆地である。その特色のある地形は，モナドノックではなくケスタという。　③　石灰岩が溶食されてできた地形はカルスト地形で，単純なものをドリーネといい，それが集まったものをウバーレ，さらに大きくなったものをポリエという。　④　テムズ川河口は，エスチュアリ(三角江)という。　問3　①　スペイン北部に住み，分離・独立を求めているのはバスク民族とカタルーニャ民族である。クルド民族はイラク，イラン北部などに住む少数民族である。
②　フィンランドはキリスト教プロテスタントの信者が多い。
③　スイスで最も多く話されているのはドイツ語である。　問4　iiは5番目に野菜・果実があることから，園芸農業が盛んなオランダであ

る。iiiは航空機があることから，EU内部で部品を各国で分業して生産し，最終的な組立工場をトゥールーズに持つフランスである。iは残ったイタリアである。　問5　フランスは積極的に原子力発電を行っている。一方でドイツは原子力発電を段階的に廃止し，風力，太陽光など再生可能エネルギーへと転換を進めている。バイオ燃料の利用も推進している。スウェーデンは，火力発電が少ない一方，豊富な水力による発電と同じ程度に原子力の利用も行われている。ただし，原子力発電が多いフランス，スウェーデンはともに自然エネルギーへの移行を進めようとしている。　問6　三角グラフは，それぞれの辺の示す数字で割合を読み，合計が100％になるグラフである。第1次産業人口の割合は①→②→③→④の順に高く，第2次産業人口の割合はあまり差がない。第3次産業人口については，④→③→②→①の順に高い。第1次産業人口が多いのは中国とインドで，①または②だが，第3次産業従事者が相対的に多い②が中国，①がインドである。第1次産業人口割合が低く，第3次産業人口割合が高い④はイギリス，次いで③がチェコである。　問7　Pは2000年には1.5倍に増加し，その後は減少している。その一方で，Qは2000年に1.5倍，その後さらに倍近く増加しており，こちらがポーランドである。2004年にEUに加盟したポーランドは，人件費が安いことから工場の移転が進んだためである。ただし，2010年以降は，ポーランドの生産台数は減少傾向にある一方，スペインは増加し，2000年の水準に近づく状況である。

中高公民

【1】問1　②　　問2　①　　問3　(1)　⑤　　(2)　④　　問4　③
　問5　主権を運用する目的・方法

〈解説〉問1　ii　ベネディクトは，日本人の行動様式を「恥の文化」と特徴づけた。他人の目を意識する文化であることを表している。罪の文化とは，神の教えに背くことを罪と考える西洋キリスト教的な倫理観のことである。　問2　②　空也ではなく，空海。真言密教の修行を三密といい，修行が目指すものを加持という。　③　法然は比叡山で天台宗を修め，比叡山を下り東山大谷で浄土宗をひらいた。
④　臨済宗の開祖は栄西。最澄は天台宗の開祖。　問3　(1)　伊藤仁斎は儒学者で，古義学派の祖である。仁を達成することで誠に近づけると考えた。　(2)　Bは石田梅岩の思想である。利潤追求を「天理」として，商人の売利は武士の俸禄と同じと説いた。①は二宮尊徳の報徳思想，②は山片蟠桃の合理的実学思想，③は佐久間象山の東洋道徳･西洋芸術の考え方。　問4　明六社は，森有礼の主唱により結成された日本最初の学術団体である。③は陸羯南は新聞「日本」の創刊者で，明六社の社員ではない。　問5　吉野作造は天皇制の否定ではなく，天皇主権の運用の近代化を目指したことに留意する必要がある。

【2】問1　①　　問2　⑥　　問3　④　　問4　③　　問5　②
問6　①　　問7　④　　問8　Ⅰ　飼育する牛の頭数を増やす
Ⅱ　全ての牛飼いが飼育する牛の頭数を増やし，共有地の牧草は食べつくされ，誰も牛を飼えなくなる

〈解説〉問1　フランクルは，第二次世界大戦中のアウシュヴィッツ収容所での経験の影響をもとに実存分析を主唱した。②はフロイト，③はユング，④はフロムについて述べた文である。　問2　A　嘆きの壁は，イスラームではなくユダヤ人の聖地である。　C　エルサレムではなくイスラエルが正しい。　D　ユダヤ教・イスラム教は偶像崇拝を認めていない。キリスト教ももともとは禁止していた。　E　ペテロではなくパウロが正しい。　問3　イデアは感覚で捉えられる事物の原型で，永遠不変の真の存在であり，個々の事物はイデアの不完全な模造であり影にすぎず，真の存在であるイデアを探究すべきであるとプラトンは考えた。　問4　①　空は，大乗仏教の根本的思想。
②　ジャイナ教ではなく，ヒンドゥー教が正しい。　④　ヒンドゥー教ではなく，ユダヤ教について説明した文である。　問5　孟子は性善説，荀子は性悪説を唱えた儒学者。墨子は儒家の思想を，別愛を重

んじると批判し，兼愛交利説を唱えた。　問6　デューイはプラグマティズムを大成したアメリカの哲学者。主著に『民主主義と教育』，『学校と社会』などがある。iiは彼が提唱した問題解決学習の根幹を成す考え方である。　問7　Aの構造主義の代表的な人物はレヴィ＝ストロース。サルトルはフランスの哲学者で，実存主義を代表する一人である。デリダは，ポスト構造主義の哲学者である。　問8　複数の人が利用可能な共有資源を，個人が自らの経済的利益の最大化を求めて利用した場合，資源は枯渇し，その結果，全体が不利益を被るというもの。人間の経済活動の自由が行き過ぎると，結果として人間自身が大きな損失を被るというしくみで，地球環境問題を説明するときの例えとして引用されることが多い。

【3】問1　③　　問2　①　　問3　②　　問4　③　　問5　②
問6　③　　問7　Ⅰ　人間一人ひとりの安全に注目する　　Ⅱ　人間の安全保障

〈解説〉問1　①　予算先議権は，大日本帝国憲法でも第65条で定められていた。　②　30日ではなく60日が正しい。日本国憲法第59条第4項。④　5名ではなく10名が正しい。国会法第89条。　問2　①　閣議の議事は多数決制ではなく，全員一致。　問3　A　地方自治では，議会の解散請求，長や議員などの解職請求に対しては有権者の3分の1以上，条例の制定または改廃の請求や，事務監査の請求に対し，有権者の50分の1の署名を要する。　B　三位一体の改革は，国の関与を縮小し，地方の権限･責任を拡大して，地方分権をいっそう推進することを目指したものである。　問4　③　有権者は，ウェブサイト等を利用した選挙運動はできるが，電子メールを利用して選挙運動を行うことは禁止されている。ただし，政党や候補者の場合は認められている。
問5　ii　ホメイニはイスラム教シーア派の指導者だった。
問6　①　フランスはド＝ゴール大統領が政権を握っていた1966年，NATOのアメリカ主導体制を批判し，脱退した。2009年に復帰した。
②　新冷戦は，1979年のソ連によるアフガニスタン侵攻を契機とする

米ソの対立を指す。1985年のゴルバチョフ政権の誕生により沈静化した。　④　チュニジアやエジプト等で起こった民主化運動はアラブの春と呼ばれる。　問7　人間の安全保障は，1994年に国連開発計画(UNDP)が公表した人間開発報告の中で提唱された考え方である。その内容は，人間一人ひとりに着目し，人々が恐怖と欠乏から解放され，尊厳ある生命を全うできるような社会づくりを目的とするものである。

【4】問1　④　　問2　①　　問3　①　　問4　①　　問5　②
問6　④　　問7　国債発行による収入を除いた歳入と，国債の元利払いを除いた歳出の差のこと。

〈解説〉問1　ケネーはフランスの経済学者で，重農主義を提唱した。マルサスはイギリスの古典派経済学者で，『人口論』を著した。トマス･マンはイギリスの重商主義者である。　問2　②　レーガノミクスは，アメリカのレーガン政権がとった経済政策で，規制緩和，減税，歳出削減などで国内の民間投資を活性化させることで，スタグフレーションに陥った経済状況を克服しようとした。インフレ抑制など，一定の効果はあったが，財政赤字と貿易赤字という双子の赤字を残した。　③　石油危機後のスタグフレーションを乗り越えるため，大きな政府から小さな政府への転換が進んだ。　④　フリードマンは，ケインズが主張する政府による市場への介入を否定し，新自由主義を提唱した。　問3　経済主体は主に家計・企業・政府から成る。家計は，政府に税金や社会保険料を負担して，公共財や公共サービスの給付を受ける。また企業に対しては，消費，貯蓄，労働などの取引を行う。
問4　①　GNPは国内総生産(GDP)に海外からの純所得をたした値だが，現在ではGNPの概念はなくなり，同様の概念としてGNI(国民総所得)が新たに導入されている。　問5　自己資本比率は(自己資本)÷(総資本)で求められる。総資本は純資産(自己資本)と負債(他人資本)の合計である。　問6　④　コーポレート・ガバナンス(企業統治)は，ステークホルダー(利害関係者)の観点から企業経営を監視すること。

問7　基礎的財政収支とは，その年に必要な歳出が借金以外の収入，すなわち税収等でどれぐらいまかなえているかを示すもので，財政の健全化を表す指標とされている。

2020年度　実施問題

中高共通

【1】東アジアと東南アジアについて，下の問いに答えなさい。

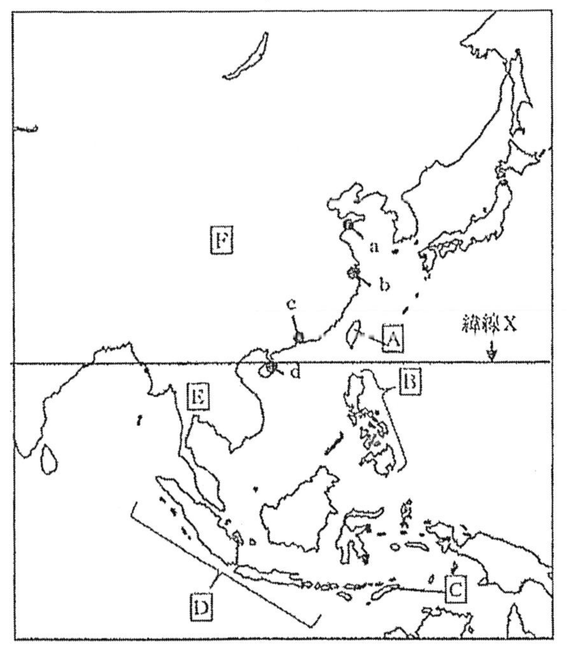

問1　地図の緯線Xの緯度として正しいものを，次の①～④から一つ選びなさい。

①　北緯40度　　②　北緯20度

③　緯度0度　　④　南緯20度

問2　地図の都市a～dのうち，1997年にイギリスから中国に返還された香港の位置として正しいものを，次の①～④から一つ選びなさい。

①　a　　②　b　　③　c　　④　d

問3　次のi～iiiの文は，地図のAの台湾について述べたものである。年代の古いものから順に正しく配列されているものを，下の①～⑥から一つ選びなさい。

i　八田與一が烏山頭ダムを建設し，不毛の大地を台湾最大の穀倉地帯に変えた。 ii　台湾に漂着した宮古島島民が，台湾先住民に殺害されたことを理由に，日本が軍事行動を起こした。 iii　下関条約により，清は台湾の日本への割譲などを認めた。

①　i→ii→iii　　②　i→iii→ii　　③　ii→i→iii
④　ii→iii→i　　⑤　iii→i→ii　　⑥　iii→ii→i

問4　地図のBについて，フィリピンという国名は，フェリペ皇太子(後のフェリペ2世)に由来するが，この人物はどこの国の皇太子であったか。次の①～④から一つ選びなさい。

①　イギリス　　②　スペイン　　③　フランス
④　ポルトガル

問5　地図のCは，2002年にインドネシアから独立した国である。この国の名称として正しいものを，次の①～④から一つ選びなさい。

①　シンガポール　　②　バングラデシュ　　③　東ティモール
④　ブルネイ

問6　地図のDのインドネシアについて，次の(1)(2)に答えなさい。

(1)　この国にある遺跡を，次の①～④から一つ選びなさい。

①
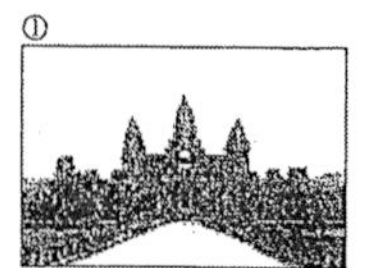
②

③

④

（日本ASEANセンター、インド政府観光局、ユネスコ世界遺産センターより掲載）

(2)　次の①～④のグラフは，インドネシア，シンガポール，タイ，フィリピンのいずれかの宗教別人口の割合を示したものである。インドネシアのグラフとして適当なものを一つ選びなさい。

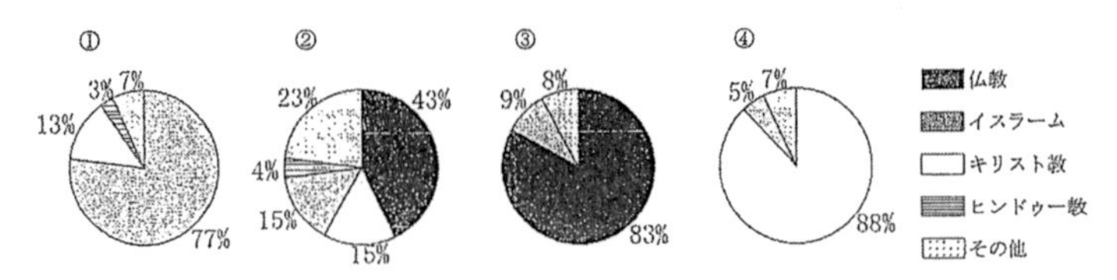

（国立民族学博物館資料より作成）

問7　地図のEの国名と政治体制の組合せとして正しいものを，次の①～④から一つ選びなさい。

①　タイ　－　立憲君主制　　　②　タイ　－　共和制

③　ミャンマー　－　立憲君主制　　④　ミャンマー　－　共和制

問8　地図のFの国について述べた文として最も適当なものを，次の①～④から一つ選びなさい。

①　人口の約6割は漢民族が占めており，それ以外に55の少数民族が住んでいる。

②　1979年から一人っ子政策と呼ばれる人口抑制政策が行われるようになったが，人口の急増に歯止めがかからず，現在もこの政策は続けられている。

③　1970年代末に対外開放政策が始まった後，積極的な工業化政策によって輸出が増大したため，アジアNIEsと呼ばれるようになった。

④　沿海部と内陸部の格差を解消するために，2000年には西部大開発の方針が打ち出され，四川省をはじめ12の省・市・自治区が西部に指定された。

問9　次の3つのグラフの①～④は，ASEAN，アメリカ合衆国，EU，日本のいずれかである。ASEANに当てはまるものを一つ選びなさい。

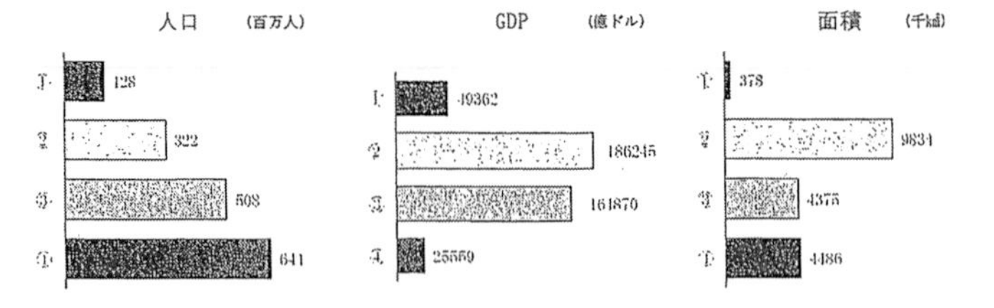

（世界国勢図会2018/19より作成）

（☆☆◎◎◎）

【2】日本の地理や歴史について，次の問いに答えなさい。

問1　次の地図を見て，下の(1)〜(3)に答えなさい。

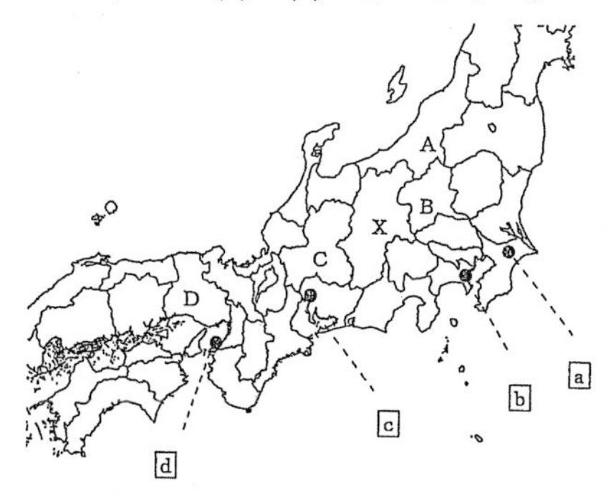

(1)　地図中のA〜Dの県に関する記述として適当でないものを，次の①〜④から一つ選びなさい。

①　A県の燕市では，江戸時代初期から金属産業が盛んで，現在も生活用品から産業機械等に至る様々な金属加工産業が発達している。

②　B県の嬬恋村では，都市向けに高原野菜の輸送園芸農業が盛んに行われている。

③　C県の多治見市では，焼き物に適した土が採れることから陶磁器の生産が盛んで，大堀相馬焼が有名である。

④　D県の神戸市では，丘陵をけずって得られた土を，沿岸部の埋め立てに利用し，ポートアイランドや神戸空港がつくられた。

(2)　次の表のi〜ivは，地図の[a]〜[d]のいずれかの港の主要貿易輸出品目である。iとiiにあてはまる港の組合せとして正しいものを，あとの①〜⑥から一つ選びなさい。

（単位　百万円）

	第1位	第2位	第3位	第4位
i	金（非貨幣用）863,555	科学光学機器 666,471	集積回路 449,490	電気回路用品 447,159
ii	自動車 1,594,913	自動車部品 371,114	内燃機関 293,457	プラスチック 269,037
iii	集積回路 831,242	科学光学機器 430,375	個別半導体 422,326	電気回路用品 341,559
iv	自動車 2,882,291	自動車部品 2,150,467	内燃機関 503,893	金属加工機械 452,433

（日本国勢図会2018/19より作成）

①　i－a　ii－b　　②　i－a　ii－c
③　i－a　ii－d　　④　i－c　ii－d
⑤　i－d　ii－a　　⑥　i－d　ii－b

(3)　X県にあり，かつては生糸業，戦後は時計，カメラ，オルゴールなどの精密機器の生産を中心に発展し，「東洋のスイス」と呼ばれた都市を，次の①～④から一つ選びなさい。

①　上田市　　②　松本市　　③　諏訪市　　④　安曇野市

問2　次の年表を見て，下の(1)～(4)に答えなさい。

年	出来事
646	公地公民の制度が a 改新の詔で打ち出される。
743	b 墾田永年私財法が施行される。
1594	c 豊臣秀吉が京枡に統一するなどの検地条目を定めた。
1946	d 第二次農地改革が行われる。

(1)　下線部aを宣布した天皇と，宣布された時の都の組合せとして正しいものを，次の①～⑧から一つ選びなさい。

①　孝徳天皇－難波宮　　②　孝徳天皇－飛鳥浄御原宮
③　天智天皇－難波宮　　④　天智天皇－飛鳥浄御原宮
⑤　天武天皇－難波宮　　⑥　天武天皇－飛鳥浄御原宮
⑦　持統天皇－難波宮　　⑧　持統天皇－飛鳥浄御原宮

(2)　下線部bについて述べた文として誤っているものを，次の①～④から一つ選びなさい。

①　橘諸兄のもとで施行され，開墾した土地は永久に私有することを認めた。
②　新しく開墾した土地については，租を負担する必要はなかった。
③　貴族，東大寺などの寺院，郡司などは，周りの農民などを使って開墾を行い私有地を広げた。
④　貴族や寺院の私有地は荘園とよばれるようになり，領主の別宅や倉庫などの施設を中心に経営された。

(3)　下線部cの人物に関する出来事i～iiiについて，年代の古いものから順に正しく配列されているものを，下の①～⑥から一つ選びなさい。

> i　刀狩を命じて，農民や寺社から刀や弓，やり，鉄砲などの武器を取り上げた。
> ii　朝廷から関白に任命された。
> iii　バテレン追放令を出し，宣教師の国外追放や布教の禁止を命じた。

①　i→ii→iii　②　i→iii→ii　③　ii→i→iii
④　ii→iii→i　⑤　iii→i→ii　⑥　iii→ii→i

(4)　下線部dについて述べた文として適当でないものを，次の①～④から一つ選びなさい。

①　不在地主の全小作地と在村地主の平均1町歩(北海道は4町歩)をこえる小作地が，国家に強制買収され，小作人に安く売りわたされた。

②　農村を支配してきた寄生地主制は一掃され，自作農が大幅に創出された。

③　GHQの勧告で吉田内閣が農地調整法再改正と自作農創設特別措置法を公布した。

④　農村を救済する政策として時局匡救事業が行われ，公共土木事業に農民を就労させた。

(☆☆☆◎◎◎)

【3】次の文A，Bを読んで，下の問いに答えなさい。

> A　1947年，a日本国憲法の施行に伴い，第1回のb国会が招集された。
> B　2015年，国連がc「持続可能な開発目標」を採択した。

問1　下線部aの改正の手続きに関する記述として最も適当なものを，次の①～④から一つ選びなさい。

①　衆議院で憲法改正原案を提出する場合，衆議院議員50人以上の

賛成が必要である。

② 憲法改正原案が国会に提出されると，衆議院と参議院で審議され，それぞれの総議員の過半数の賛成で可決されると，国会は国民に対して憲法改正の発議を行う。

③ 満18歳以上の日本国民による投票(国民投票)が行われ，有効投票の3分の2以上の賛成を得ると，憲法改正が承認される。

④ 国民投票により憲法改正が承認されると，天皇が国民の名において憲法改正を公布する。

問2　下線部bについての記述として適当でないものを，次の①～④から一つ選びなさい。

① 常会(通常国会)は，毎年1回，1月中に召集され，会期は150日間である。

② 臨時会(臨時国会)は，内閣が必要と認めた時，または，いずれかの議院の総議員の4分の1以上の要求があった場合に召集される。

③ 特別会(特別国会)は，衆議院解散後の総選挙日から10日以内に召集される。

④ 参議院の緊急集会は，衆議院の解散中，緊急の必要がある時，内閣の求めによって開かれる。

問3　下線部cについて，貧困問題解決のため貧しい人々に新しい事業を始めるための少額のお金を貸し出す取り組みとして最も適当なものを，次の①～④から一つ選びなさい。

① マイクロクレジット　　② フェアトレード

③ ベーシックインカム　　④ セーフティネット

(☆☆☆◎◎◎)

中高歴史

【1】次の史料を読んで，下の問いに答えなさい。

A……寛徳二年以後の新立庄園を停止すべし。縦ひ彼の年以往と雖も，立券分明ならず，国務に妨げ有らば，同じく停止の由宣下す。

B……今日女御藤原威子を以て，皇后に立つるの日なり。……a太閤，b下官を招き呼びて云く，「和歌を読まむと欲す。必ず和すべし」者。

C……鎌倉元の如く柳営たるべきか，他所たるべきや否やの事……遠くは延喜・天暦両聖の徳化を訪い，近くは義時・泰時父子の行状を以て近代の師となす。

D……御察度はこれ有間敷候間，二念無く打払いを心掛け，図を失わざる様取計ひ候処，専要の事に候条，油断なく申付けらるべく候。

E「……c天平十五年歳は癸未に次る十月十五日を以て，菩薩の大願を発して，d盧舎那仏の金銅像一軀を造り奉る。……夫れ天下の富を有つ者は朕なり。天下の勢を育つ者も朕なり。……」

問1　史料Aについて，次の(1)(2)に答えなさい。

(1)　この法令の名称と発令者の組合せとして正しいものを，次の①～④から一つ選びなさい。

①　延喜の荘園整理令－醍醐天皇

②　延喜の荘園整理令－後三条天皇

③　延久の荘園整理令－醍醐天皇

④　延久の荘園整理令一後三条天皇

(2)　この法令の発令者の政治について述べた文として誤っているものを，次の①～④から一つ選びなさい。

①　仏教を厚く信仰し，六勝寺など多くの大寺院を造営した。

② 大江匡房らの学識にすぐれた人材を登用し，強力に国政の改革に取り組んだ。

③ 摂関家を外戚としなかったため，天皇親政をおこなった。

④ 宣旨枡と称される公定枡を作った。

問2　史料Bについて，下線部aと下線部bの組合せとして正しいものを，次の①～⑥から一つ選びなさい。

① 藤原道長－藤原緒嗣　　② 藤原道長－藤原実資

③ 藤原仲麻呂－藤原緒嗣　　④ 藤原仲麻呂－藤原実資

⑤ 藤原不比等－藤原緒嗣　　⑥ 藤原不比等－藤原実資

問3　史料Cの名称として正しいものを，次の①～④から一つ選びなさい。

① 半済令　　② 御成敗式目　　③ 建武式目

④ 建武以来追加

問4　史料A～Cが作成された年代について，古いものから順に正しく配列されているものを，次の①～⑥から一つ選びなさい。

① A→B→C　　② A→C→B　　③ B→A→C

④ B→C→A　　⑤ C→A→B　　⑥ C→B→A

問5　史料Dについて，当時の幕府の対外政策と国内の状況との関係を述べた次の文iとiiの正誤の組合せとして正しいものを，下の①～④から一つ選びなさい。

i　アメリカ商船のフェートン号が日米交易をはかろうとしたが，幕府はこれを撃退させた。 ii　渡辺崋山は『戊戌夢物語』を，高野長英は『慎機論』を書いて，幕府の対外政策を批判した。

① i－正　ii－正　　② i－正　ii－誤

③ i－誤　ii－正　　④ i－誤　ii－誤

問6　史料Eについて，次の(1)(2)に答えなさい。

(1) この史料の名称と下線部cの年代の組合せとして正しいものを，次の①～④から一つ選びなさい。

① 『日本書紀』－741年　② 『続日本紀』－741年
③ 『日本書紀』－743年　④ 『続日本紀』－743年

(2) 当時の天皇が下線部dの事業に取り組んだ背景にある思想とは何か。また，その思想について説明しなさい。

(☆☆☆☆◎◎◎)

【2】次の文章を読んで，下の問いに答えなさい。

A 財界から，貿易の振興をはかることをのぞむ声が高まるなかで[a]浜口雄幸内閣が成立した。
B [b]田中義一内閣の時，治安維持法を改正して最高刑を死刑・無期とし，道府県の警察にも特高を設置して，大規模な検挙をおこなった。このため，日本共産党は大きな打撃を受けた。
C 第1次近衛文麿内閣の時，北京郊外の盧溝橋付近で[c]日中両国軍の衝突事件が発生した。いったんは現地で停戦協定が成立したが，この内閣は兵力を増派して戦線を拡大し，国民政府の側も抗戦の姿勢をとったため全面戦争に発展した。
D [d]加藤高明首相の死後に組織したこの内閣の時，大正天皇が死去し，昭和と改元された。

問1 A～Dについて，年代の古いものから順に正しく配列されているものを，次の①～⑥から一つ選びなさい。

① A→B→D→C　② A→D→B→C
③ B→A→D→C　④ B→D→A→C
⑤ D→A→B→C　⑥ D→B→A→C

問2 下線部aについて，次の(1)(2)に答えなさい。

(1) この内閣の経済政策について，誤っているものを，次の①～④から一つ選びなさい。

① 財政を緊縮して物価の引下げをはかり，産業の合理化を促進して国際競争力の強化をめざした。
② 旧平価で金輸出解禁をしたため，実質的には円の切り上げと

なった。

③　3週間のモラトリアムを発し，日本銀行から巨額の救済融資をおこない，金融恐慌をしずめた。

④　重要産業統制法を制定し，指定産業での不況カルテル結成を容認した。

(2)　浜口雄幸がこのときに所属していた政党と外交方針の組合せとして正しいものを，次の①～④から一つ選びなさい。

①　立憲民政党－協調外交　　②　立憲民政党－積極外交

③　立憲政友会－協調外交　　④　立憲政友会－積極外交

問3　下線部bを中心とした内閣が政権を担当していた時期の外交に関して述べた文として最も適当なものを，次の①～④から一つ選びなさい。

①　満州軍閥の張作霖を支援し，国民革命軍に対抗するため，3次にわたる山東出兵を実施した。

②　ロンドン海軍軍縮条約を調印したことにより，統帥権干犯問題が起きた。

③　奉天郊外の柳条湖で南満州鉄道の線路を爆破し，これを中国軍のしわざとして満州事変が始まった。

④　日英同盟を理由として第一次世界大戦に参戦し，ドイツに宣戦布告した。

問4　下線部cの発生以後の日本の出来事i～ivについて，年代の古いものから順に正しく配列されているものを，下の①～⑧から一つ選びなさい。

i　北部仏印進駐の開始	ii　国家総動員法の公布
iii　日ソ中立条約の締結	iv　南部仏印進駐の開始

①　i→ii→iii→iv　　②　i→iv→iii→ii

③　ii→i→iii→iv　　④　ii→iii→iv→i

⑤　iii→i→ii→iv　　⑥　iii→iv→i→ii

⑦　iv→ii→iii→i　　⑧　iv→iii→i→ii

問5　下線部dの内閣が総辞職した理由を，次の語句を用いて25字以上30字以内で書きなさい。

語句〔　緊急勅令　〕

(☆☆☆☆◎◎◎◎◎)

【3】次の文章を読んで，下の問いに答えなさい。

A　800年のクリスマスの日に，教皇レオ3世はカールに a ローマ皇帝の帝冠を与え，b「西ローマ帝国」の復活を宣言した。

B　教皇レオ10世は，サン＝ピエトロ大聖堂の改築資金を集めるために贖宥状の販売を許可したのに対し c ルターは「95か条の論題」を発表し，批判した。

C　教皇ボニファティウス8世は，聖職者への課税に反対してイギリス・フランス国王と争ったが，フランス国王(　X　)に捕らえられた。

D　教皇インノケンティウス3世は，対立した当時のイギリス国王(　Y　)を破門した。

E　教皇グレゴリウス7世は，教会改革をおし進め，d 聖職叙任権をめぐって，当時の神聖ローマ皇帝と対立し破門した。

問1　A～Eについて，年代の古いものから順に正しく配列されているものを，次の①～⑥から一つ選びなさい。

①　A→C→D→E→B　　②　A→C→E→D→B

③　A→D→C→E→B　　④　A→D→E→C→B

⑤　A→E→C→D→B　　⑥　A→E→D→C→B

問2　文中の空欄(　X　)(　Y　)にあてはまる人物名の組合せとして正しいものを，次の①～④から一つ選びなさい。

①　X－ハインリヒ4世　Y－ジョン王

②　X－ハインリヒ4世　Y－ヘンリ2世

③　X－フィリップ4世　Y－ジョン王

④　X－フィリップ4世　Y－ヘンリ2世

問3　下線部aについて述べた文として正しいものを，次の①～④から一つ選びなさい。

① ローマ帝国の領土は，コンスタンティヌス帝の時代に最大となった。

② マルクス＝アウレリウス＝アントニヌス帝の使者とされる者が，後漢に派遣された。

③ トラヤヌス帝はキリスト教を公認した。

④ カエサルは初代ローマ皇帝となった。

問4　下線部bに関連して，東西に分裂したローマ帝国のうち，東ローマ帝国(ビザンツ帝国)に関して述べた次の文iとiiの正誤の組合せとして正しいものを，下の①～④から一つ選びなさい。

i　ユスティニアヌス帝は，『ローマ法大全』を編纂させた。 ii　東ローマ帝国(ビザンツ帝国)は，オスマン帝国の侵入によって滅亡した。

① i－正　ii－正　② i－正　ii－誤

③ i－誤　ii－正　④ i－誤　ii－誤

問5　下線部cに関連して，ルターとルター派にかかわる事柄について述べた文として最も適当なものを，次の①～④から一つ選びなさい。

① ルターは，ドイツ農民戦争以降も農民反乱に同情的な態度を貫いた。

② ルターは，トリエント公会議で教皇の至上権を再確認した。

③ アウクスブルクの和議で，諸侯はカトリック派とルター派のいずれをも採用することができるようになった。

④ 神聖ローマ皇帝は，三十年戦争でルター派の側に立って戦った。

問6　中世ヨーロッパの文化について述べた文として最も適当なものを，次の①～④のうちから一つ選びなさい。

① イタリアのボローニャ大学は，神学で有名であった。

② ケルン大聖堂は，ロマネスク様式の建築物の一つである。

③ アンセルムスは，普遍論争の中で実在論を唱えた。

④　『ニーベルンゲンの歌』は，カール大帝時代の騎士の武勇が題材であった。

問7　下線部dをめぐる対立の結果について，次の語句を用いて説明しなさい。

語句〔　ヴォルムス協約　　教皇　〕

(☆☆☆◎◎◎◎)

【4】明・清王朝皇帝に関する次の年表を参考にして，下の問いに答えなさい。

皇帝名	年	主な出来事
a 洪武帝	1368	明を建国
（　X　）	1405	鄭和が南海大遠征に出発
万暦帝	1572	万暦帝が皇帝即位、張居正が改革を行う
ヌルハチ（太祖）	1616	後金を建国
ホンタイジ（太宗）	1636	国号を清と改める
b 康熙帝	c 1689	ネルチンスク条約を締結
（　Y　）	1727	キャフタ条約を締結
乾隆帝	1757	対ヨーロッパ貿易を広州1港に限定
道光帝	1840	d アヘン戦争が勃発

問1　年表中(　X　)(　Y　)にあてはまる皇帝の名前の組合せとして正しいものを，次の①～④から一つ選びなさい。

①　X－正統帝　Y一順治帝　②　X－正統帝　Y－雍正帝

③　X－永楽帝　Y－順治帝　④　X－永楽帝　Y－雍正帝

問2　下線部aが行った政策として誤っているものを，次の①～④から一つ選びなさい。

①　対外政策のため，首都を北京に移した。

②　里甲制を実施し，賦役黄冊や魚鱗図冊を整備した。

③　朱子学を官学とし，科挙制を整備した。

④　海禁政策をとって，政府の管理する朝貢貿易を推進した。

問3　当時の朝鮮王朝(李朝)について述べた次の文iとiiの正誤の組合せとして正しいものを，あとの①～④から一つ選びなさい。

i　世界最古といわれる金属活字が発明された。 ii　訓民正音(ハングル)が制定された。

①　i－正　ii－正　②　i－正　ii－誤
③　i－誤　ii－正　④　i－誤　ii－誤

問4　下線部bの皇帝の治世下に起こった出来事を，次の①～④から一つ選びなさい。

①　皇帝直属の諮問機関である軍機処を設置した。
②　李自成を破り北京を占領し，遷都した。
③　アマーストが，イギリスの使節として清に派遣された。
④　イエズス会以外の布教が禁止された。

問5　下線部cの年に起こった出来事を，次の①～④から一つ選びなさい。

①　ピューリタン革命の勃発　②　権利の章典の制定
③　権利の請願の可決　④　チャールズ2世の即位(王政復古)

問6　下線部d以降，清で起こった出来事i～iiiについて，年代の古いものから順に正しく配列されているものを，下の①～⑥から一つ選びなさい。

i　清朝はベトナムへの宗主権を主張して派兵し，清仏戦争がおきた。 ii　清朝はアメリカ合衆国と望厦条約を，フランスと黄埔条約を締結した。 iii　アロー号事件を口実に，イギリスはフランスとともにアロー戦争をおこした。

①　i→ii→iii　②　i→iii→ii　③　ii→i→iii
④　ii→iii→i　⑤　iii→i→ii　⑥　iii→ii→i

問7　明末清初の税制の変革について，地丁銀は一条鞭法をどのように改めたものか，20字以上25字以内で説明しなさい。

(☆☆☆◎◎◎◎)

中　高　地　理

【1】次の地図を見て，下の問いに答えなさい。

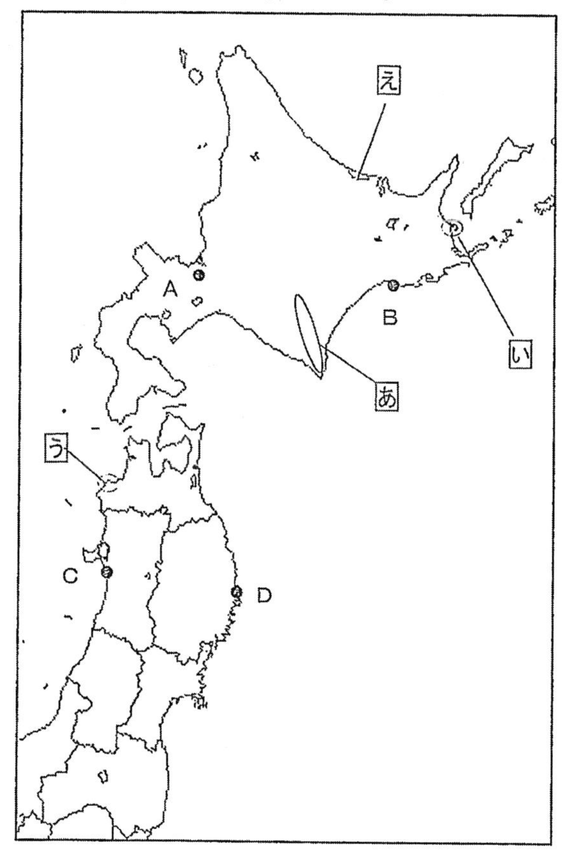

問1　次の資料1は，地図中のA～Dの都市のいずれかの平均気温と降水量の平年値を示したものである。このうちBに該当するものを，表の①～④から一つ選びなさい。

【資料１】　（気温：℃　降水量：mm）

		1月	2月	3月	4月	5月	6月	7月	8月	9月	10月	11月	12月	年
①	気温	0.3	0.4	3.3	8.7	13.0	16.0	19.8	22.2	18.8	13.3	7.8	3.1	10.6
	降水量	60.6	60.1	82.1	100.6	93.9	116.4	159.0	171.3	213.7	125.7	80.1	64.8	1328.0
②	気温	-3.6	-3.1	0.6	7.1	12.4	16.7	20.5	22.3	18.1	11.8	4.9	-0.9	8.9
	降水量	113.6	94.0	77.8	56.8	53.1	46.8	81.0	123.8	135.2	108.7	104.1	111.7	1106.5
③	気温	0.1	0.5	3.6	9.6	14.6	19.2	22.9	24.9	20.4	14.0	7.9	2.9	11.7
	降水量	119.2	89.1	96.5	112.8	122.8	117.7	188.2	176.9	160.3	157.2	185.8	160.1	1686.2
④	気温	-5.4	-4.7	-0.9	3.7	8.1	11.7	15.3	18.0	16.0	10.6	4.3	-1.9	6.2
	降水量	43.2	22.6	58.2	75.8	111.9	107.7	127.7	130.8	155.6	94.6	64.0	50.8	1042.9

＊全年の気温の数値は平均気温、降水量の数値は合計を示している。　（2019気象庁資料より作成）

問2　地図中の[あ]山脈で見られる地形として最も適当なものを，次の①～④から一つ選びなさい。

①　カール　　②　ケスタ　　③　ビュート　　④　ポリエ

問3　地図中の[い]および[う]に見られる海岸地形について述べた文iとiiの正誤の組合せとして正しいものを，下の①～④から一つ選びなさい。

> i　[い]には砂嘴が見られる。静岡県の三保松原はこれと同じ成因・特色をもつ。
> ii　[う]には，陸地の隆起または海面の低下でできた，海岸段丘がみられる。

①　i－正　ii－正　　②　i－正　ii－誤
③　i－誤　ii－正　　④　i－誤　ii－誤

問4　地図中のBには，豊富な原料と水を立地要因として成立した工業が戦前から立地している。この工業として最も適当なものを，次の①～④から一つ選びなさい。

①　繊維　　②　鉄鋼　　③　製紙・パルプ　　④　輸送用機械

問5　次の資料2は，北海道，愛知，茨城，熊本，新潟，山形の6道県における各農産物生産量を示したものである。茨城県に当てはまるものを，表の①～⑤から一つ選びなさい。

【資料2】

	北海道	①	②	③	④	⑤	全国計(t)
米	581,800	175,500	358,900	385,700	140,800	611,700	7,824,000
小麦	607,600	14,200	15,300	212	26,200	145	906,700
バレイショ	1,879,000	11,800	44,800	—	—	—	2,350,000
キャベツ	44,900	41,000	107,100	5,360	251,600	12,500	1,446,000
ブドウ	6,480	—	2,100	16,700	4,270	2,130	176,100
トマト	62,300	128,200	48,000	11,000	46,600	11,700	737,200

(2017農林水産省資料より作成)

問6　北海道では，現在も石炭の産出がみられる。石炭について述べた文として適当でないものを，次の①～④から一つ選びなさい。

① 化石燃料の中では，世界で最も埋蔵量が多く，熱量に換算すると石油の4倍以上あると推定される。

② 石炭の大半は，ユーラシア大陸やアメリカ大陸の新期造山帯に広く分布している。

③ 大規模な炭田では地表から直接掘り進んで採掘する露天掘りが行われる場合が多い。

④ 日本は，火力発電や製鉄の燃料・原料としての利用を目的に大量に輸入しており，世界有数の石炭輸入国である。

問7　次の資料3は，東京都，北海道，奈良県，広島県における，2016年の訪日外国人上位5位の国・地域名とその全体に占める割合(%)，平均宿泊日数(泊)，1人あたり消費金額(円)，外国人の訪問数(人)を示したものである。i～iiiに当てはまる道県の組合せとして正しいものを，あとの①～⑥から一つ選びなさい。

【資料3】

	東京都	i	ii	iii
訪日外国人上位5位 全体に占める割合（%）	中国 32.6 台湾 12.3 韓国 10.1 アメリカ 7.6 香港 5.4	中国 42.0 台湾 18.4 韓国 10.2 香港 7.1 タイ 2.9	アメリカ 11.6 台湾 10.1 オーストラリア 9.9 中国 7.7 イギリス 5.7	台湾 26.9 中国 25.0 韓国 15.9 香港 10.0 タイ 6.5
平均宿泊日数（泊）	5.9	0.8	4.2	5.4
1人あたり消費金額（円）	64,952	4,527	21,000	65,973
外国人の訪問数（人）	11,586,824	1,658,695	841,367	1,875,046

(観光庁資料より作成)

① i－北海道　ii－奈良県　iii－広島県
② i－北海道　ii－広島県　iii－奈良県
③ i－奈良県　ii－北海道　iii－広島県
④ i－奈良県　ii－広島県　iii－北海道
⑤ i－広島県　ii－北海道　iii－奈良県
⑥ i－広島県　ii－奈良県　iii－北海道

問8　次の資料4は，地図中の[え]の湖において冬期にみられる構造物を示した図である。このような構造物が整備された理由について，この地域の産業にふれて説明しなさい。

【資料４】

（北海道開発局HPより作成）

(☆☆☆☆◎◎◎)

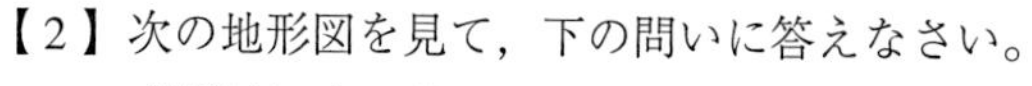
【2】次の地形図を見て，下の問いに答えなさい。

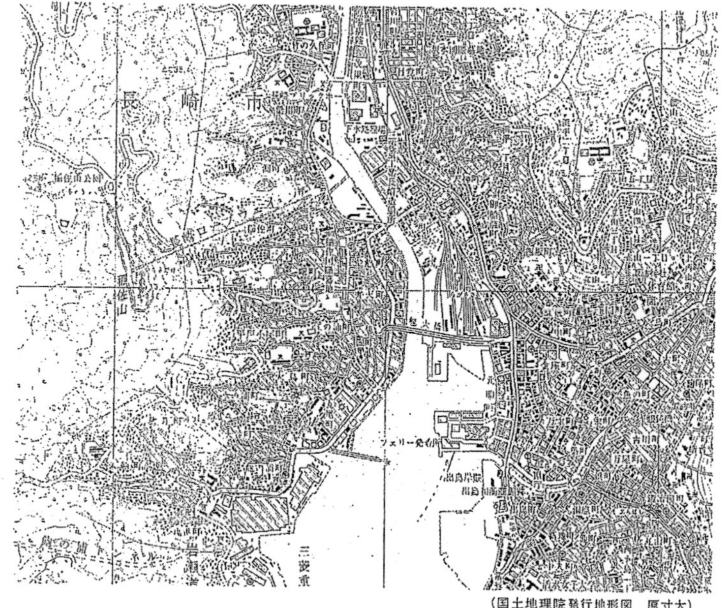

(国土地理院発行地形図　原寸大)

問1　地形図から読み取れるものとして適当でないものを，次の①～④から一つ選びなさい。

①　中央部を流れる川にかかる旭大橋の道路には中央分離帯がみられる。

②　中央部を流れる川の左岸に下水処理場がある。

③　地形図東部には，官公署が複数みられる。

④　地形図東部には，古くからの城下町の町割りがみられる。

問2　次の資料1は，地形図中の路面電車である「長崎電気軌道」の路線案内図である。このうち，最も キロ程が長い「3系統」は上記の地形図上では何cmになるか，最も適当なものを，あとの①～④から一つ選びなさい。

【資料１】

系統	区間［経由］	キロ程	所要時間
1	崇福寺［大波止］赤迫	7.3km	35分
3	蛍茶屋［桜町］赤迫	7.4km	33分
4	崇福寺［浜町アーケード］蛍茶屋	2.9km	14分
5	石橋［西浜町］蛍茶屋	3.5km	20分

（長崎電気軌道株式会社資料より作成）

①　約11.6cm　②　約14.8cm　③　約29.6cm　④　約33.8cm

問3　地形図北西部にある長崎ロープウェイの「ふちじんじゃ」から「いなさだけ」までの勾配として最も近いものを，次の①～④から一つ選びなさい。

①　$\frac{1}{2.2}$　②　$\frac{1}{3.6}$　③　$\frac{1}{5.5}$　④　$\frac{1}{8.3}$

問4　長崎県の雲仙普賢岳に関連する文として適当でないものを，次の①～④から一つ選びなさい。

①　雲仙普賢岳では1991年6月に火山灰や溶岩片，高温のガスが混ざり合って流れる火砕流が発生した。

②　雲仙普賢岳の東側の眉山は，江戸期に地震とともに八代海に崩壊し，巨大な津波を発生させた。

③　雲仙普賢岳は火山監視・警報センターにより，火山活動を24時間体制で監視されている。

④　雲仙普賢岳の近隣には，災害の被害および教訓を後世に伝えるため災害記念館がつくられた。

問5　資料2は世界の船舶(100総t以上の鋼船)の生産についてまとめたものであり，i～iiiは，韓国，中国，日本のいずれかである。i～iiiの組合せとして正しいものを，あとの①～⑥から一つ選びなさい。

【資料２】

	2000年(千総ｔ)	2010年(千総ｔ)	2016年(千総ｔ)	2016年世界(%)
i	12,218	31,698	25,035	37.7
ii	1,484	36,437	22,355	33.7
iii	12,001	20,218	13,309	20.0
世界計	31,696	96,433	66,422	100

（地理統計2019年版より作成）

① i－韓国　ii－中国　iii－日本
② i－韓国　ii－日本　iii－中国
③ i－中国　ii－韓国　iii－日本
④ i－中国　ii－日本　iii－韓国
⑤ i－日本　ii－韓国　iii－中国
⑥ i－日本　ii－中国　iii－韓国

問6　次の地図の◯部分は，長崎県の特徴的な海岸線を示している。この地形名を明らかにするとともに，次の四つの語句のうち二つを使い，その成因について説明しなさい。

語句　[U字谷　V字谷　氷河　河川]

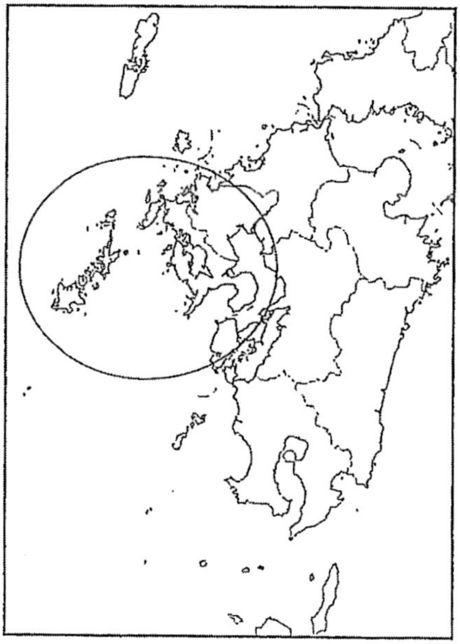

(☆☆☆☆◎◎)

【3】西アジア・中央アジアについて，次の問いに答えなさい。

問1　乾燥気候の特徴について述べた文として下線部が正しいものを，次の①～④から一つ選びなさい。

① 外来河川の岸辺や湧水地はオアシスとよばれ，高温・少雨の乾燥した気候に適応した油やしが栽培される。

② 暖流の影響による海岸砂漠が，回帰線付近や内陸部に見られる。

③ 乾燥地域の河川は，内陸湖に流入したり，ワジとよばれるかれ川となったりして，海に注がない内陸河川が多い。

④ 河川や山ろくから水を耕地に導く地下水路が発達しており，イランではフォガラとよばれている。

問2　次のA～Cの統計を表現するのに適した統計地図の組合せとして正しいものを，下の①～⑥から一つ選びなさい。

A　西アジアでの羊の飼育頭数の分布を示す。

B　西アジアで産出される原油の輸出先と輸出量を表現する。

C　西アジア各国の人口密度を比較する。

	①	②	③	④	⑤	⑥
A	流線図	流線図	ドットマップ	ドットマップ	階級区分図	階級区分図
B	ドットマップ	階級区分図	流線図	階級区分図	流線図	ドットマップ
C	階級区分図	ドットマップ	階級区分図	流線図	ドットマップ	流線図

問3　イスラームの教えや生活について述べた文として適当でないものを，次の①～④から一つ選びなさい。

① 女性は頭にスカーフを巻き，体を隠すような形のゆったりとした衣服を着用する。

② イスラームの教えの中では，豚肉やアルコールがハラールとされる。

③ 聖典のコーランは，ムハンマドに下された神の啓示を記したものである。

④ イスラーム暦の9月に行われる断食は，信者が守るべき義務(五行)の一つである。

問4　次の表は，西アジアに位置する国の主な言語と主な人種・民族についてまとめたものであり，A国～D国はイラン，イラク，イスラエル，アラブ首長国連邦のいずれかを示している。イランとイラクの組合せとして正しいものを，あとの①～⑨から一つ選びなさい。

国名	主な言語（下線は公用語）	主な人種・民族（%）
A国	ヘブライ語、アラビア語	ユダヤ人(76)、アラブ人（20）
B国	アラビア語、クルド語、トルクメン語	アラブ人(65)、クルド人(23)、トルクメン人
C国	ペルシア語、アゼルバイジャン語、クルド語	ペルシャ人(35)、アゼルバイジャン人(16)、クルド人(13)
D国	アラビア語	アラブ人(48)、南アジア系(36)、ペルシャ人(5)、フィリピン人(3)

(データブック　オブ・ザ・ワールド2019より作成)

① イラン－A　イラク－B　② イラン－A　イラク－C
③ イラン－A　イラク－D　④ イラン－B　イラク－A
⑤ イラン－B　イラク－C　⑥ イラン－C　イラク－B
⑦ イラン－C　イラク－D　⑧ イラン－D　イラク－A
⑨ イラン－D　イラク－C

問5　原油の貿易をめぐる近年の状況について述べた文として適当なものを，次の①～④から一つ選びなさい。

① OPECによる生産調整は，加盟国間の意見の対立から次第に機能しなくなった。

② 近年新興国の原油需要増加が著しく，中国における2015年の原油輸入量，2016年の1人当たり原油消費量はいずれも日本を上回った。

③ 中東の産油国は新たな資源開発を進めており，シェールガスやシェールオイルによる輸出を増加させている。

④ 日本は輸入原油先の多様化を進めており，2017年には中東依存度は50％を下回った。

問6　次の(ア)～(ウ)は，中央アジアに位置する3か国について述べた文である。このうち，小松空港との国際貨物定期便が就航している国について述べた文と，地図上の位置との組合せとして正しいものを，あとの①～⑨から一つ選びなさい。

(ア)　日本とウラン鉱山の共同開発が行われ，2017年のウラン鉱の産出量は世界一である。

(イ)　バクー油田の原油は，日本が建設に協力したBTCパイプラインを利用し輸出される。

(ウ)　2015年の天然ガスの輸出量は世界第5位であり，輸出額の半分近くを占める。

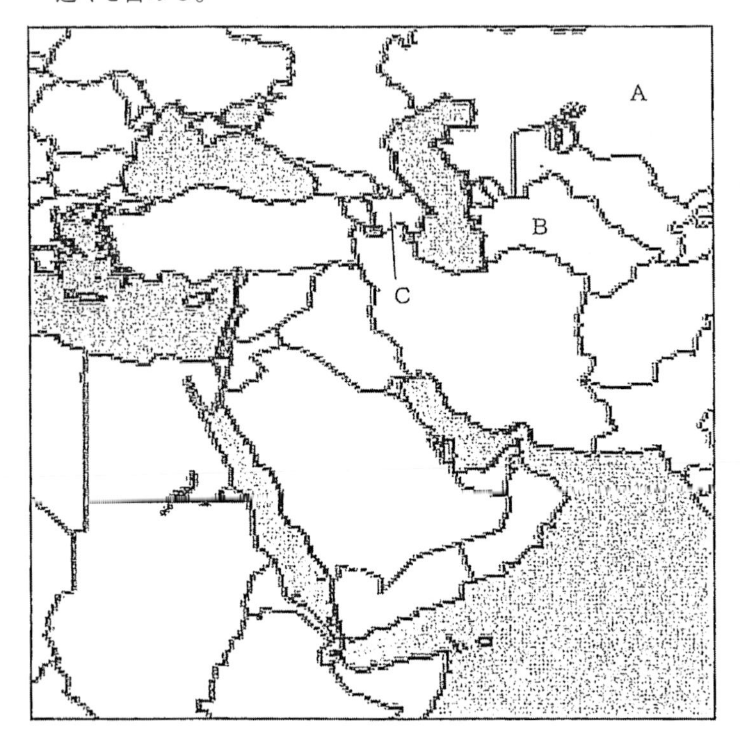

①	②	③	④	⑤	⑥	⑦	⑧	⑨
(ア) A	(ア) B	(ア) C	(イ) A	(イ) B	(イ) C	(ウ) A	(ウ) B	(ウ) C

問7　アラル海は，かつて世界で4番目に広い湖であったが，現在は枯渇の危機に瀕している。その理由として考えられることを，2つの河川名とその流域での農業に触れて説明しなさい。

(☆☆☆◎◎◎)

【4】中央アメリカ及び南アメリカについて，次の問いに答えなさい。

問1　次の表は大陸の高度別面積割合(%)を示したものであり，①～⑦はアジア，ヨーロッパ，北アメリカ，南アメリカ，アフリカ，オーストラリア，南極のいずれかである。南アメリカ大陸に該当するものを，表の①～⑦から一つ選びなさい。

高度(m)	①	②	③	④	⑤	⑥	⑦	全大陸
200未満	24.6	9.7	38.2	52.7	29.9	39.3	6.4	25.3
200～500	20.2	38.9	29.8	21.2	30.7	41.6	2.8	26.8
500～1000	25.9	28.2	19.2	15.2	12.0	16.9	5.0	19.4
1000～2000	18.0	19.5	5.6	5.0	16.6	2.2	22.0	15.2
2000～3000	5.2	2.7	2.2	2.0	9.1	0.0	37.6	7.5
3000～4000	2.0	1.0	2.8	0.0	1.7	0.0	26.2	3.9
4000～5000	4.1	0.0	2.2	0.0	0.0	0.0	0.0	1.5
5000以上	1.1	0.0	0.0	－	0.0	－	－	0.4
平均高度	960	750	590	340	720	340	2200	875

＊アジアはカフカスを含む。オーストラリアはニューギニアなどを含む。(データブック　オブ・ザ・ワールド2019より作成)

問2　次のハイサーグラフで表される都市として適当なものを，下の①～④から一つ選びなさい。

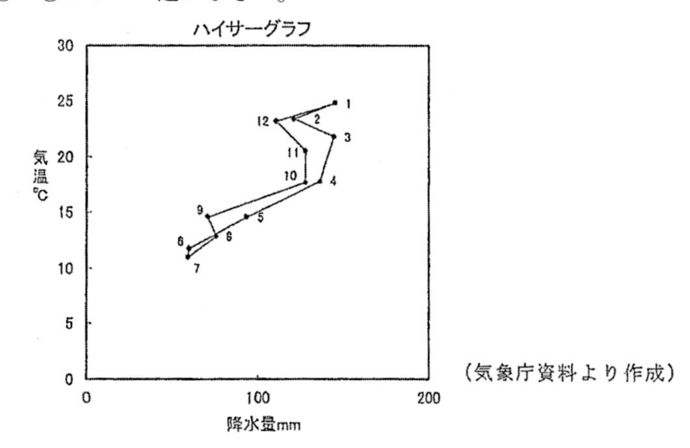

(気象庁資料より作成)

①　マカパ　　②　サンティアゴ　　③　リマ

④　ブエノスアイレス

問3　次の表は中南米各国のおもな人種・民族の構成を示したものであり，[　A　]～[　C　]は黒人，先住民，メスチソのいずれかである。[　A　]～[　C　]に当てはまる人種・民族の組合せとして正しいものを，あとの①～⑥から一つ選びなさい。

国名	主な人種・民族（%）
アルゼンチン	白人(86)　［ A ］(7)
エクアドル	［ A ］(77)　白人(11)　［ B ］(7)
ボリビア	［ B ］(55)　［ A ］(30)　白人(15)
ドミニカ	［ C ］(87)　混血(9)　［ B ］(3)　白人(1)

（データブック　オブ・ザ・ワールド2019より作成）

	①	②	③	④	⑤	⑥
A	黒人	黒人	先住民	先住民	メスチソ	メスチソ
B	先住民	メスチソ	黒人	メスチソ	黒人	先住民
C	メスチソ	先住民	メスチソ	黒人	先住民	黒人

問4　中南米の農業について述べた文として適当なものを，次の①～④から一つ選びなさい。

①　アンデス山脈の高地では遊牧が行われ，荷役や毛皮に利用されるヤクが飼育される。

②　キューバの砂糖輸出は，1960年代から80年代にかけてはアメリカ合衆国が中心であった。

③　ブラジルの国土中央部にあるセラードは，大規模開発により大豆などの一大農業地域に変貌した。

④　アルゼンチンではファゼンダとよばれる大土地所有制が残存している。

問5　中南米の都市について述べた文として適当なものを，次の①～④から一つ選びなさい。

①　コロンビアの首都ボゴタは，居住に適さないアンデス山脈を避け，沿岸部の低地に建設された。

②　チリの首都サンティアゴは，農村部から短期間に多くの人々が集中し，ほかの都市の規模を大きく上回るメガロポリスとなっている。

③　メキシコの首都メキシコシティは，自動車が急増した1980年代以降，大気汚染が深刻化した。

④　ブラジルのリオデジャネイロは，オリンピック開催により経済発展し，ファベーラとよばれる高級住宅街も誕生した。

問6　中南米の近年の経済の変化について述べた文として適当なものを，次の①～④から一つ選びなさい。

①　ボリビアのウユニ塩原ではニッケルの埋蔵が確認されており，電気自動車のバッテリーなど需要の増大が見込まれる。

②　アマゾン開発拠点としてマナオスに自由貿易地区が設けられ，日本を含む外国企業が誘致された。

③　1995年のMERCOSUR結成により，メキシコには自動車や電気機械の工場が多く作られた。

④　ブラジルは，BRICSとよばれる5カ国のうち，2016年における国民総所得がもっとも大きい。

問7　次の表は日本国内の在留ブラジル人の人数を示したものである。1990年～2000年にかけて在留ブラジル人が増加した理由を，当時の法改正の内容に触れて説明しなさい。

（人）

	1990年	2000年	2010年
在留ブラジル人の人数	56,429	254,394	230,552

（データブック　オブ・ザ・ワールド2019より作成）

(☆☆☆☆◎◎)

中　高　公　民

【1】次のA～Eの文章を読んで，あとの問いに答えなさい。なお，A～Cは外国の思想家の文章を翻訳したものの一部であり，D，Eは日本の思想家の文章の一部である。

A　河は同じだが，その中に入る者には，後から後から違った水が流れ寄ってくる。…同じ河に二度はいることはできない。

B　わたしたちはキリストの血によって(　X　)とされたのですから，キリストによって神の怒りから救われるのは，なおさらのことです。

C　いかなる場合にも，いかなる存在も，けっして，自体からも，他体からも，その両者からも，あるいは原因なくしても，生じたものではない。

D　天は上にあり，地は下にあるは，天地の礼也。この天地の礼を人む(生)まれながら心にえたるものなれば，万事につきて上下・前後の次第あり。

E　唐国の学びは，其始(そのはじめ)人の心もて，作れるものなれば，けたにたばかり有て，心得安し。我すべら御国の，古えの道は，天地のまにまに丸く平らかにして，人の心詞に，いいつくしがたければ，後の人，知(しり)えがたし。

問1　Aを述べた古代ギリシャの思想家の考え方として最も適当なものを，次の①～④から一つ選びなさい。

①　「人間は万物の尺度である」と述べ，真理の基準に客観的なものはなく，人間一人ひとりの判断が物事の真偽を決めるという相対主義を主張した。

②　感覚でとらえられた個々の事物は全て変化生滅するのに対し，イデアは常に同じ姿を保ち，永遠不変であり，イデアこそ真の実在である。

③　「万物の根源は水である」として，それまでの神話的世界観から大きく脱却し，自然に対する合理的探究の第一歩を踏み出した。

④　火が変化して水に，水が土に，逆に土が水に，水が火になるように，「万物は火の交換物である」と考え，変化こそ世界の真実であるとした。

問2　Bを述べたのは，キリスト教の教理を確立したパウロである。文章中の空欄(　X　)に入る最も適当な語を，次の①～④から一つ選びなさい。

①　隣人　　②　贖罪　　③　義　　④　恩寵

問3　Cを述べたのは，古代インドの思想家である。その考え方について述べた文iとiiの正誤の組合せとして正しいものを，あとの①～④から一つ選びなさい。

i　ブッダの思想を発展させ，大乗仏教の中心思想である「空」の思想を完成した。 ii　すべて事象は他との依存，相依の関係により成り立っているとして「無自性」を唱えた。

①　i－正　ii－正　②　i－正　ii－誤
③　i－誤　ii－正　④　i－誤　ii－誤

問4　Dについて，次の(1)(2)に答えなさい。

(1)　Dを述べた江戸時代の思想家の人物名を，次の①～④から一つ選びなさい。

①　林羅山　②　荻生徂徠　③　安藤昌益　④　富永仲基

(2)　Dの思想が江戸時代に果たした役割について述べた文iとiiの正誤の組合せとして正しいものを，下の①～④から一つ選びなさい。

i　あらゆる職業は仏道修行であるとして，士農工商それぞれの職業倫理を説いたことから，商人の営利活動が肯定されるようになった。 ii　合理的側面が，本草学や農学を発展させ，西洋の自然科学受容の母体となった。

①　i－正　ii－正　②　i－正　ii－誤
③　i－誤　ii－正　④　i－誤　ii－誤

問5　Eについて，次の(1)(2)に答えなさい。

(1)　Eを述べた江戸時代の国学者の考え方として最も適当なものを，次の①～④から一つ選びなさい。

①　「もののあはれ」とは，人が物や事に触れたときに，しみじみと素直に感じる心のことで，この心を知り，身につけた人を「心ある人」と評価した。

②　「心を知る」とは「我と天地と渾然たる一物」であると知ることだとし，万物・万人はすべて「天の一物」だと説いた。

③　天地自然のままに素直におおらかに生きることが古代精神の

基調であると考え，この精神を「高く直き心」と呼んだ。

④　誠こそが道徳の根本でなければならないと説き，それを「真実無偽」，すなわち「わたくし」のない心情の純粋さと理解した。

(2)　国学について説明した次の文の空欄[　i　]と[　ii　]に当てはまる内容を書きなさい。

> 儒学の古学派の方法に影響を受けて，[　i　]する方法で，[　ii　]を日本に取り入れるより以前の人々の心や言葉，つまり，日本固有の精神を明らかにしようとする学問である。

(☆☆☆◎◎◎)

【2】次の思想家について述べたA～Eの文章を読んで，あとの問いに答えなさい。

> A　a<u>合理論</u>の祖と呼ばれ，理性を正しく使うために，確実な原理をもとに推論する演繹法を主張し，方法的懐疑で疑いうるものを排除し，確実な原理を探した。
>
> B　人間への懐疑から出発し，幾何学的精神と繊細の精神の双方を使い人間をとらえようとした。その結果，人間を「(　X　)」と定義した。
>
> C　b<u>資本主義</u>社会の矛盾を歴史的にとらえ，c<u>唯物史観</u>と呼ばれる理論体系を確立した。またプロレタリア階級に団結を呼びかけ，革命の必然性を強調した。
>
> D　d<u>実存主義</u>の思想家の一人として位置づけられ，宇宙は同じことが永劫に回帰する円環運動であり，人間の生もまた無意味な繰り返しにすぎないとした。
>
> E　福祉とは，単に財を分配することではなく，人々のe<u>「潜在能力(ケイパビリティ)」</u>をひろげることであると主張した。

問1　Aについて，下線部aの思想を継承した思想家の組合せとして正しいものを，次の①～⑥から一つ選びなさい。

① バークリー － スピノザ　② バークリー － ライプニッツ
③ バークリー － ヒューム　④ スピノザ － ライプニッツ
⑤ スピノザ － ヒューム　⑥ ライプニッツ － ヒューム

問2　Bについて，空欄(　X　)に入る適当な語句を，次の①～④から一つ選びなさい。

① 遊戯人　② 知覚の束　③ 道徳法則の主体
④ 考える葦

問3　Cについて，次の(1)(2)に答えなさい。

(1)　下線部bを支える思想について述べた文として適当でないものを，次の①～④から一つ選びなさい。

① アダム・スミスは，各人の私益の追求はおのずから社会全体の利益を増進するという立場をとった。
② アダム・スミスは，人間の心には他人の感情を想像する共感という作用があり，また，他人から共感されたいという欲求があることから，利己心に折り合いを付けると考えた。
③ アダム・スミスは，封建社会の支配者に代わり，資本家，科学者，労働者などの産業者が政権をとり，相互に調和しながら理想的共同体を作ることを構想した。
④ アダム・スミスは，無条件に利益追求が是認されるのではなく，正義の法を守ること(フェア・プレイ)を条件とした。

(2)　次の文章は，下線部cについて述べたものである。文章中の空欄(　i　)～(　iii　)に当てはまる語句の組合せとして正しいものを，あとの①～⑥から一つ選びなさい。

> Cの思想家は，(　i　)が歴史の発展を精神の自己展開ととらえたことを批判し，発展の原動力を人間の生活(労働による生産)に求めた。生産活動を行うために，人々はその時代の生産力に応じた生産関係を取り結び，それが(　ii　)構造となり，またそれに応じた政治制度や文化という(　iii　)構

造がつくられる。つまり，物質的なものが根本となって，
人間の精神の在り方が決められるのである。

① i－ヘーゲル　ii－上部　iii－下部
② i－ヘーゲル　ii－下部　iii－上部
③ i－フーコー　ii－上部　iii－下部
④ i－フーコー　ii－下部　iii－上部
⑤ i－ロック　ii－上部　iii－下部
⑥ i－ロック　ii－下部　iii－上部

問4　Dについて，次の(1)(2)に答えなさい。

(1)　下線部dの思想家のうち，Dの人物と同様に無神論の立場に立った人物の組合せとして正しいものを，次の①～⑥から一つ選びなさい。

① キルケゴール　－　ハイデッガー
② キルケゴール　－　ヤスパース
③ キルケゴール　－　サルトル
④ ハイデッガー　－　ヤスパース
⑤ ハイデッガー　－　サルトル
⑥ ヤスパース　－　サルトル

(2)　Dの思想家が説いた，新しい価値を追求した生き方について述べた文として最も適当なものを，次の①～④から一つ選びなさい。

① 自己自身を強化・向上させようとする力への意志によって自己を肯定する。
② 自己の死の可能性に，面と向かってあろうとする先駆的決意をする。
③ 自己の有限性を自覚し，自分を超えた世界の全てを包み込んでいる存在を感じ取る。
④ 実存は本質に先立つと考え，主体性から出発しようとする。

問5　Eについて，下線部eを説明した次の文章の空欄にあてはまる内容を書きなさい。

Eの人物は，ロールズの正義論が財の分配の平等のみを考えており，年齢や体格の違いなどによって各人のニーズが異なることをとらえきれていない点を批判した。 そして，[　　]を示す潜在能力(ケイパビリティ)という新しい概念を提唱した。

(☆☆☆☆◎◎◎)

【3】次の年表を参考にして，下の問いに答えなさい。

年	出来事
1944	aブレトン・ウッズ協定締結
1960	b所得倍増計画発表
1971	cドルと金の交換停止発表
1973	d第一次石油危機
1985	eプラザ合意発表

問1　下線部aの内容として誤っているものを，次の①～④から一つ選びなさい。

①　ドルを基軸通貨とする。

②　1ドル＝360円の単一為替レートが設定される。

③　IMFの設立が決定される。

④　IBRDの設立が決定される。

問2　下線部b以前に起こった出来事を，次の①～④から一つ選びなさい。

①　日本が資本の自由化を開始した。

②　経済白書に「もはや戦後ではない」と記載された。

③　日本がOECDに加盟した。

④　東京オリンピックが開催された。

問3　下線部cについて，次の(1)(2)に答えなさい。

(1)　下線部cとその対応について述べた文として誤っているものを，

次の①～④から一つ選びなさい。

① 金の価格に対するドルの切り下げが行われた。

② 円の対ドル為替相場は切り上げられた。

③ この出来事はニクソン・ショックとよばれた。

④ 為替相場の安定のためにルーブル合意を成立させた。

(2) 為替相場について述べた次の文iとiiの正誤の組合せとして正しいものを，下の①～④から一つ選びなさい。

i 日本の対アメリカ貿易黒字幅が拡大すると，為替レートは円高になる傾向をもつ。 ii 円安になると，日本の輸入業者は円の支払いを減らすことができる。

① i－正　ii－正　② i－正　ii－誤

③ i－誤　ii－正　④ i－誤　ii－誤

問4 下線部dについて，次の(1)(2)に答えなさい。

(1) 下線部dの後，多くの国で不況となる。景気後退局面における金融政策として適当なものを，次の①～④から一つ選びなさい。

① 預金準備率引き上げ　② 政策金利の引き上げ

③ 買いオペレーション　④ ペイオフの凍結

(2) 下線部dが，日本経済に与えた影響を説明する文として最も適当なものを，次の①～④から一つ選びなさい。

① 日本は経済成長率が低下し，1974年には戦後初のマイナス成長となった。

② 政府は国債を発行し，1970年代に国債残高は100兆円を超えた。

③ 政府は金融システム安定のために，金融庁を発足させた。

④ 円高不況となり，企業の中には工場を海外に移すものも多くなった。

問5 下線部eについて説明した次の文中の空欄[i]と[ii]に当てはまる適切な内容を書きなさい。

アメリカは[　i　]に悩まされたため，日米欧の先進諸国が協調介入し，[　ii　]を行うことで合意した。

(☆☆☆◎◎◎)

【4】司法と裁判所に関連することについて，次の問いに答えなさい。

問1　司法権の独立について，次の(1)(2)に答えなさい。

(1)　次の文は，裁判官の独立を定めた憲法の条文である。空欄(i)(ii)に当てはまる語句の組合せとして正しいものを，下の①～④から一つ選びなさい。

すべて，裁判官はその(i)に従ひ独立してその職権を行ひ，この憲法及び(ii)にのみ拘束される。

①　i－信条　ii－法律　②　i－信条　ii－規則

③　i－良心　ii－法律　④　i－良心　ii－規則

(2)　司法権の独立について述べた文として誤っているものを，次の①～④から一つ選びなさい。

①　公の弾劾によって罷免されることがあるのは，最高裁判所の裁判官だけでなく下級裁判所の裁判官も同様である。

②　最高裁判所は，裁判所の内部規律及び司法事務処理に関して，規則を定める権限を持っている。

③　下級裁判所の裁判官は，任期を10年とし，再任されることができる。

④　下級裁判所の裁判官は，内閣が指名し，最高裁判所が任命する。

問2　次の語句i～iiiはいずれも刑事法に関する原則である。それぞれの語句と説明A～Cの組合せとして正しいものを，あとの①～⑥から一つ選びなさい。

i　罪刑法定主義	ii　一事不再理	iii　遡及処罰の禁止

A　事後に制定された法で罰せられることはない。

B　法律で罪を定めておかなければ罰することができない。

C　裁判が確定したあとに，同一事件について再び裁判にかけられることはない。

①　i－A　ii－B　iii－C　②　i－A　ii－C　iii－B

③　i－B　ii－A　iii－C　④　i－B　ii－C　iii－A

⑤　i－C　ii－A　iii－B　⑥　i－C　ii－B　iii－A

問3　日本の裁判制度について説明した文　と　の正誤の組合せとして正しいものを，下の①～④から一つ選びなさい。

> i　民事裁判では，原告，被告いずれも弁護士を代理として立てることができ，裁判中でも和解や訴訟取り下げができる。
>
> ii　刑事裁判では，検察官が国家を代表して，罪を犯した疑いのある者を裁判所に起訴する。すべての裁判において裁判官と裁判員が検討して，被告人が有罪か無罪かを決め，有罪の場合には量刑を決める。

①　i－正　ii－正　②　i－正　ii－誤

③　i－誤　ii－正　④　i－誤　ii－誤

問4　日本の少年法を説明した文として正しいものを，次の①～④から一つ選びなさい。

①　少年法は18歳未満の少年の健全な育成のため，少年の刑事事件について特別の措置を講じることを目的としている。

②　2000年の法改正では，刑罰の適用年齢が18歳から16歳に引き下げられた。

③　2000年の法改正では，16歳以上の少年が故意に被害者を死亡させた場合は，家庭裁判所は検察官に戻すこと(逆送致)が原則となった。

④　2007年の法改正では，少年院送致の対象年齢が16歳以上から14歳以上に引き下げられた。

問5　国際司法裁判所について述べた文として最も適当なものを，次の①～④から一つ選びなさい。

①　国際連合の主要な司法機関で，ニューヨークに本部が置かれている。

②　訴訟当事者となれるのは，国際連合加盟国とその国民である。

③　戦争犯罪行為や人道に対する罪で起訴された個人を裁くことができる。

④　国家間の紛争に対して，裁判所あるいはその裁判部によって下された判決は関係各国を拘束する。

問6　2009年改正の検察審査会法で定められた強制起訴について説明した次の文の空欄に，当てはまる内容を書きなさい。

検察官が決めた不起訴処分について[　　]場合必ず起訴される制度である。

(☆☆☆◎◎◎)

解答・解説

中　高　共　通

【1】問1　②　　問2　③　　問3　④　　問4　②　　問5　③
問6　(1)　③　　(2)　①　　問7　①　　問8　④　　問9　④

〈解説〉問1　②　Xの北緯20度線は，タイ，ベトナム，中国の海南島のほか，アメリカのハワイ島などを通る。このような緯度を問う問題には，緯度0度の赤道との比較で理解しておくとよい。　問2　cの香港は，中国・深圳市の南側，北緯22度・東経114度の位置にあり，香港島など大小様々な島で構成されている。なお，aは青島，bは上海，dは海南島。海南島は，経済特区の一都市でもある。　問3　古い順に並べると，iiの琉球漂流民殺害事件が起きたのは1871年のこと。この事件をきっかけとして，明治政府は西郷従道を先頭に台湾出兵を行った。次に，iiiの下関条約(日清戦争の講和条約)が結ばれたのは，1895年のこと。iの八田與一が烏山頭ダムの工事を指揮したのは，1920年から1930年にかけてのことである。　問4　フェリペ2世は，スペインの国王(在位1556～1598年)として，「太陽の沈まぬ国」と呼ばれる最盛期を現出した。さらに，1580年にはポルトガルを併合して，同国の国王を兼任した。　問5　オ　③　東ティモールは，1976年，インドネシアに併合された。その後，独立を巡る武力対立が続き，2002年に分離・独立する。なお，この年には，日本からPKO(国連平和維持活動)の一環として，自衛隊が派遣されている。　問6　(1)　③　ボロブドゥル寺院遺跡群は，インドネシアのジャワ島にある石造遺跡群で，ユネスコの世界遺産に登録されている。　(2)　①　インドネシアは，世界最大のムスリム(イスラム教徒)人口を抱える。しかし，唯一神への信仰が国家原則で定められており，キリスト教，ヒンドゥー教，仏教，儒教についても憲法で認められている。　②　シンガポールは移民国家であるため，様々な宗教が混在する。ただ，中国系の住民が7割以上を占めるため，仏教を信仰する割合が最も多い。　③　タイは典型的な仏教国であるが，日本などに伝わった大乗仏教ではなく，多くの人は上座部仏教を信仰している。　④　フィリピンは，スペイン統治時代に伝来したキリスト教が広く浸透している。現在，ASEAN(東南アジア諸国連合)唯一のキリスト教国であるが，その多くはカトリック信者である。　問7　Eの国はタイである。タイは，1932年に起きた立憲革命により，現在も立憲君主制の政治体制を敷いている。ミャンマーは軍事政権が長らく続いたが，2015年の総選挙で国民民主連盟による新政権が発足し，民主化運動を続けたアウン＝サン＝スーチーが実質的に政権を率いている。　問8　Fの国は中国であるが，①の漢民族

(漢人)は総人口の9割以上を占めている。また，②の一人っ子政策は，急速な少子高齢化を招く恐れがあることなどから，2015年に廃止されている。現在は，一組の夫婦に二人までの子ども(二人っ子政策)に緩和されているが，この制度も廃止が検討されている。③のアジアNIEsは新興工業経済地域のことで，韓国・台湾・シンガポール・香港を指す。よって，これに中国は含まれない。　問9　まず，グラフの面積に着目すると，この中では極端に狭い①が日本と断定できる。次に，人口に着目すると，約3.2億人の②がアメリカ合衆国であると判断できる。残る③と④については，GDP(国内総生産)に着目する。③はこの金額がはるかに多いことからEU，低い④がASEANとなる。ASEAN加盟国には発展途上国が多いため，人口が多い割にGDPが低い。

【2】問1　(1)　③　　(2)　①　　(3)　③　　問2　(1)　①　　(2)　②　(3)　④　　(4)　④

〈解説〉問1　(1)　地図中のAは新潟県，Bは群馬県，Cは岐阜県，Dは兵庫県である。③の大堀相馬焼は，江戸時代の元禄年間から，現在の福島県浪江町周辺で生産されてきた。岐阜県多治見市で生産される陶器は，「美濃焼」である。　(2)　まず，港には船舶用の港(港湾)と航空機用の港(空港)が存在することに注意する。地図中の[a]は成田国際空港，[b]は横浜港，[c]は名古屋港，[d]は関西国際空港である。船舶は輸送コストが安く大量に輸送できるため，比較的重量のある製品の輸送に用いられる。一方，航空機は輸送コストが高いため少量輸送に限られるが，輸送スピードは船よりもはるかに速い。したがって，付加価値の高い製品の輸送に用いられる。表のi～ivのうち，iとiiiが空港，iiとivが港湾である。成田国際空港では，ここを経由して多くの金が輸出されている。よって，iが該当する。また，阪神工業地帯では電子部品の生産が盛んであるため，関西国際空港を経由して集積回路が多く輸出されている。よって，iiiが該当する。残る横浜港と名古屋港を比べると，自動車・自動車部品の輸出金額は名古屋港のほうが大きい。よって，輸出金額の低い横浜港がii，ivが名古屋港となる。　(3)　Xの長野県には，「東洋のスイス」と呼ばれた諏訪市がある。この地域には，かつて多くの外貨を稼いだ製糸業が衰退したあと，戦時中に都心部からメーカーなどが移転して軍需工場となった。戦後，それらの多くが高度な技術を活かした精密機器メーカーに転換し，時計やカメラなどを多く輸出して世界を席巻した。地理的には，諏訪湖による豊富な水資源，精密機器の製造に適した湿気の少なさといった気候的特徴を指摘することができる。　問2　(1)　改新の詔を宣布した天皇は，乙巳の変(645年)後に即位した孝徳天皇である。孝徳天皇は，難波宮(難波長柄豊碕宮)に遷都して政治を行ったとされる。よって，選択肢の①が該当する。なお，近年，この跡地からは万葉仮名で書かれた木簡が出土し，現存する最古の万葉仮名として注目されている。

(2)　新しく開墾した土地は輸租田と位置づけられ，納税義務があった。よって，②が誤りとなる。　(3)　古い順に並べると，豊臣秀吉がiiの関白に任命されたのは1585年のこと。iiiのバテレン追放令を出したのは，1587年のこと。iの刀狩りを命じたのは1588年のこと。　(4)　時局匡救事業は，昭和恐慌による景気対策の一環として，1932年から1934年にかけて行われた。よって，④が誤りとなる。

【3】問1　④　　問2　③　　問3　①

〈解説〉問1　①　憲法改正原案の発議は，衆議院においては議員100人以上，参議院においては議員50人以上の賛成を要する。国会法第68条の2を参照。　②　国会による憲法改正原案の発議は，総議員の過半数ではなく，「3分の2以上」の賛成を要する。　③　国民投票においては，有効投票の3分の2以上ではなく，「過半数」の賛成を必要とする。日本国憲法第96条第1項，憲法改正国民投票法を参照。　問2　③　特別会(特別国会)は，総選挙の日から10日以内ではなく，「30日以内」に召集される。日本国憲法第54条第1項を参照。　問3　①　マイクロクレジットは，失業者など銀行から融資を受けられない人に対し，無担保・低利で小口資金を提供する。1970年代に，貧困層の自立支援対策としてバングラデシュで始まり，その後，世界各地の発展途上国に広まった。この取り組みを考案してグラミン銀行を創設したムハマド・ユヌスは，2006年にノーベル平和賞を受賞している。なお，②のフェアトレードは適正価格による公正な取引のこと。③のベーシックインカムは，国民に対する最低限所得保障のこと。④のセーフティネットは，安全装置のこと。事故や災害，経済的リスク等の発生に備え，被害の回避や最小限化を図る目的で用意された制度や仕組みを指す。最低限度の生活を保障する制度(生活保護)を指す場合もある。

中高歴史

【1】問1 (1) ④ (2) ① 問2 ② 問3 ③ 問4 ③ 問5 ④ 問6 (1) ④ (2) 思想…鎮護国家思想 説明…仏教によって国の安定をはかるという思想

〈解説〉問1 (1) 平安時代の中後期，財政難を防止するために荘園整理令がたびたび発令された。資料Aは，後三条天皇が出した「延久の荘園整理令」である。後三条天皇は，記録荘園券契所を設けて，国政に妨げのある荘園を大規模に整理した。 (2) ① 六勝寺は，寺号に「勝」の字がつく6つの御願寺のことをいう。法勝寺は，後三条天皇ではなく，その第1皇子で院政を開始した白河天皇(上皇・法皇)が造立した。そのほか，尊勝寺は堀河天皇，最勝寺は鳥羽天皇，円勝寺は待賢門院(鳥羽天皇の皇后)，成勝寺は崇徳天皇，延勝寺は近衛天皇の発願で造立されている。 問2 史料Bは，藤原実資の日記『小右記』である。道長の娘・威子が後一条天皇の中宮となったことを祝う宴会で，道長が「望月の歌」を詠んだことを記している。この和歌は，道長が栄華を極め，得意絶頂となった気持ちを表したものとして知られている。 問3 史料Cは，「義時・泰時父子の行状を以って近代の師となす」とあることから，足利尊氏が発布した「建武式目」が該当する。京都を制圧した尊氏は，室町幕府創設にあたり，北条義時・泰時父子が行った執権政治を理想とした。建武式目は室町幕府の基本方針を示したもので，旧鎌倉幕府評定衆であった二階堂是円らに諮問して得た答申書という形式で制定された。なお，北条泰時によって定められた御成敗式目と尊氏が制定した建武式目は，合わせて「貞建の式条」と呼ばれている。　問4　古い順に並べると，資料Bの『小右記』は平安中期の978～1032年間の記録。Aの延久の荘園整理令が発令されたのは，1069年のこと。Cの建武式目が制定されたのは，1336年のこと。
問5　史料Dは，異国船打払令(無二念打払令)である。iのフェートン号事件(1808年)は，アメリカ商船ではなく，「イギリスの軍艦」フェートン号が長崎に侵入し，食料などを強要して退去した事件である。この事件以後，イギリス船の来航が増え，徳川幕府は1825年に異国船打払令を出すに至る。iiは，著者と著作の組み合わせが逆になっている。渡辺崋山は『慎機論』，高野長英は『戊戌夢物語』を著して，幕府の対外政策を批判した。　問6　(1)　史料Eは，743年(天平15年)に発布された「大仏造立の詔」である。『続日本紀』は，『日本書紀』の後を受け797年に成立した編年体史書。697年の文武天皇の即位から始まり，桓武天皇時代の791年までを記録している。　(2)　鎮護国家思想とは，仏の力で国を守護し，平和を目指そうとする思想のこと。この時代は藤原広嗣の反乱や飢饉が起き，疫病も流行した。このような政情不安を背景に，聖武天皇は鎮護国家の思想に基づき，仏教に頼ることで，国家の安定を図ろうとした。

【2】問1　⑥　　問2　(1)　③　　(2)　①　　問3　①　　問4　③
問5　台湾銀行を救済するための緊急勅令案が枢密院で否決されたから。(30字)
〈解説〉問1　古い順に並べると，Dの昭和に改元されたのは1926年のこと。Bの治安維持法が改正されたのは，1928年のこと。Aの浜口雄幸内閣が成立したのは，1929年のこと。Cの盧溝橋事件が起きたのは，1937年のこと。　問2　(1)　③　この記述は，金融恐慌で倒れた第1次若槻礼次郎内閣のあとを受け，1927年に成立した田中義一内閣の経済政策である。浜口雄幸内閣は，田中義一内閣のあとを受けて成立したが，金解禁実施の声明を出した直後に世界恐慌が波及し，昭和恐慌に陥った。　(2)　立憲政友会の田中義一内閣は，山東出兵や張作霖爆殺事件を起こすなど強硬外交を進めた。しかし，浜口内閣になると，第1次若槻礼次郎内閣の下で協調外交を行った幣原喜重郎が外相に復帰し，再び協調外交を展開した。　問3　田中義一内閣は，蔣介石の北伐を阻止し，張作霖を利用して満州・華北の地歩を固めるため，3回にわたる山東出兵を行った。なお，②の統帥権干犯問題が起きたのは，浜口雄幸内閣時代の1930年のこと。③の満州事変が始まったのは，第2次若槻礼次郎内閣時代の1931年のこと。④の日本がドイツに宣戦布告したのは，第2次大隈重信内閣時代の1914年のことである。
問4　iiの国家総動員法が公布されたのは，1938年のこと。iの北部仏印(フランス領インドシナ北部)進駐が開始されたのは，1940年のこと。iiiの日ソ中立条約が締結されたのは，1941年4月のこと。ivの南部仏印(フランス領インドシナ南部)進駐が開始されたのは，1941年7月のこと。
問5　加藤高明内閣のあとを受け，1926年1月に憲政会の第1次若槻礼次郎内閣が成立した。しかし，翌1927年，片岡直温大蔵大臣は「渡辺銀行が破綻した」と失言し，これをきっかけとして金融恐慌が発生する。台湾銀行は，経営破綻した鈴木商店に対する巨額の不良債権を抱えており，若槻内閣は，これを緊急勅令によって救済しようとしたが，枢密院の了承が得られず，同年4月総辞職に追い込まれた。

【3】問1　⑥　　問2　③　　問3　②　　問4　①　　問5　③
問6　③　　問7　1122年のヴォルムス協約で教皇が叙任権を持つことになった。

〈解説〉問1　Aは，問題文に800年とある。Eのグレゴリウス7世がハインリヒ4世を破門したのは1077年でのこと。Dのインノケンティウス3世が教皇だった期間は，1198～1216年のこと。Cのボニファティウス8世がフランス国王に捕らえられた(アナーニ事件)のは，1303年のこと。Bの「95か条の論題」が発表されたのは，1517年のこと。よって，選択肢の⑥が正答となる。　問2　X　フィリップ4世は，フランス・カペー朝の国王(在位1285～1314年)で，フランス絶対王政の基礎を築いた人物である。アナーニ事件に続き，1309年にはローマ教皇クレメンス5世を強制的に南フランスのアヴィニヨンに移した。これを，「教皇のバビロン捕囚」という。　Y　ジョン王は，イギリス・プランタジネット朝の国王(在位1199～1216年)で，マグナ＝カルタ(大憲章)を承認したことで知られる。1209年，大司教人事をめぐってローマ教皇インノケンティウス3世に破門されるが，その後屈服して許されている。
問3　①　ローマ帝国は，五賢帝の2番目にあたる「トラヤヌス」が領土を最大にした。　③　キリスト教を公認したのは，「コンスタンティヌス帝」の業績である。コンスタンティヌス帝は，313年にミラノ勅令を発してキリスト教を認め，自身もキリスト教に改宗した。
④　カエサルは，権力闘争に勝利した後にディクタトル(終身独裁官)となったが，皇帝にはなってない。初代ローマ皇帝となったのは，アウグストゥスである。　問4　ユスティニアヌス帝は，東ローマ帝国全盛期の皇帝であり，『ローマ法大全』の編纂以外にもハギア＝ソフィア聖堂を再建し，養蚕を奨励した。東ローマ帝国は1000年以上にわたって続いたが，その領土は徐々に縮小し，ビザンツ帝国となった。そして，1453年，オスマン帝国の侵入によって滅亡する。
問5　①　ルターは，農民の反乱について，当初から同情的ではなく，「批判的」であった。　②　ルターは，教会批判によって破門され，神聖ローマ帝国から追放されている。このため，ルターが教会の頂点に君臨する教皇の至上権を認めることはあり得ない。　④　神聖ローマ帝国は，教会(カトリック)側に立っていたからこそ，皇帝として認められた。よって，ルター派のようなプロテスタント側に立つことはあり得ない。　問6　①　ボローニャ大学は，神学ではなく「法学」で有名となった。神学で有名となったのは，パリ大学である。
②　ケルン大聖堂は，ロマネスク様式ではなく，「ゴシック建築」で世界最大規模の建築物とされる。　④『ニーベルンゲンの歌』は，5～6世紀の歴史的出来事や人物が含まれているので，カール大帝時代(8世紀後半～9世紀前半)には当てはまらない。　問7　神聖ローマ皇帝と

ローマ教皇の間では，長年，聖職者の人事権をめぐる叙任権闘争が続いた。しかし，1122年に成立したヴォルムス協約によって皇帝が教皇の聖職叙任権を認め，ようやく長い闘争に終止符が打たれた。

【4】問1　④　　問2　①　　問3　③　　問4　④　　問5　②
問6　④　　問7　丁税を土地税に組みこむことで，制度を一本化した。(24字)

〈解説〉問1　X　永楽帝は靖難の変で建文帝を倒し，明の第3代皇帝(在位1402～1424年)となる。鄭和の南海大遠征などによって，明の全盛期を現出させた。　Y　雍正帝は，清朝の第5代皇帝(在位1722～1735年)である。康熙帝時代に続いて領土を拡張し，清朝の全盛を現出した。また，内政面では地丁銀制を広め，文字の獄で厳しい取締りを行い，キリスト教の布教を禁止したことでも知られる。　問2　都を南京から北京に写したのは，aの洪武帝ではなく，「永楽帝」である。永楽帝は，皇帝に即位した翌年に北京を首都と定めたが，実際に移ったのは1421年とされ，これ北京順天府とした。　問3　金属活字は，李朝時代より前の高麗時代に発明されている。高麗は，当時としては画期的な木版印刷術を有しており，現存する最古の印刷物『直指心体要節』は1377年に印刷されたと伝えられている。　問4　④　正文。康熙帝(在位1661～1722年)は，1704年，中国の典礼を認めるイエズス会以外の布教を禁止した。その後，1724年には雍正帝がキリスト教を全面的に布教禁止としている。なお，①の軍機処を設置したのは，雍正帝時代の1729年のこと。②の李自成を破ったのは，順治帝(在位1643～1661年)時代の1644年のこと。③のアマーストが清に派遣されたのは，嘉慶帝(在位1795～1820年)時代の1816年こと。　問5　②　正答。権利の章典は，「臣民の権利および自由を宣言し，王位継承を定める法律」のことで，1689年に制定された。なお，①のピューリタン革命は1642年に始まり，1649年まで続いた。③の権利の請願が可決されたのは，1628年のこと。④のチャールズ2世が即位したのは1660年のこと。
問6　古い順に並べると，iiの望厦条約と黄埔条約が締結されたのは，ともに1844年のこと。iiiのアロー戦争は1856～1860年のこと。iの清仏戦争がおきたのは1884年のこと。　問7　中国史における税制は頻出項目であるため，整理してよく理解しておこう。一条鞭法は，租税(土地税)と労役(人頭税)の二本立てであった両税法に代わり，すべて銀に一本化して納付させる税法のこと。一方，地丁銀制は丁税(丁銀＝人頭税)を地税(地銀＝土地税)に組み込んで納入する税制であり，これは清朝の康熙帝(第4代皇帝)時代の1717年に導入されている。

中　高　地　理

【1】問1　④　　問2　①　　問3　①　　問4　③　　問5　②
問6　②　　問7　④　　問8　ホタテ貝を中心とする養殖施設が，流氷が流れ込むことにより，破壊されるのを防ぐため。

〈解説〉問1　日本の場合，年平均気温は緯度でほとんど決まる。よって，資料1の①と③は東北地方，②と④は北海道地方の都市が該当する。まず，①は太平洋型気候。夏に降水量が多く，冬に降水量が少ないことから，Dの宮古市が該当する。③は日本海型気候。夏に降水量が少なく，冬に降水量が多いことから，Cの秋田市が該当する。②は日本海型気候の性質がある。夏に降水量が少なく，冬に降水量が多いことから，Aの札幌市が該当する。残る④は，太平洋型気候の性質がある。夏に降水量が多く，冬に降水量が少ないことから，Bの釧路市が該当する。　問2　①　あの日高山脈には，氷河地形が多く見られる。氷食によるカールをもつ山が多く，山脈の東側斜面は急峻である。カールは急な谷壁で囲まれた平面形を持つ谷で，圏谷ともいう。なお，②のケスタはスペイン語で「斜面」を意味する。傾斜した地層の差別侵食により，波状の地形となる。代表例としては，パリ盆地周辺のケスタがある。③のビュートは，フランス語で「小さい丘」を意味する。差別侵食により，孤立丘が形成される。代表例としては，アメリカ・アリゾナ州のモニュメントバレーがある。④のポリエは，凹地に土砂が沖積して形成されるカルスト地形のことで，溶食盆地ともいう。カルスト地形は，ドリーネ→ウバーレ→ポリエの順に窪みが大きくなる。問3 i [い]の北海道の野付半島には，およそ28kmにわたり砂嘴(さす)が見られる。砂嘴はくちばし形の地形のことで，沿岸流によって運ばれた砂が堆積して形成される。 ii [う]の青森県の千畳敷海岸には，1792年の地震で隆起したとされる海岸段丘が続いている。海岸段丘は海岸線にできる階段状の地形で，波の侵食と土地の隆起によって形成される。 問4 北海道の釧路では，1920年，屈斜路湖を源とする新釧路川の河口で製紙工場が操業を開始している。また，1959年には阿寒湖から流れる阿寒川からの取水で，段ボール原紙，新聞用紙，各種印刷用紙を生産する総合製紙工場も稼働した。 問5 資料2の①は，トマトの生産が日本一の熊本県。③は，米とブドウの生産が盛んな山形県。④は，キャベツの生産が日本第2位の愛知県。⑤は，コメの生産が日本一の新潟県が該当する。よって，茨城県は残る②が当てはまる。茨城県は，6道県のうち，バレイショ・キャベツの生産量がともに2番目となっている。 問6 ② この文は，石油に関する記述である。石炭は，新期造山帯ではなく，「古期造山帯」に広く分布する。
問7 まず，資料3のiiiは，平均宿泊日数と外国人の訪問数が東京都に次いで多いことから，北海道と判断できる。iは，京都や大阪と一緒に訪問するため，平均宿泊日数が最も少ない奈良県と判断できる。残るiiは，原爆ドームや平和記念公園があることから，アメリカ人の割合が最も多い広島県が該当する。 問8 地図中[え]のサロマ湖では，大量の流氷によってホタテ貝やカキなどの養殖施設が破壊され，甚大な被害を受けた過去がある。そのため，アイスブームと呼ばれる海洋構造物を設置した。これは，長さ3m，直径1mのフロート(浮き)を400個近く連ねたもので，この流氷制御システムの完成以降，養殖施設の被害は発生していないとされる。

【2】問1 ④ 問2 ③ 問3 ② 問4 ② 問5 ①
問6 リアス海岸は河川の侵食によるV字谷が沈水して形成された。

〈解説〉問1　④　城壁や堀の跡がないことから，古くに城下町があったとは想像できない。長崎市の町並みは，通りに名前が付けられ，同じ通りの両側の地域が1つの町を形成する「両側町」を特徴とする。　問2　この地図は，主計線の間隔が10mであり，2万5千分の1縮尺の地形図である。したがって，3系統の全長7.4kmは，地形図上では740,000cm÷25,000cm＝29.6cmとなる。　問3　②　正答。長崎ロープウェイの路線距離は1,090m，高低差298mであることから，298÷1,090 $\fallingdotseq \frac{1}{3.6}$ となる。　問4　②　八代海ではなく，「有明海」が正しい。雲仙普賢岳の眉山は，江戸時代の1792年(寛政4年)，地震を主因とする有明海に大量の土砂が流れ込んだことにより，津波が島原や対岸の熊本市を襲った。　問5　世界の造船業は，2016年時点で約9割を韓国・中国・日本で生産している。戦後は，日本の生産が多かったが，1990年代後半から韓国での生産が盛んになり，2000年代からは中国の生産が本格化した。したがって，2000年に日本を追い越したiは韓国。2010年にトップとなったiiは中国。2010年以降3番手となったiiiは，日本である。　問6　リアス海岸は，山地のV字谷が沈水し，谷あいに海水が入り込むことで形成される。V字谷は，その断面がV字型をした谷のことで，河川の浸食によってできる。海岸付近に平地は少なく，入り江の奥は，天然の穏やかで良好な港となる。日本の代表的なリアス海岸には，三陸海岸(青森県・岩手県・宮城県)，志摩半島(三重県)，若狭湾(福井県)，宇和海沿岸(愛媛県・大分県)，大村湾(長崎)などがある。

【3】問1　③　　問2　③　　問3　②　　問4　⑥　　問5　①
問6　⑥　　問7　綿花栽培の灌漑用水として，周辺諸国が湖に流れ込むアムダリア川，シルダリア川から大量に取水したため。

〈解説〉問1　①　油やしは，熱帯雨林気候に適する。オアシスに適するのは，「ナツメヤシ」である。　②　海岸砂漠は，暖流ではなく「寒流」の影響を受ける。　④　砂漠地方の地下水路は，イランでは「カナート」，北アフリカでフォガラと呼ぶ。　問2　A　ドットマップ(点描図)は，点を地図上に示して数量の分布を表す。よって，羊の飼育分布を示すには，この統計地図が適する。　B　流線図は，経路や量などをつかむため，帯状の線を用いて示す。よって，原油の輸出先と輸出量を表すには，この統計地図が適する。　C　階級区分図は，統計数値の色調を塗り分けることにより，地域ごとの比較を可視化できる。よって，各国の人口密度を比較するには，この統計地図が適する。
問3　②　ハラールとは，イスラーム法で許されているものを指す。イスラーム法では，豚肉やアルコールなどが禁じられており，このようなものを「ハラーム」という。また，類似の用語として，ハーレムにはやってはならないもの(禁止)という意味がある。　問4　まず，A国は公用語にヘブライ語が入っており，主な人種・民族にユダヤ人が多いことから，イスラエルと判断できる。次に，D国は公用語がアラビア語のみとなっており，主な人種・民族の2番目に南アジア系が入っていることから，アラブ首長国連邦と判断できる。よって，残るB国とC国はイランかイラクとなる。このうち，アラブ人が多く，アラビア語を公用語とするBがイラク。ペルシャ人が多く，ペルシャ語を公用語とするCがイランとなる。なお，外務省のデータによれば，イラクではアラビア語のほかクルド語も公用語となっている。
問5　①　正文。OPEC(石油輸出国機構)は，1960年に産油国側の利益を守る目的で設立された。2019年1月末時点で14か国が加盟しているが，近年は原油の金融商品化，シェールオイル・ガスの台頭などもあり，生産調整については加盟国の足並みが乱れている。　②　中国における1人当たりの原油消費量(2016年)は，日本を上回っていない。③　シェールガスやシェールオイルの輸出を増加させているのは，「アメリカ」である。アメリカは，2019年6月，一時的に世界最大の原油輸出国となった。　④　日本の中東への原油依存度(2017年)は，約87%となっている。これは欧米に比べても，依然として高い水準にある。　問6　小松空港との国際貨物定期便が就航しているのは，地図中Cのアゼルバイジャンである。BTCパイプラインは，同国の首都バクー，ジョージアの首都トビリシ，トルコのジェイハンの頭文字に由来する。よって，(イ)の文の説明が当てはまる。なお，地図中のAはカザフスタンで，(ア)の文が該当する。Bはトルクメニスタンで，(ウ)の文が該当する。　問7　アラル海は，中央アジアのカザフスタンとウズベキスタンにまたがる巨大な塩湖である。かつては日本の東北地方ほどの広さを誇ったが，近年はその10分の1にまで縮小したとされる。干上がった原因は，第2次世界大戦後に実施した大規模な灌漑政策にある。綿花や稲の栽培のため，アラル海に注ぐアムダリア川とシルダリア川の水を大量に取水した。この結果，アラル海に注ぐ水量が急減し，いずれ枯渇するのではないかと懸念されている。このアラル海をめぐる問題は，「20世紀最大の環境破壊」ともいわれている。

【4】問1　③　　問2　④　　問3　⑥　　問4　③　　問5　③
問6　②　　問7　1990年に入国管理法が改正され，日本での就労が日系3世まで認められるようになったため。

〈解説〉問1　①　高度4000m以上の割合が4.1%，5000m以上の割合も1.1%ある。世界の屋根と呼ばれるヒマラヤ山脈のほか，テンシャン山脈，アルタイ山脈などがある「アジア大陸」が該当する。　②　高度200mの割合が9.7%と，7大陸の中では2番目に低く，200～1000mの割合が高い。安定大陸のできた地形が台地となっている「アフリカ大陸」が該当する。　③　高度200～500mの割合が高いが，3000～5000mも存在する。西海岸にアンデス山脈を擁し，残りの地域は，ほとんど安定陸塊の準平原と構造平野になっている「南アメリカ大陸」が該当する。　④　高度200m未満の割合が最も高く，3000m以上がない。古期造山帯と安定陸塊が広い部分を占める「ヨーロッパ大陸」が該当する。⑤　③の南アメリカ大陸とよく似た分布であるが，高度2000～3000mの割合が9.1%ある。西海岸のロッキー山脈や東海岸のアパラチア山脈などを擁する「北アメリカ大陸」が該当する。　⑥　高度200～500mの割合が41.6%と最も高く，2000m以上がない。ほとんどが安定陸塊で，高い山地の少ない「オーストラリア大陸」が該当する。　⑦　7大陸の中では，1000～4000mの割合が最も高い。氷河・氷床の高度を含めれば，平均高度が2000mを越える「南極大陸」が該当する。

問2　④　設問のハイサーグラフは，年間の平均気温が10度から25度以内にある。また，降水量も夏に多く冬に少なくなっていることから，④のブエノスアイレス(アルゼンチンの首都)が該当する。ブエノスアイレスは，温帯湿潤気候である。なお，①のマカパ(ブラジル北部の都市)は，赤道直下で弱い乾季のある熱帯雨林気候。②のサンティアゴ(チリの首都)は，ステップ気候。③のリマ(ペルーの首都)は，アンデス山脈にある高山気候である。　問3　アルゼンチンは，西ユーラシア人(白人)の移民が多い。エクアドルは，白人と先住民との混血であるメスチソが多い。ボリビアは多民族国家であるが，先住民の割合が最も多い。ドミニカは，スペイン植民地時代に連れて来られたアフリカ人(黒人)の子孫が多い。よって，Aはメスチソ，Bは先住民，Cは黒人となる。　問4　①　アンデス山脈の遊牧では，主に毛を利用するため「アルパカ」が飼育されている。ヤクはウシ科の動物で，インド北西部から中国チベット自治区の高原地帯で多く飼育されている。
②　1960年代から1980年代のキューバは，革命によってアメリカと外交関係が断絶されていた。このため，砂糖はソビエト連邦など社会主義国を中心に輸出されていた。　③　正文。セラードとは，ブラジルの中西部に広がる熱帯サバンナのこと。　④　ファゼンダは，アルゼンチンではなく「ブラジル」の農園制度のこと。アルゼンチンでは，パンパと呼ばれる大草原地帯で畑作や牛・馬・羊の放牧が行われている。　問5　①　コロンビアの首都ボゴタは，沿岸部の低地ではなく，アンデス山脈の高地にある。　②　中南米の都市に，メガロポリス(帯状に連なる都市群)は存在しない。　④　ファベーラは，ブラジルのスラム街のこと。リオデジャネイロなどでは，山の斜面に無秩序に建てられたファベーラが点在し，治安面・衛生面で問題となっている。
問6　①　ウユニ塩原は，ニッケルではなく，「リチウム」の埋蔵が確認されている。一説には，世界の埋蔵量の2割近くを占めるとされる。
③　メキシコはMERCOSUR(メルコスール＝南米南部共同市場)ではなく，NAFTA(北米自由貿易協定)に加盟している。　④　BRICSは，ブラジル(Brazl)，ロシア(Russia)，インド(India)，中国(China)，南アフリ

カ共和国(South Africa)の総称。このうち，最も国民総所得が多いのは中国である。　問7　1990年の入国管理法改正では，外国人に対する入国審査が強化される一方，日系２世の配偶者やその子(日系3世)には，新たに定住者としての在留資格が与えられるようになった。定住者の在留資格があれば，単純労働を含め，あらゆる職種への就労が可能となる。この結果，1990年に約5.6万人だった在留ブラジル人は，2000年に25万人を突破した。

中　高　公　民

【１】問1　④　　問2　③　　問3　①　　問4　(1)　①　　(2)　③
問5　(1)　③　　(2)　i　日本の古典を直接研究(実証研究)
ii　儒教や仏教

〈解説〉問1　古代ギリシャの自然哲学者は，様々なものにアルケー(万物の根源)を求めた。その一人であるヘラクレイトスは，アルケーを火に求めるとともに，万物は絶えず変化しているとした。この学説は，万物流転説(パンタ・レイ)と呼ばれる。なお，①の「人間は万物の尺度である」と述べたのはプロタゴラス。②の「イデアこそ真の実在である」としたのは，プラトン。③の「万物の根源は水である」としたのは，タレスである。　問2　パウロ(紀元前後～65年頃)は，もともと厳格なユダヤ教徒であったが，イエスの声を聞いたことで回心(改宗)し，その後，迫害を受けながらキリスト教の布教に努めた。「キリスト教最大の伝道者」といわれたが，皇帝ネロに処刑されたとされる。なお，Xの「義」は，ギリシャ語の「ディカイオスネー」のことで，救済を意味する。　問3　Cの文を述べた「古代インドの思想家」とは，ナーガールジュナ(竜樹)のこと。ナーガールジュナは，万物には実体のないこと，すなわち空を明らかにして，有と無の両端を排した。
問4　(1)　林羅山は，天が上にあり地が下にあるように，万物には必ず上下があると考えた。この考え方(上下定分の理)は，幕藩体制の根幹とされる身分制度を正当化するための理論となった。なお，②の荻生徂徠は古文辞学の創始者。③の安藤昌益は，農耕中心主義を唱えた思想家。④の富永仲基は，神仏を批判して「誠の道」を説いた町人出身の思想家である。　(2)　iは，禅僧・鈴木正三の思想。鈴木は，心掛け次第で労働が仏行になり得るとして，四民(士農工商)の職業倫理を説いた。この考え方は，「職業(修行)の結果としての利潤は善である」という思想となった。　問5　(1)　賀茂真淵は，荷田春満・本居宣長・平田篤胤とともに，国学の四大人とされる。「天地自然のまま素直におおらかに生きること」を「ますらをぶり」と称した。なお，①は本居宣長，②は石田梅岩，④は伊藤仁斎の考え方である。
(2)　i　国学は，江戸時代元禄期，契沖が古典を実証的に研究したことに始まり，荷田春満，賀茂真淵を経て，本居宣長により大成された。賀茂真淵は『万葉集』，本居宣長は『源氏物語』や『古事記』を研究している。　ii　国学は，日本固有の精神，文化を明らかにすることを目的とする。国学者らは，大陸から伝わった儒教や仏教のように，理屈でものごとを捉えようとする精神を「漢意」と呼び，これを批判した。

【2】問1　④　　問2　④　　問3　(1)　③　　(2)　②　　問4　(1)　⑤
(2)　①　　問5　人々が選ぶことができる生き方の幅(人生の選択肢の幅，生き方の選択の実質的自由)

〈解説〉問1　A　aの合理論はデカルトを祖として，④のスピノザやライプニッツなどに受け継がれた。近代哲学において，合理論は 経験論との対比で用いられる。なお，選択肢にあるバークリーとヒュームは，ベーコンを祖とする経験論を継承した哲学者である。　問2　B　人間を「考える葦」と定義したのは，パスカルである。パスカルは，『パンセ』のなかで，人間の自然の中における存在としての弱さと，思考する存在としての偉大さを主張した。なお，①の遊戯人はホイジンガ，②の知覚の束はヒューム，③の道徳法則の主体はカントの用語である。
問3　(1)　③の文は，フランスの社会主義者・サン＝シモンの思想である。シモンは，経営者・労働者一体となった産業社会を構想し，現代社会の目的は，生産，すなわち産業であると主張した。　(2)　Cの思想家は，マルクスである。唯物史観とは，社会の進化，歴史の発展の原動力を，物質的，経済的な活動の中に求めようとする考え方である。これに基づき，マルクスは，労働者階級が支配階級になる社会主義社会に移行し，さらに階級対立のない共産主義社会に発展するとした。また，マルクスは，政治や文化などの上部構造は，経済的な土台である下部構造によって変化し，そうすることで歴史が発展すると考えた。　問4　(1)　Dは，ニーチェの説明。⑤のハイデッガーは，ニーチェの思索を手がかりにして，実存哲学を展開した。また，ハイデッガーに学んだサルトルは，『存在と無』で無神論的世界観を示している。サルトルの分類によれば，ニーチェ，ハイデッガー，サルトル自身は無神論的実存主義者。キルケゴール，ヤスパースは，キリスト教的実存主義者である。　(2)　①　正文。ニーチェは，神はおらず永劫回帰(同じことの繰り返し)に過ぎない現実世界を受け入れて，ポジティブに生きる超人を理想とした。なお，②はハイデッガー，③はヤスパース，④はサルトルの思想である。　問5　Eの人物は，貧困に関する研究で知られるアマルティア＝センである。センは人間の潜在能力に着目して，人間の安全保障を唱えた。センによると，所得格差の真の理由は，人々の間の潜在能力の格差にあるとし，「恵まれない立場の人々の潜在能力の向上こそが必要」と主張した。また，豊かさとは富の量ではなく，個人が自由に選べる選択肢の幅の広さであると説いた。

【3】問1　②　　問2　②　　問3　(1)　④　　(2)　②　　問4　(1)　③　(2)　①　　問5　i　財政赤字と経常収支の赤字(双子の赤字)
ii　ドル高是正

〈解説〉問1　②　1ドル360円の単一為替レートが設定されたのは，1949年に実施されたドッジ・ラインによる。　問2　②　経済白書に「もはや戦後ではない」と記載されたのは，1956年のこと。なお，①は

1967年，③と④は1964年の出来事である。 問3 (1) ④ 1971年に結ばれたのは，スミソニアン協定である。金とアメリカドルの交換レートを1オンス＝35ドルから38ドルに切り下げ，為替変動幅も1％から2.25％に拡大した。ルーブル合意は為替レート安定のため，1987年のG7によって行われた。 (2) 円安は，外貨に対して円の価値が下がることを意味する。このため，輸入業者は円の支払いが増える。逆に，輸出業者は円の受け取り額が増える。 問4 (1) 景気後退局面では，通貨供給量を増やす金融政策が実施される。したがって，公開市場操作では，中央銀行が資金供給を行う買いオペレーションが行われる。なお，④のペイオフとは，金融機関が破綻した際，預金保険機構から預金者に一定額の払い戻しを行う制度のことをいう。 (2) ② 第一次石油危機による税収不足を補うため，特例国債(赤字国債)が発行されたのは1975年度のこと。その後，1990年～1993年度を除き，毎年特例国債が発行されている。 ③ 金融庁は，2000年に金融監督庁と大蔵省金融企画局の統合により発足した。 ④ 円高不況に陥ったのは，主に1985年のプラザ合意後のこと。 問5 当時のアメリカは，歳出削減，大幅減税，規制緩和，通貨供給量抑制によるレーガノミクスを実施した。これによってスタグフレーションの状態からは脱したが，減税や軍事費が増大したため，財政収支が赤字となる。また，有効需要の増加に伴う輸入超過により，経常収支も赤字となった。この二重苦を双子の赤字という。さらに，財政赤字の増大は，国債発行のための高金利政策とそれに伴うドル高を招いたため，これを是正することで合意した。

【4】問1 (1) ③ (2) ④ 問2 ④ 問3 ② 問4 ③ 問5 ④ 問6 検察審査会が，二度にわたって起訴すべきだとする議決を出した。

〈解説〉問1 (1) 裁判官の独立については，日本国憲法第76条第3項で規定されている。 (2) 下級裁判所の裁判官は，最高裁判所の指名した者の名簿によって，「内閣が任命」する。日本国憲法第80条1項を参照。なお，最高裁判所長官は，内閣が指名し，天皇が任命する。また，長官以外の最高裁判所の裁判官は，内閣が任命する。　問2　刑事法に関する原則のうち，iの罪刑法定主義は日本国憲法第31条，iiの一事不再理とiiiの遡及処罰の禁止は，第39条で定められている。
問3　裁判員裁判は，殺人などの重大な刑事事件の第一審に導入されており，裁判員は裁判官とともに事実認定と量刑を行う。
問4　①　少年法の対象年齢は，2020年2月時点では「18歳未満」ではなく，「20歳未満」となっている。　②　刑罰の適用年齢は，「18歳から16歳」ではなく，「16歳から14歳」に引き下げられた。　④　少年院送致の対象年齢は，「16歳以上から14歳以上」ではなく，「14歳以上からおおむね12歳以上」に引き下げられた。なお，14歳以上20歳未満で罪を犯した少年は犯罪少年，14歳未満の少年は触法少年と呼ばれる。
問5　国際司法裁判所の本部は，オランダのハーグにある。国際司法裁判所では個人は訴訟当事者になれないが，同じくハーグに本部がある国際刑事裁判所では，集団殺害，人道に対する罪，戦争犯罪を行った個人を訴追することができる。　問6　検察審査員11人のうち，8人以上の賛成により起訴議決がなされると，裁判所が指定した弁護士により強制起訴となり，公判が開かれる。なお，検察審査会法は，2009年の改正により，検察審査会の議決に拘束力が付与されている。

●書籍内容の訂正等について

弊社では教員採用試験対策シリーズ（参考書，過去問，全国まるごと過去問題集），公務員試験対策シリーズ，公立幼稚園・保育士試験対策シリーズ，会社別就職試験対策シリーズについて，正誤表をホームページ（https://www.kyodo-s.jp）に掲載いたします。内容に訂正等，疑問点がございましたら，まずホームページをご確認ください。もし，正誤表に掲載されていない訂正等，疑問点がございましたら，下記項目をご記入の上，以下の送付先までお送りいただくようお願いいたします。

① **書籍名，都道府県（学校）名，年度**
（例：教員採用試験過去問シリーズ　小学校教諭 過去問　2025 年度版）
② **ページ数**（書籍に記載されているページ数をご記入ください。）
③ **訂正等，疑問点**（内容は具体的にご記入ください。）
（例:問題文では“ア～オの中から選べ”とあるが,選択肢はエまでしかない）

〔ご注意〕
○ 電話での質問や相談等につきましては，受付けておりません。ご注意ください。
○ 正誤表の更新は適宜行います。
○ いただいた疑問点につきましては，当社編集制作部で検討の上，正誤表への反映を決定させていただきます（個別回答は，原則行いませんのであしからずご了承ください）。

●情報提供のお願い

協同教育研究会では，これから教員採用試験を受験される方々に，より正確な問題を，より多くご提供できるよう情報の収集を行っております。つきましては，教員採用試験に関する次の項目の情報を，以下の送付先までお送りいただけますと幸いでございます。お送りいただきました方には謝礼を差し上げます。
（情報量があまりに少ない場合は，謝礼をご用意できかねる場合があります）。
◆あなたの受験された面接試験，論作文試験の実施方法や質問内容
◆教員採用試験の受験体験記

送付先
○電子メール：edit@kyodo-s.jp
○FAX：03-3233-1233（協同出版株式会社　編集制作部 行）
○郵送：〒101-0054　東京都千代田区神田錦町2-5
協同出版株式会社　編集制作部 行
○HP：https://kyodo-s.jp/provision（右記のQRコードからもアクセスできます）

※謝礼をお送りする関係から，いずれの方法でお送りいただく際にも，「お名前」「ご住所」は，必ず明記いただきますよう，よろしくお願い申し上げます。

教員採用試験「過去問」シリーズ

石川県の
社会科 過去問

編　集　　© 協同教育研究会
発　行　　令和6年3月25日
発行者　　小貫　輝雄
発行所　　協同出版株式会社
〒101-0054　東京都千代田区神田錦町2 - 5
電話　03－3295－1341
振替　東京00190－4－94061
印刷所　　協同出版・POD工場

落丁・乱丁はお取り替えいたします。